国家社科基金丛书
GUOJIA SHEKE JIJIN CONGSHU

思想疏导能动化解
社会矛盾研究

A Study of the Active Solution of Social Contradictions
through Ideological Dredging and Guidance

魏 强 著

人民出版社

目　　录

序 一

西南大学马克思主义学院教授、博导　罗洪铁

魏强副教授所著《思想疏导能动化解社会矛盾研究》一书的出版，意味着他的三个第一：第一个国家社科基金结题项目，第一部学术专著，第一次从思想疏导的角度系统研究如何化解社会矛盾。为此，特向他表示衷心的祝贺！

我与魏强认识于 2004 年，当时我担任西南大学政治与公共管理学院院长，根据学院分工，我联系他所在的 2004 级，因此与他有较多接触和深入交流。作为国家"西部开发助学工程"受助学生，魏强怀着对党和国家的感恩之心，注重思想修养，学习既刻苦又讲究方法。在全年级 183 人中，他的学业成绩和综合成绩均排名第一，在本科阶段连年获得西南大学"优秀学生"、西南大学"优秀毕业生"、重庆市普通高校学生科技学术创新先进个人、重庆市普通高等教育"优秀大学毕业生""国家奖学金"等荣誉。鉴于他品学兼优、表现突出、发展潜力大，2008 年被免试推荐到北京大学马克思主义学院攻读硕士学位，师从著名学者祖嘉合教授，后又在知名专家骆郁廷教授的指导下攻读博士学位。他现为重庆大学马克思主义学院副教授、硕士研究生导师，主要从事社会主义意识形态建设研究和思想疏导融入社会治理研究。

魏强认真勤奋、学术创新能力强，他取得的以下成就足以证明这一点。他是全国高校思想政治教育学科优秀博士论文获得者、主持过国家级科研项目

和省部级重大课题多项、参编教育部长江学者主编的著作 3 部,作为中央马克思主义理论研究和建设工程思想政治理论课重点教材编写组主要成员参与编修《思想道德修养与法律基础(2018 年版)》。他曾在《光明日报》《教学与研究》《思想理论教育导刊》《思想理论教育》等刊物上发表理论文章近 40 篇。魏强还是《武汉大学学报(哲学社会科学版)》《西南大学学报(社会科学版)》等学术期刊匿名评审专家、教育部学位与研究生教育发展中心学位论文通讯评审专家,是全国宝钢优秀教师奖获得者、重庆市高校优秀中青年思想政治理论课教师择优资助计划入选者、重庆市学术技术带头人后备人选。他还曾荣获第十八届全国高校青年德育工作者论坛征文一等奖,纪念思想政治教育学科设立三十周年优秀成果全国"三等奖"、重庆市"二等奖",求是网"中国共产党建党 95 周年"征文活动优秀奖。由于他科研成果丰硕、工作业绩突出,28岁就破格晋升为副教授。

《思想疏导能动化解社会矛盾研究》是一部有较高学术价值的专著,其创新点主要如下。

一是揭示了思想疏导能动化解社会矛盾的内涵。要研究思想疏导能动化解社会矛盾,就必须科学认识思想疏导能动化解社会矛盾的内涵。作者对其内涵的理解包括:思想疏导参与社会治理发挥能动作用,要将思想疏导主动融入社会矛盾化解体系;要把握思想疏导参与矛盾化解的有限能力;要引导矛盾各方通过诉求沟通增进共识。首先系统地论述思想疏导能动化解社会矛盾的内涵,这就为后面研究内容的展开作了很好的铺垫。

二是论述了思想疏导能动化解社会矛盾的价值。作者认为思想疏导能动化解社会矛盾的价值有四个方面:一是保证变革社会的思想稳定;二是促进社会矛盾的有效疏导;三是提升社会治理的科学水平;四是承继群众工作的民主作风。作者就思想疏导能动化解社会矛盾价值展开的论述,对在社会治理活动中通过思想疏导能动化解社会矛盾有着重要的实践意义。

三是探讨了思想疏导能动化解社会矛盾运行机制的构成内容。研究运行机制的难度可想而知,思想疏导能动化解社会矛盾运行机制的构成内容更是无人研究,作者知难而上,从四个方面探讨了思想疏导能动化解社会矛盾运行机制的构成内容,即思想疏导能动化解社会矛盾的预警管理机制、思想疏导能动化解社会矛盾的诉求疏通机制、思想疏导能动化解社会矛盾的沟通协调机制、思想疏导能动化解社会矛盾的联动协同机制。对思想疏导能动化解社会矛盾运行机制构成内容的研究,为拓展思想疏导理论的研究和运用机制化解社会矛盾提供了重要参考。

四是提出了思想疏导能动化解社会矛盾的路径。思想疏导能动化解社会矛盾是通过一定的路径实现的,有哪些路径呢?作者对此提出了自己的观点:促进社会沟通有效运转;怠惰应付转向主动回应;管控维稳转向柔性维稳;坚持疏导力量联调联动;发挥人民调解独特优势。作者提出的思想疏导能动化解社会矛盾的路径既具有科学性,也具有可操作性。这些路径的提出对思想疏导能动化解社会矛盾、维护社会稳定有重要作用。

综上所述,可以看出《思想疏导能动化解社会矛盾研究》一书不仅有较高的学术价值,而且有重要的实践意义。该书的出版,既有助于深化思想疏导能动化解社会矛盾理论研究,也有助于有效化解社会矛盾、促进社会稳定发展、增强思想政治教育效果。

在祝贺魏强第一部学术专著出版的同时,期望他继续执着地攀登学术山峰,不断取得新的成果,到更高的山峰去领略那无限的学术风光。

2021 年 2 月 27 日

序　二

北京大学马克思主义学院教授、博导　祖嘉合

　　我国改革开放和社会主义市场经济的不断发展和持续深化,为社会生活带来了巨大变迁,但在使社会焕发出勃勃生机的同时,由于社会利益格局的深刻调整和改变,引发的社会矛盾也在日益凸显。正确认识、妥善调处新的历史条件下人民内部的各种矛盾冲突,是一个亟须理论研究和现实作答的重要课题。魏强博士的专著《思想疏导能动化解社会矛盾研究》是这方面研究的突出成果。

　　该书结合当前社会现实情况对思想疏导能动化解社会矛盾的目标与内容、运行机制、路径依托等方面进行了理论探讨和操作性研究,系统地阐释了思想疏导能动化解社会矛盾所关涉的主要问题。

　　该书遵循从具体到抽象再到具体的逻辑设定,阐述思想疏导能动化解社会矛盾的价值和目标,重点研究思想疏导能动化解社会矛盾的内容、机制和路径。思想疏导能动化解社会矛盾的价值和目标是对先前实践从具体到抽象的研究凝结,是立论研究的出发点和实践运行的最终目的;思想疏导能动化解社会矛盾的内容、机制和途径是密切连接现实状况的具体研究和实操对策。这个研究逻辑对思想政治教育的实践具有参考意义。该书从整体上体现了历史与现实、静态结构与动态过程结合分析的特点,对思想疏导能动化解社会矛盾

的理论研究具有开拓性。

从思想疏导能动化解社会矛盾的实际出发,化解社会矛盾的核心是内在的各关联要素及其运作机制。作者对思想疏导能动化解社会矛盾的运行机制从预警管理机制、诉求疏通机制、沟通协调机制、联动协同机制进行了周密而深入的研究,并结合时代特点和新的研究成果对原有的机制赋予新的内容和新的风格。其研究对思想疏导能动化解社会矛盾的目标具有积极作用,对正确纾解和妥善处理新时代社会矛盾具有参考意义,思想疏导的机制也是化解社会矛盾体制建设的重要环节和内容。

魏强博士关于思想疏导能动化解社会矛盾的研究基础,来自他对中国共产党关于正确化解社会矛盾理论进行的扎实的理论梳理,对社会主义社会矛盾的性质、特点等方面进行的系统而科学的总结和思考,以此形成了他关于思想疏导能动化解社会矛盾的理论观点。

当今世界正处于百年未有之大变局的加速演进期、全球百年未遇之大疫情的持续影响期,国际力量对比正在发生近代以来最具革命性的变化;国内处于全面建设社会主义现代化国家新征程的开局起步期。党的十九届五中全会作出"当前和今后一个时期,我国发展仍然处于重要战略机遇期,但机遇和挑战都有新的变化"的科学论断。在统筹国际国内两个大局中办好中国的事情,是党和人民的最高利益所在,必须坚定不移地推进,任何可能迟滞或中断中华民族伟大复兴进程的重大风险和挑战,都必须毫不含糊地全力防范、妥善化解。中国共产党人深刻地认识到,既要用改革的实际进展和成果教育引导人们,又要结合思想疏导不断向人们做好宣传解释工作,解决人们的思想认识问题,不断凝聚改革共识。《思想疏导能动化解社会矛盾研究》一书正是结合伟大时代主题进行的具有重要理论意义和现实意义的研究。这一研究框架从当前我国社会发展处于重要战略机遇期、社会矛盾凸显期所涌现的现实问题出发,指出思想疏导能动化解社会矛盾的路径包括促进社会沟通有效运转、怠惰应付转向主动回应、管控维稳转向柔性维稳、坚持疏导力量联调联动、发挥人民调解独特优势等方面,探讨了在实践中化解社会矛盾的新路径、新方法。

　　新时代、新征程、新目标赋予中国共产党新使命、新挑战、新任务。中国特色社会主义进入新时代,同样对思想政治教育及其方法创新提出新要求。新时代社会主要矛盾、主要任务的变化是实现思想政治教育及方法创新发展的动力牵引。思想疏导能动化解社会矛盾是一个重要的研究课题,魏强博士进行了有价值的研究,彰显了他一贯秉持的勤奋努力、开拓创新精神。当然,本研究还有不够成熟的观点、不够透彻的分析,化解社会矛盾的遴选路径需要更具有操作性,实践性研究还需要补充更生动的案例解析。思想疏导能动化解社会矛盾也是一个值得持续深入探讨的课题,深耕这一研究方向大有可为。希望魏强博士不懈努力,继续取得更多的理论进展,为思想政治教育学科发展作出贡献。

2021 年 4 月 12 日

序　三

武汉大学马克思主义学院教授、博导　骆郁廷

　　《思想疏导能动化解社会矛盾研究》一书是魏强博士在同题国家社科基金结项成果基础上修改完善形成的，同时是国内第一部系统研究思想疏导能动化解社会矛盾的具有一定开拓性的学术专著。作为其博士阶段导师，我围绕思想疏导问题曾同他进行过多次深入探讨，指导他写作的博士论文《社会管理中的思想疏导研究》曾在全国思想政治教育学科 30 周年之时荣获 2014 年首届全国思想政治教育学科优秀博士论文（全国共 8 篇）。魏强博士长期耕耘于社会治理中的思想疏导研究，在学术探索上聚焦、专一、持续。该书是他潜心研究的成果，凝结着他长期求索的心血，看到他的研究成果出版，我倍感欣慰。

　　读完全书，以下几点印象较为深刻。

　　其一，科学的理论指导贯穿始终。作为马克思主义理论学科的研究论域，该书自始至终坚持以马克思主义为指导，还以专门的章节集中论析"马克思主义关于思想疏导能动化解社会矛盾的理论观点"，并深入探析习近平关于思想疏导的重要理论观点，包括社会矛盾冲突需要"重视疏导化解"、思想疏导工作既要"疏"又要"导"、做好思想疏导要积极回应群众诉求关切、"网上网下形成同心圆"。以马克思主义关于思想疏导能动化解社会矛盾的理论观点

为科学指引,坚持从马克思主义的立场、观点和方法来探索思想疏导参与社会治理的着力点、融入处,从理论探索的角度充分响应习近平提出的"要善于把认识和化解矛盾作为打开工作局面的突破口",以及面对大量的人民内部矛盾要"疏导化解""柔性维稳""维权维稳"的要求。

其二,浓厚的学科自觉跃然纸上。自20世纪80年代初在全国范围内展开的关于思想政治工作科学化讨论提出"思想政治工作要成为一门科学"以来,特别是思想政治教育学科建立并成为马克思主义理论一级学科的二级学科以来,思想政治教育学科建设取得长足发展,但系统深入地对经济社会发展的丰富实践进行思想政治教育的理论探索还需跟进。该书把握经济社会发展过程中出现的新情况、新问题、新特点,积极作答现代社会治理给思想政治教育提出的重大理论和实践问题,以提升思想政治教育的实效,强化思想政治教育理论研究的实践取向和社会治理的学科支撑,体现出年轻学者的学科自觉与责任担当。

其三,敏锐的现实回应尽显其中。思想政治教育理论研究工作,需要立足中国特色社会主义实践,始终围绕生动的社会现实和社会生活。正如习近平多次强调指出的那样:"当前,各种人民内部矛盾和社会矛盾已经成为影响社会稳定很突出、处理起来很棘手的问题,而其中大量问题是由利益问题引发的。""对于人民内部矛盾,要采取教育、疏导、化解的办法来解决。""在处理人民内部矛盾时,必须从实际出发,针对不同情况,耐心细致地做好工作,沟通情况,增进了解,取得人民群众的理解和支持。要学会用说服教育、耐心疏导的办法来解决人民内部矛盾,力戒简单粗暴、强加于人。"该书面对生动的社会现实,积极探索提升社会治理科学化水平,依靠和结合思想疏导能动化解社会矛盾之道,是思想政治教育对经济社会发展提出的现实课题的积极回应。

总体来看,《思想疏导能动化解社会矛盾研究》一书对思想疏导能动化解社会矛盾的时代价值、科学内涵、思想资源、目标内容、运行机制、现实路径等有着比较系统、深入的理论探索,但围绕当前我国社会人民内部矛盾的新特点及其有针对性的疏导还需进一步深化。相信魏强博士在今后的学术生涯中还会继续深化对思想疏导问题的研究,并取得更加丰硕的成果。

是为序。

2021 年 5 月 4 日

第一章　思想疏导能动化解社会矛盾的内涵与价值

　　正确认识和妥善处理社会矛盾尤其是大量存在的人民内部矛盾,提升社会治理现代化水平,是当前迫切需要回答的重要课题。马克思指出,每个时代的谜语就是那个时代的迫切问题,而"问题是时代的格言,是表现时代自己内心状态的最实际的呼声"①。当前,随着社会矛盾实际的变化,正确认识和妥善调处新的历史条件下的人民内部矛盾已经成为并将长期成为社会治理极其重要的内容。

　　中国共产党人深刻地认识到,中国经济社会向上向好发展的同时也会在不同历史时期面临特点不同的社会问题、社会矛盾和社会风险。并且,经济发展并不意味着社会风险的降低和社会问题的减少。习近平强调指出:"并不是说就等着经济发展起来了再解决社会公平正义问题。一个时期有一个时期的问题,发展水平高的社会有发展水平高的问题,发展水平不高的社会有发展水平不高的问题。'蛋糕'不断做大了,同时还要把'蛋糕'分好。"②新中国成立以来,中国经济社会迅速发展,人民生活水平不断提高,然而新旧社会矛盾与社会问题并未减少反而有增加的趋势,中国社会变迁在改变中国社会面貌

---

① 《马克思恩格斯全集》第 1 卷,人民出版社 1995 年版,第 203 页。
② 《习近平关于全面建成小康社会论述摘编》,中央文献出版社 2016 年版,第 135 页。

的同时也给当前社会治理带来不少新问题、新挑战。随着社会主义市场经济的深入发展、社会利益格局的深刻调整、物质利益的驱动效应逐渐显现并日益强化,人们的思想行为受到物质利益的影响愈加增大,利益主体愈加多元、利益诉求愈加多样、社会矛盾愈加突出,特别是因各种利益矛盾纠纷引发的思想认识问题愈加严重,认知偏颇、思想怨懑、情感郁结、心理失衡、困惑迷茫等思想认识问题的增多已经成为人们精神世界的严重困扰和社会治理现代化的巨大难题。提升社会治理能力,推进治理体系现代化,既要从物质层面协调利益关系,又要从精神层面增进社会共识。妥善化解社会矛盾特别是涉及群众切身利益的人民内部矛盾,维护和巩固社会良性秩序,既要依靠利益协调来解决,又要通过思想疏导来保证。

人们的思想意见、利益诉求、行为趋向,归根结底源自经济利益问题。这是因为,思想问题同利益问题总是相生相伴,正如列宁所说,"群众的经济利益却能激起群众性的斗争"[1]。习近平同样强调:"当前,各种人民内部矛盾和社会矛盾已经成为影响社会稳定很突出、处理起来很棘手的问题,而其中大量问题是由利益问题引发的。"[2]繁杂多样的利益矛盾包括直接的经济利益矛盾以及因经济利益纠葛衍生的矛盾是人民内部矛盾产生、发展、变化的根由。与此同时,人们的思想观念、利益诉求又反映着人民内部的利益矛盾和利益冲突。这就意味着,能动化解社会矛盾,既要协调利益关系,又要疏导思想观念。《中共中央关于加强和改进思想政治工作的若干意见》明确指出:"要坚持贯彻民主的原则和疏导的方针,对干部群众的思想认识问题,多做解惑释疑、提高认识、统一思想、凝聚人心的工作。"[3]"对于人民内部矛盾,要采取教育、疏导、化解的办法来解决"[4]。习近平同样多次强调,化解社会矛盾冲突、做好群

---

① 《列宁全集》第15卷,人民出版社2017年版,第295页。
② 《习近平关于全面建成小康社会论述摘编》,中央文献出版社2016年版,第138页。
③ 《十五大以来重要文献选编》(中),人民出版社2001年版,第1039页。
④ 《十六大以来重要文献选编》(中),中央文献出版社2006年版,第910页。

众工作,离不开思想疏导。习近平在接受《求是》杂志社记者采访时更是谈道:"在处理人民内部矛盾时,必须从实际出发,针对不同情况,耐心细致地做好工作,沟通情况,增进了解,取得人民群众的理解和支持。要学会用说服教育、耐心疏导的办法来解决人民内部矛盾,力戒简单粗暴、强加于人。"①通过思想疏导理顺人们的思想情绪,使得利益关系得以协调,是纾解矛盾冲突的重要方式。后来,习近平又指出:"利益关系得到协调,思想情绪得以理顺,社会发展中的不稳定因素就能得到及时化解,各种矛盾冲突就能得到有效疏导,社会和谐也就有了牢固的基础。"②可见,思想疏导参与社会治理是化解社会矛盾不可或缺的重要内容。系统研究思想疏导能动化解社会矛盾,是承继群众工作的民主作风、创新思想政治工作方法、做好新时代群众工作和提升社会治理现代化水平的时代呼唤。

第一节　思想疏导参与社会治理的可能与必然

通常而言,社会治理包括刚性治理和柔性治理两个方面。刚性治理是柔性治理的基本保障,柔性治理是刚性治理的内在依托。推进社会治理现代化,需要"软硬兼施""刚柔并济"。如果一个社会缺少柔性治理,必然会出现刚性规约的空转滥用,同样,如果一个社会缺少刚性治理,则必然导致柔性疏导的钝化乏力。其中,社会心态治理是社会柔性治理的核心构成。要保证社会动态稳定,巩固社会良好秩序,亟须调适社会心态。实现社会稳定是社会治理的重要目标,而社会心态消极恶变则是导致社会不稳定的诱因,如果人们的思想意见和利益诉求积压过久,且无法得到及时有序的释放和认真积极的回应,就必然会使人们产生心理淤积、压抑梗阻等问题,其结果便是社会心态的恶化。这是因为,"如人之一身,气脉畅通而后有运动,耳目聪明而后有知觉,心知灵

---

① 习近平:《如何做好新形势下的群众工作》,《求是》2005 年第 17 期。
② 习近平:《加强基层基础工作　夯实社会和谐之基》,《求是》2006 年第 21 期。

通而后有谋虑"①。思想疏导参与社会治理,着力处就在于通过疏导人们的思想情绪,避免负向、偏颇、失真、极端的思想情绪相互裹挟、彼此强化、膨胀爆炸,以营造积极平和的社会心态;还在于通过引导人们的价值取向,避免多元、多样、多变、分散、模糊的价值观念相互敌视、对立隔绝,进而以社会核心价值凝聚价值共识。

一、社会心态与社会矛盾

通常认为,社会心态是特定时期弥散在整个社会或特定社会群体当中的宏观社会心境状态,是人们对现实社会运行持有的比较普遍的社会态度、情绪情感、心理倾向的统称。② 无论社会心态积极或者消极,它往往同人们的价值体验、利益诉求、社会期望紧密相连。这是因为,社会心态总是折射、映现人们的思想意见和利益诉求。美国社会学家詹姆斯·C.戴维斯(James C.Davies)的 J 型曲线理论认为:社会不稳定诱发于人们对社会现实的不满心态。当社会实际满足低于自身的需求期望时,人们便由此产生一种期望受挫感,进而产生对社会现实的不满情绪。社会稳定与否及社会不稳定程度,取决于人们需求期望与社会实际满足之间的差距度。当两者之间的差距超过一定限度时,不满情绪便会转化为激烈的行为。③ 通常而言,人们的思想意见和利益诉求得以疏通引导和积极回应,人们合理的社会预期得以实现,社会心态则正常有序;人们的思想意见和利益诉求得不到顺畅表达和积极回应,人们合理的社会预期就会受挫,社会心态则躁动紊乱。《中国社会心态研究报告(2018)》指出,客观社会地位对获得感有一定影响。同时,主观社会地位也影响着民众的

---

① 《劝学篇》,冯天瑜、姜海龙译注,中华书局 2016 年版,第 293 页。
② 参见杨宜音:《个体与宏观社会的心理关系:社会心态概念的界定》,《社会学研究》2006年第 4 期。
③ 转引自李腊生、詹爱霞:《现代化进程中的社会稳定探析》,《江汉大学学报(社会科学版)》2011 年第 5 期。

获得感,而且不同时段的主观社会地位与获得感及其各维度的关系并不一致。回归分析结果显示,将来的主观社会地位与获得感的关系较为稳定,且呈正向相关关系。这说明,个体对自己将来阶层的良好预期,在一定程度上可以积极地促进其获得感的提高。① 而快速的社会变革和急剧的社会变迁往往会引起社会心态发生显著变化。

　　社会心态反映社会矛盾,社会矛盾影响社会心态,并以社会心态的形式表现出来,社会心态与社会矛盾相互作用、交叉影响。"社会建设与社会心态之间存在内在的关联,社会心态反映一个时期的社会问题,当社会问题或矛盾处理失当或长期得不到化解,可能会渐渐固着,形成一种常态化的社会心态,成为一种影响社会的氛围。客观准确地认识和把握一个时期的社会心态是社会建设的需要,良好的社会心态是维护社会稳定的前提,是社会管理及其创新得以有效进行的社会心理基础,不良的社会心态对社会管理起妨碍和破坏作用,社会建设需要全社会的共识与共同努力,而社会共识的形成要依靠社会心理建设。"②社会心态积极平和,人们便能够正确、冷静、理性地感受、认知、理解和对待特定的社会事件、社会现象,认知客观、情绪平和、行动冷静、态度公允、信任充分,社会沟通正常有序,就会缓和并纾解社会矛盾和社会冲突;社会心态消极恶变,人们便不能正确、冷静、理性地感受、认知、理解和对待特定的社会事件、社会现象,认知主观、情绪暴躁、行为冲动、态度偏颇、信任缺乏,社会关系异常紧张,就会加剧社会矛盾和社会冲突。纷繁复杂的社会矛盾冲突反过来又影响社会心态,同时以矛盾冲突的社会心态表现出来。而且,社会群体与群体之间,或者社会个体与个体之间如果缺乏了解、沟通、信任,不免就会存在认知的偏颇、理解的误区、情感的隔阂,这必然将加剧已有的社会矛盾冲突,甚至导致恶性社会事件屡屡发生。习近平指出:"人心安定,社会才能稳定。

---

　　① 参见王俊秀主编:《中国社会心态研究报告(2018)》,社会科学文献出版社 2018 年版,第 71—72 页。

　　② 王俊秀:《社会心理建设是创新社会治理的基础》,《光明日报》2015 年 9 月 7 日。

对涉及维权的维稳问题,首先要把群众合理合法的利益诉求解决好。"①《诗经》当中讲:"君子如届,俾民心阕。君子如夷,恶怒是违。"②即是说,君子执政如临渊履冰,才能使民众心安。君子执政如果能公平处理,百姓怨怒才会平息。社会治理主体对社会矛盾应对无方、调处不当,人们在矛盾冲突调处过程当中不能顺畅、充分地表达意见诉求,感受不到意见诉求被认真考虑对待、感受不到对方的尊重信任、感受不到社会的公平正义,那么,社会个体的社会认同感、心理安全感、主观幸福感必然下降,社会心态必然恶化;相反,社会治理主体对社会矛盾应对有方、调处得当,人们在矛盾冲突的调处过程当中能够顺畅地、充分地表达意见诉求,并能真切感受到意见诉求被认真对待、感受到对方的尊重信任、感受到社会的公平正义,那么,社会个体的社会认同感、心理安全感、主观幸福感必然上升,社会心态必然优化。

社会矛盾冲突的凸显是当前经济社会发展的显著特征。"城乡之间、地区之间、行业之间、群体之间、阶层之间、个人之间等利益差距的扩大,利益分化的'马太效应'显现,尤其是改革进程中的'寻租'行为,以及某些权力与资本结合起来寻求暴利等社会不公平、机会不公正现象所导致的贫富差距问题,引起一些利益主体,尤其是弱势群体的强烈不满。恰恰就是这些因素使得当前利益矛盾激化,群体性、极端性利益冲突事件时有发生,利益关系格局对经济社会发展的负面影响显现,并成为建设和谐社会的最大阻碍。"③社会心态消极恶变、缺乏调适控制,是社会矛盾多发、易发、频发的重要诱因。中国古人早就深刻认识到,"众怒不可蓄也,蓄而弗治,将蕰。蕰畜,民将生心。生心,同求将合。"④即是说,负向愤懑的社会情绪不能放任蓄积,如果负向愤懑的社

---

① 《习近平关于全面建成小康社会论述摘编》,中央文献出版社2016年版,第139页。
② 《诗经》(下),王秀梅译注,中华书局2015年版,第418页。
③ 洪远朋、李慧中等主编:《利益关系总论——新时期我国社会利益关系发展变化研究的总报告》,复旦大学出版社2011年版,第549页。
④ 《左传》(下),郭丹、程小青、李彬源译注,中华书局2012年版,第1978页。

会心态形成累积而不予以疏导化解,必定会形成愈加严重的负向社会心态。负向社会心态蓄积恶变形成"嗷嗷之怨"①,势必会集聚强大社会力量进行极力抗争。社会变革时期往往是社会矛盾凸显期,更易引起社会心态的急剧嬗变,许多负面社会心态随着转型时期复杂因素的影响,逐渐从潜隐状态中暴露出来,如果不加以调控引导,势必会渗透到社会的各个角落,蔓延至社会的整个精神肌体。社会变革引起社会结构变化的同时,往往会产生新的需要和利益,这意味着新的社会矛盾会产生,社会心态同样也会因社会矛盾的变化而变化。

二、社会矛盾与社会治理

调处社会矛盾是社会治理的重要内容。社会矛盾调处的效果是检验社会治理成效的重要依据,同时,社会治理是否有效直接关系到社会矛盾冲突的发展趋势,直接影响社会安定团结的政治局面。有种观点认为,一个社会现代化发展同社会稳定似乎呈正相关关系,即经济社会越是现代化,则社会越稳定,社会治理越容易;相反,经济社会越是贫穷落后,则社会越动乱,社会治理越困难。其实不然,亨廷顿(Samuel P.Huntington)历史地考察大量社会事实以后得出结论:"事实上,现代性孕育着稳定,而现代化过程却滋生着动乱……贫困与落后,动乱与暴力,这两者之间的表面关系乃是一种假象。政治秩序混乱的原因,不在于缺乏现代性,而在于为实现现代性所进行的努力。"②社会的矛盾冲突并不会简单地因为社会现代化发展而减弱甚至消失,社会现代化过程中暴露出来的矛盾冲突更加需要巧妙科学的社会治理方式。简单来说,社会治理有效,矛盾冲突得到合理化解,则人心稳定、社会稳定;社会治理失效,矛盾冲突恶化质变,则人心不稳、社会不稳。放任社会矛盾冲突扩散发展,必然

---

① 《政论　昌言》,孙启治译注,中华书局 2014 年版,第 81 页。

② 〔美〕塞缪尔·P.亨廷顿:《变化社会中的政治秩序》,王冠华、刘为等译,上海人民出版社 2008 年版,第 31—32 页。

影响社会稳定。社会治理失效,同样会导致社会矛盾冲突失控进而转化为影响社会稳定的因素。当前,经济社会发展的战略机遇期同矛盾凸显期并存,纵深推进的各项改革尤其是生产关系和上层建筑的改革,关涉社会各阶层、各群体的切身利益,改革的过程不会一帆风顺,总会遇到或大或小的困难障碍。并且,越是全面深化社会改革,社会矛盾冲突越是复杂多样,为避免社会矛盾累积恶化,开展社会治理必须正视社会矛盾、分析社会矛盾、研判社会矛盾,并探找化解社会矛盾的正确方式,从而促进社会又稳又好又快发展。随着改革进入攻坚期、深水期,经济社会深刻变化、利益格局深刻调整,许多新情况、新问题、新矛盾不断显现,纷繁复杂的人民内部矛盾冲突多发、易发、频发,浅表层矛盾冲突与深层次矛盾冲突相互交织,常见性矛盾冲突和偶发性矛盾冲突相互叠加,短期性矛盾冲突和长期性矛盾冲突相互强化,现实社会矛盾冲突和虚拟社会矛盾冲突相互延伸,矛盾纠纷种类多样、牵扯面广、根由复杂,给当前社会治理带来诸多难题和巨大压力。总体来看,当代中国社会矛盾的基本特征体现为:矛盾冲突数量增多、规模扩大、冲突程度加剧、冲突范围拓展、突发性事件增多,并且化解难度增大。[①] 同时,随着人们自主意识、维权意识、民主意识、平等意识逐渐增强,社会经济关系更加多样、个体价值观念日益多元,人们所表达的利益诉求内容更加繁多、形式更加多样,其中,非法过激表达利益诉求的社会事件时常发生,成为影响社会安定团结的重要因素,给我国国家治理体系建设和社会治理能力提高带来严峻考验。

调处社会矛盾亟须疏导教育振导社会。人心稳,则社会稳;人心散,则社会散;人心乱,则社会乱。纵观改革开放的历程,人们可以通过改革的实际进展和物质丰富的事实真切地感受到社会主义生产力的快速发展,感受到社会主义中国综合国力的增强,感受到人民群众生活水平的显著提高。然而,"长期以来,作为发展动力的经济增长在富裕国家中结束了它的使命。人们的健

---

① 参见刘建明、史献芝:《当代中国社会矛盾化解机制研究》,人民出版社 2014 年版,第112—120 页。

康和快乐水平不仅不再随经济增长而增长,反而随着富裕社会日益富裕,焦虑、抑郁,以及许多其他社会问题都在逐渐上升。""一个国家迟早都会跨入一个富足到收入增加对健康、幸福和满意度影响'日益减少'的阶段。"①当前,社会不公、阶层固化、劳资矛盾、公权滥用等诸多社会问题仍然存在,导致社会心态悄然发生变化,"端碗吃肉、放筷骂娘"的社会现象屡见不鲜。法国社会心理学家、群体心理学创始人古斯塔夫·勒庞(Gustave Le Bon)认为,现代生活逐渐以群体的聚合为特征,社会个体聚合形成社会群体,就会产生"心理感染"或者"心理裹挟"。放任社会心态恶化质变或者相互感染,势必导致社会矛盾冲突升级,因此,调处社会矛盾的同时也需要治理道德人心领域。调处社会矛盾固然离不开经济手段、政策手段、法律手段,同时还需要通过说服教育、疏导示范来解决人民内部矛盾。毛泽东在《关于正确处理人民内部矛盾的问题》中十分明确地指出:"人民为了有效地进行生产、进行学习和有秩序地过生活,要求自己的政府、生产的领导者、文化教育机关的领导者发布各种适当的带强制性的行政命令。……这同用说服教育的方法去解决人民内部的矛盾,是相辅相成的两个方面。"②开展思想道德建设、促进社会主义精神文明以助推社会矛盾的解决,离不开说服教育、离不开疏导示范。"精神文明建设必须坚持用启发、说服、教育、疏导、示范的方法,解决精神领域里的问题,必须有耐心、有毅力、有韧性。"③当前,精神生活的发展同物质生活的发展不能比肩并起,精神生活发展的相对滞后甚至牵绊着物质生活发展的脚步,影响物质生活往积极、健康、正确的方向继续行进。调处社会矛盾特别是人民内部矛盾,提升社会治理科学化水平,既要做好物质利益关系的正确协调,又要做好思想认识方面的疏通导引。

---

① [英]理查德·威尔金森、凯特·皮克特:《不平等的痛苦——收入差距如何导致社会问题》,安鹏译,新华出版社 2010 年版,第 9 页。
② 《毛泽东文集》第七卷,人民出版社 1999 年版,第 209—210 页。
③ 《万里文选》,人民出版社 1995 年版,第 550 页。

三、思想疏导与社会治理

思想疏导是顺利开展社会治理的重要前提。思想疏导强调"思想先行"，就是注重首先通过释解思想疑虑、分清思想是非、提高思想认识、达成思想共识，进而增强群众信心，实现社会动员。这是社会主义社会顺利开展社会治理的重要前提。社会主义新中国是人民自己的政权，社会主义政权同人民的关系不是敌对的关系，主要是人民内部的关系。因此，开展社会治理就不能滥用专政的手段、强制和压服的办法去解决人民内部矛盾，而要在人民内部实行民主，采用民主和说服的办法。中国共产党人深刻懂得"思想是行动的先导"这个马克思主义的重要观点，并且历来高度重视通过思想疏导释解人们的思想困惑，以实现精神凝聚和思想动员。无论在革命、建设、改革的任何时期，中国共产党人都深刻认识到，动员广大群众，首先要进行思想动员，保证思想先行，正所谓"兵马未动，粮草先行"①。困难时期需要"思想先行"，平顺时期更要"思想先行"。这是因为，"人的脑筋如果没打通，任何事情也办不通"②。顺利开展社会治理，只有通过"思想先行"，才能做好宣传解释、解除思想顾虑、开展思想动员、增强群众信心，才能让人们真切认清国家的形势和困难，由衷认同党的方针政策，进而共同商量解决问题的办法，达成解决问题的思想共识。"做好疏导群众思想工作，密切党同人民群众的血肉联系，增进党同人民群众的思想共识，取得人民群众的理解支持，就能同群众共同克服社会主义现代化建设面临的种种困难。"③"有错误意见要批驳，有思想顾虑和不通，有落后思想要解释……推动工作，增加信心，保障工作做好，也提高觉悟，实现人民民主。"④可见，批驳错误思想、释解思想顾虑、打通群众思想、开展思想动员、

---

① 《邓小平文集(一九四九——一九七四年)》(上卷)，人民出版社 2014 年版，第 190 页。
② 《邓小平文集(一九四九——一九七四年)》(上卷)，人民出版社 2014 年版，第 189 页。
③ 魏强、韩梦馨：《邓小平疏导群众思想的基本方法论析》，《西南大学学报(社会科学版)》2018 年第 5 期。
④ 《建国以来刘少奇文稿》第 3 册，中央文献出版社 2005 年版，第 374 页。

增强群众信心、提高群众觉悟,这是思想疏导参与社会治理的介入内容,也是保证社会治理顺利开展的前提。习近平指出:"全面深化改革,触及深层次的社会关系和利益调整,凝聚改革共识难度加大,统筹兼顾各方面利益任务艰巨,协调不顺,处理不好,改革就难以顺利推进,难以取得成功。"①全面深化改革总会遇到这样那样的干扰,要解决各种问题、排除各种障碍,既要用改革的实际进展来教育引导人们,又要依靠、结合思想疏导不断向人们做好宣传解释工作,解决人们的思想认识问题,促进人们思想认识进步,不断凝聚改革共识,这样才能顺利开展社会治理。

思想疏导是保证社会治理成效的基本依托。思想疏导通过引导人们表达意见诉求,可以及时"拉响社会运行不良的警报",从而改进社会治理方式,保证社会治理顺利开展。为避免社会出现不可预判的灾难性崩溃,需要逐渐有序释放压抑郁积的社会情绪、思想意见、诉求关切,并且审慎分析、正确研判、及时回应人们的诉求关切,并依循人们正当的诉求关切不断改善工作,进而理顺社会情绪、优化社会心态、增进社会团结;相反,如果压制郁积的社会情绪、思想意见,利益诉求就无法得以表达,更不会得到积极回应,那么社会不满情绪就会蔓延,或早或迟会出现难以掌控的"总爆发"。思想疏导参与和改善社会治理,是一个灵活社会保持动态稳定的重要方面。科塞(Lewis A·Coser)指出:"一个灵活的社会通过冲突行为而受益,因为这种冲突行为通过规范的改进和创造,保证了它们在变化了的条件下延续下去。……一个僵化的社会制度,不允许冲突发生,它会极力阻止必要的调整,而把灾难性崩溃的危险增大到极限。"②提升社会治理成效,需要允许不同意见诉求的表达,从而消除社会紧张、实现社会整合,避免社会结构解体。"在松散结构的团体和开放的社会里,冲突的目标在于消解对抗者之间的紧张,它可以具有稳定和整合的功

①《习近平总书记系列重要讲话读本(2016年版)》,学习出版社、人民出版社2016年版,第78页。

②[美]L·科塞:《社会冲突的功能》,孙立平等译,华夏出版社1989年版,第114页。

能。由于允许对抗的要求直接和立刻表达出来,这样的社会系统能够通过消除不满的原因重新调整它们的社会结构。它们所经历的多种多样的冲突,将有助于消除引起分裂的根源并重建统一。通过对冲突的宽容和制度化,这些社会系统为自己找到了一个重要的稳定机制。"①可见,一个灵活的社会同一个僵化的社会的重要区别就在于:一个灵活的社会能够正视矛盾冲突并容纳矛盾冲突,且能通过正确回应社会矛盾冲突来保持社会动态稳定;而一个僵化的社会则害怕矛盾冲突并妄图扼杀矛盾冲突,这样必然导致社会因缺乏韧性形成"沉默的敌意",给社会结构以沉重打击。

思想疏导是成功开展社会治理的重要手段。思想疏导基于疏通来引导社会思想价值观念以凝聚建设性社会共识。社会治理良好状态的实现、社会秩序的稳固与维系,离不开社会共识的支撑。同时,社会秩序的变迁与重构,往往意味着社会共识的更迭、重塑、聚合,因此,当代中国社会秩序的建立,必须要有适应中国特色社会主义建设实践的价值共识的确立。社会共识是社会治理的精神内核,是成功开展社会治理的精神支点,离开社会共识的凝聚,"个人就越会各怀心思",社会成员便会思想涣散、观念奇异,社会离心力增强、向心力减弱、凝聚力减弱,必然导致社会治理的乏力感、钝化感甚至无力感。正如涂尔干(Emile Durkhem)所说:"社会中总是存在着两种力量,一种是离心力,一种是向心力,但两者从来都不是同涨同消的;同样,这两种截然相反的力量也不会在我们身上同时发展。"②这就是说,一个社会离心力强,则向心力弱;一个社会离心力弱,则向心力强。当社会成员压抑的思想意见和利益诉求得不到顺畅表达时,势必会逐渐消解建设性社会共识,逐渐削弱社会团结。而"社会的团结越弱,社会的纽带越松,外在因素就越容易介入到社会之中"③。"如在

---

① [美]L·科塞:《社会冲突的功能》,孙立平等译,华夏出版社1989年版,第137页。
② [法]埃米尔·涂尔干:《社会分工论》,渠东译,生活·读书·新知三联书店2000年版,第90页。
③ [法]埃米尔·涂尔干:《社会分工论》,渠东译,生活·读书·新知三联书店2000年版,第111页。

内部冲突过程中斗争的双方不再共享那些社会系统的合法性所赖之为基础的基本价值,这种冲突就会毁灭社会的结构。"①为提高社会向心力、增进社会团结,避免社会秩序被介入的外在因素轻易破坏,这就需要引导思想价值观念以凝聚建设性社会共识。当前,随着利益主体愈加多元、利益诉求愈加多样、社会矛盾愈加突出,更加需要通过思想疏导凝聚社会共识,以形成推进改革的精神动力,进而汇聚深化改革的思想合力。习近平指出:"必须以更大的政治勇气和智慧,不失时机深化重要领域改革,攻克体制机制上的顽瘴痼疾,突破利益固化的藩篱,进一步解放和发展社会生产力,进一步激发和凝聚社会创造力。"②要想成功开展社会治理,必须"攻克体制机制上的顽瘴痼疾,突破利益固化的藩篱"。冲破思想观念的障碍、突破利益固化的藩篱,首先就要形成思想解放的共识和氛围。习近平进一步强调:"思想不解放,我们就很难看清各种利益固化的症结所在,很难找准突破的方向和着力点,很难拿出创造性的改革举措。"③强势群体同弱势群体之间存在利益关系失调、社会博弈失衡的问题,促进利益诉求顺畅表达是协调利益关系、"突破利益固化藩篱"的第一步。这是因为,如果弱势群体无法顺畅表达自己的利益诉求或者缺乏同强势群体公平博弈的公共平台、社会资本,深化改革就把握不到或把握不准弱势群体的利益诉求,这就容易造成单方面的"利益假想",那么,破除"利益固化藩篱"将困难重重。总体来看,社会成员的利益诉求无法顺畅表达并得到及时、认真、负责的回应关切,人们的思想意见没有得到正确导引,社会情绪没有得到有序释放,社会主体基于不同甚至对立的思维视角、价值立场、价值认知、行为选择势必削弱社会的价值共识,成功开展社会治理便无从谈起。因此,成功的社会治理一定是以建设性价值共识为轴心,一定需要通过思想疏导"打通脑筋"④、

---

① [美]L·科塞:《社会冲突的功能》,孙立平等译,华夏出版社1989年版,第135页。
② 《习近平总书记系列讲话精神学习读本》,中共中央党校出版社2013年版,第37页。
③ 《习近平谈治国理政》第一卷,外文出版社2018年版,第87页。
④ 《中共中央文件选集(1949年10月—1966年5月)》第3册,人民出版社2013年版,第104页。

"打通思想"①、凝聚共识。

第二节　思想疏导能动化解社会矛盾的背景与内涵

社会矛盾不断变化发展,在社会主义革命、建设和改革的各个历史时期社会矛盾都会出现许多新特点、新情况、新问题,因此,科学研判社会矛盾情势和采取正确的社会矛盾处理方法极其重要。历史经验教训深刻启戒我们,错误研判社会矛盾或者处理社会矛盾方法不当必然会导致不可估量的社会后果。"我们一定要从国内主要矛盾转化这一战略思想出发,严格区别两类不同性质的矛盾,对人民内部的矛盾和斗争,一定要坚持民主的方法去正确处理。"②《中国共产党中央委员会关于建国以来党的若干历史问题的决议》同样明确指出:"在剥削阶级作为阶级消灭以后,阶级斗争已经不是主要矛盾。由于国内的因素和国际的影响,阶级斗争还将在一定范围内长期存在,在某种条件下还有可能激化。既要反对把阶级斗争扩大化的观点,又要反对认为阶级斗争已经熄灭的观点。……必须正确认识我国社会内部大量存在的不属于阶级斗争范围的各种社会矛盾,采取不同于阶级斗争的方法来正确地加以解决,否则也会危害社会的安定团结。"③党的十九大报告指出:"中国特色社会主义进入新时代,我国社会主要矛盾已经转化为人民日益增长的美好生活需要和不平衡不充分的发展之间的矛盾。"④尽管如此,"我国仍处于并将长期处于社会主义初级阶段的基本国情没有变,我国是世界最大发展中国家

①　《中共中央文件选集(1949年10月—1966年5月)》第3册,人民出版社2013年版,第119页。

②　《十一届三中全会以来重要文献选读》(上册),人民出版社1987年版,第103页。

③　《十一届三中全会以来重要文献选读》(上册),人民出版社1987年版,第347页。

④　习近平:《决胜全面建成小康社会　夺取新时代中国特色社会主义伟大胜利——在中国共产党第十九次全国代表大会上的报告》,人民出版社2017年版,第11页。

的国际地位没有变"①。因此,推进社会各个方面的改革发展都要把握这个最大国情,立足这个最大实际。同样,社会领域中社会矛盾和问题交织叠加,国内大量的社会矛盾纠纷并不属于阶级斗争范围,尽管阶级斗争还在一定范围内长期存在,但已经不是社会主要矛盾。这个社会矛盾领域实际情况没有变,大量的社会矛盾依然表现为具有新情况、新特点、新问题的人民内部矛盾,这就是当前社会矛盾领域的最大事实、最大实际。因此,把握社会矛盾领域的这个最大事实、最大实际,就必须依靠和结合思想疏导来能动化解社会矛盾。

一、思想疏导能动化解社会矛盾的背景

社会矛盾的凸显与矛盾化解方式的僵滞。当前,社会利益关系深刻调整,社会利益格局不断转变,社会矛盾纠纷明显增多,这是我们处在发展战略机遇期面临的重要挑战。"中国现在正处在两个同时并存的时期:一是发展的重要战略机遇期……二是社会矛盾凸显期。……自从新中国成立到现在,没有哪个时段像现在这样社会矛盾问题如此之多……无论是同别的国家和地区相比,还是同中国历史不同时期相比,中国现阶段所面临的事情是最多的,是巨量的,而巨量的事情势必会引发大量的社会矛盾。"②可以说,战略机遇期同社会矛盾凸显期相互叠合是当前中国社会的突出特点。社会利益关系深刻变革引发的社会矛盾冲突增多,包括征地拆迁纠纷、企业改制纠纷、物业管理纠纷、医患矛盾纠纷、劳资矛盾纠纷、环境污染纠纷等。社会矛盾的触点增多、燃点降低、裂度倍增,致使社会关系日益紧张,社会矛盾冲突不断发生。群体性事件频发就是社会矛盾升级激化的表现。社会学者通过研究大量的群体性事件,将群体性事件分成四种类型:"一是干群关系冲突(主要涉及征地、拆迁、国企改制、司法纠纷、乱收费、环境、就业等方面矛盾和冲突),二是劳动关系

---

① 习近平:《决胜全面建成小康社会 夺取新时代中国特色社会主义伟大胜利——在中国共产党第十九次全国代表大会上的报告》,人民出版社 2017 年版,第 12 页。
② 吴忠民:《中国现阶段社会矛盾凸显的原因分析》,《马克思主义与现实》2013 年第 6 期。

冲突(涉及工资待遇、社会保障、劳动保护、工作环境等方面的冲突和纠纷)，三是企事业机构与社会的冲突(涉及业主与物业、医患、教育、环境等方面的冲突和纠纷)，四是社会群体之间的冲突(涉及民族、宗教、宗族、社区械斗、环境与资源等方面的矛盾和纠纷)。"①并且，近年来群体性事件出现新变化，即围绕劳动关系冲突的群体性事件比较突出，围绕征地拆迁的群体性事件持续增多，围绕环境变化的群体性事件不断增加。②《社会蓝皮书：2016年中国社会形势分析与预测》指出：总的来看，中国社会仍处于矛盾多发频发阶段。从民众的感受来看，潜在的社会矛盾和冲突主要存在于贫富之间以及官员与民众之间。2015年全国综合社会调查数据表明，45.1%的被调查者认为中国贫富人口之间存在严重甚至非常严重的社会冲突，认为官员与民众之间存在比较严重或非常严重的冲突的被调查者也占到37.3%。此外，因劳动关系冲突、征地拆迁矛盾以及环境污染问题而引发的群体性事件，也是多发频发，屡见报道。③《2019年中国社会形势分析与预测》指出：随着社会结构的深刻变迁，不同社会阶层和群体的利益关切出现多样化，以往改革过程中积累和潜伏的一些社会矛盾也开始发酵，浮出水面。社会矛盾一方面仍然处于多发频发期，另一方面也变得更加多样多元，酝酿着一些潜在的社会风险，对社会和谐稳定构成新的挑战。④并且，"中国基层社会面临经济转型、矛盾变化、心态浮躁和价值多元等新情况与新问题"⑤，无论是"直接利益冲突"，还是"无直接利益冲突"，都是由于特定的社会矛盾或者累积的社会矛盾没有得到及时疏导和有效调处而引发的。当前，关乎群众切身利益的社会矛盾冲突仍大量存

①　李培林：《加强群体性事件的研究和治理》，《中国社会科学报》2010年10月19日。
②　参见李培林：《加强群体性事件的研究和治理》，《中国社会科学报》2010年10月19日。
③　参见李培林、陈光金、张翼主编：《社会蓝皮书：2016年中国社会形势分析与预测》，社会科学文献出版社2015年版，第13—14页。
④　参见李培林、陈光金、张翼主编：《社会蓝皮书：2019年中国社会形势分析与预测》，社会科学文献出版社2019年版，第12—13页。
⑤　陈甦、田禾主编：《中国法治发展报告(2019)》，社会科学文献出版社2019年版，第309页。

在,如果采用官僚主义、命令主义、主观主义的态度和方法,僵化、生硬地处理社会矛盾冲突,不仅不会解决社会矛盾,反而会让社会矛盾更加激烈尖锐。放任社会矛盾恶性发展,或错误地认识、处理社会矛盾,极可能将可控的非对抗性社会矛盾转化为难以控制甚至不可控的对抗性社会矛盾,给社会治理制造"瓶颈"或者带来难题。

社会心态的嬗变与矛盾疏导方式的缺位。社会需要的超前倾向同社会供给的相对滞后会引起社会心态发生变化。《中国社会心态研究报告(2017)》指出:过去30多年中国经历了快速社会转型,社会结构发生较大改变,社会心态也随之发生改变,但社会心态具有很强的主观性,与社会现实之间并非完全对应。① 随着社会物质生活条件日益改善和技术革新而出现的新鲜事物,极大地刺激着人们的新渴望、新需要、新期待,然而,转型社会满足这些新渴望、新需求、新期待的能力同人们的期望值总是还有一段距离,这样,人们的新需要同社会满足新需要的能力之间的差距就会引起社会心态的变化。亨廷顿指出:"都市化、扫盲、教育和新闻媒介"等新鲜事物,"提高了新的渴望和需要水准。然而,过渡型社会满足这些新渴望的能力的增进比这些渴望本身的增进要缓慢得多。结果,便在渴望和指望之间、需要的形成和需要的满足之间,或者说在渴望程度和生活水平之间造成了差距。这一差距就造成社会颓丧和不满"②。改革开放初期那种融涵着对经济社会发展的热切期盼、主动参与和高效能感的思想解放与犹豫观望并存的社会心态逐渐被社会深度改革的"转型心态"所取代。"当前我国民众的社会心态突出表现为普遍的不公平感和对越轨型致富、权力腐败的愤怒。要形成健康积极的社会心态需要在调整利益格局的基础上,建立社会核心价值,形成社会共识,引导健康网络舆论和加强

---

① 参见王俊秀主编:《中国社会心态研究报告(2017)》,社会科学文献出版社2017年版,第3页。

② [美]塞缪尔·P.亨廷顿:《变化社会中的政治秩序》,王冠华、刘为等译,上海人民出版社2008年版,第41页。

社会心理服务。"①人们物质生活水平显著提高,物质利益驱动效应不断放大,而精神生活发展却相对滞后。同时,随着社会阶层分化逐渐扩大,社会上下流动逐渐滞化,人们生理、安全等初级基本需求得到比较充分满足的同时,社会公平、社会信任、社会支持、社会凝聚的高级需求却没有得到比较充分的满足,这种"不同需要"满足程度的落差逐渐产生一种深层复杂、需要重点关注的"转型心态"。"中国现阶段,我们可以清晰地看到一种社会转型期所特有的现象,即巨大社会能量的激活与规则体系的缺失这两种情形同时并存。"②这就意味着,"巨大社会能量的激活释放同规则体系相对缺失两者之间的反差越大,一个社会当中各个群体之间相互抵触和冲突的行为就越多,由此所引发的社会矛盾也就越多"③。正视社会矛盾冲突、纾解社会矛盾冲突,实现社会矛盾冲突的"正功能",客观上要求思想疏导积极参与到社会矛盾冲突的化解当中,从而避免社会心态朝着负性的方向发展。中国古人早就深刻认识到,对社会治理而言,要及时关注或大或小的社会怨气。"怨不在大,可畏惟人。载舟覆舟,所宜深慎。"④"怨不在大,亦不在小"⑤,即是说,民怨民愤无论大小都要十分注意。即使民怨沸腾,但是如果认真对待、悉心疏解,同样能够维持社会稳定;即使民怨微小,但是如果放任自流、无所应对,同样会给社会带来危害。面对当前社会矛盾凸显期的社会心态嬗变,既不能故意回避、视而不见,也不应消极无为、惊慌失措,而要通过正确合理的矛盾疏导来调整因社会转型造成的社会心态不适,把社会心态嬗变给社会带来的消极影响降到最低,将其给社会带来的积极影响发挥到最大。忽视采用矛盾疏导方式调节社会冲突以涵育积极社会心态,是社会心态恶化、矛盾冲突加剧恶变的重要因由。

---

① 朱力、朱志玲:《现阶段社会心态的主要特征及疏导对策》,《人民论坛》2014 年第 8 期。
② 吴忠民:《中国现阶段社会矛盾凸显的原因分析》,《马克思主义与现实》2013 年第 6 期。
③ 吴忠民:《中国现阶段社会矛盾凸显的原因分析》,《马克思主义与现实》2013 年第 6 期。
④ 《贞观政要》,骈宇骞译注,中华书局 2011 年版,第 17 页。
⑤ 《尚书》,王世舜、王翠叶译注,中华书局 2012 年版,第 184 页。

　　矛盾实际的变化与疏导理论研究的滞后。当前中国正处于社会转型时期，"许多矛盾由隐到显，新旧矛盾相互交错，社会矛盾异常复杂"①。还有学者在总结改革开放以来中国社会矛盾实际变化情况时提到，"在改革开放的初期，即前 10 年中，开始尝试各种制度的变革、突破，人们思想开始解放，观念开始变化，社会总体上依然按照计划体制的惯性在运行，社会的基本利益格局没有改变，新的社会矛盾开始出现，但并不严重。改革的中期，即第二个 10 年，是社会转型加速的时期，针对新出现的矛盾、社会问题，原有的制度、政策已经失效，许多实质性改革的制度、政策尝试出台，但还不成熟周全，市场的运行机制开始真正产生作用，利益格局产生根本性的变化，大量矛盾开始产生，有的变得严重，触及社会成员的根本利益。"②以 2016 年中国社会群体性事件分析为例，主要特征有："1. 利益诉求类事件依然构成群体性事件的主体，除了经济利益考虑，诉求的内容日趋多元化；2. 群体性事件的暴力程度相对较低，方式手段总体趋于温和；3. 网络大 V 消寂，但网络群体性事件热度不减，主题逐渐疏离政治，向着公共领域、企业等转移；4. 现实与网络紧密相连，群体性事件的线上线下互动明显增强；5. 政策性群体性事件显著，大量群体性事件与政府的相关政策调整有较大的关联。"③可见，中国正经历着广泛而深刻的社会变革，由此引发的形形色色的社会矛盾也交织出现。然而，观照社会矛盾变化的疏导理论研究却相对滞后，与以社会群体事件为突出表现的社会矛盾冲突没有实现很好的对接，对社会矛盾变化实际的理论回应相对缺乏。总体来看，关于思想疏导能动参与社会矛盾化解的理论研究落后于社会矛盾变化的实际，对社会矛盾冲突的关注程度、研究程度仍不充分，角度仍不丰富。当前，大量社会矛盾的复杂变化，要求思想疏导能动参与社会矛盾化解的理论研

---

　　①　王郅强：《转型期中国社会矛盾的基本形态与性质分析》，《学习与探索》2012 年第 7 期。

　　②　朱力：《刚性社会矛盾的内涵与特征——关于我国 21 世纪以来重大社会矛盾的探解》，《中共中央党校学报》2016 年第 4 期。

　　③　杜志淳主编：《中国社会公共安全研究报告》（第 10 辑），中央编译出版社 2017 年版，第 7—12 页。

究与时俱进,及时跟踪研究以社会群体事件为重要表现的社会矛盾冲突,结合当前社会矛盾变化的新情况、新特点、新形势,将思想疏导主动融入社会矛盾化解体系,充分发挥思想疏导能动化解社会矛盾的功能。

二、思想疏导能动化解社会矛盾的内涵

思想疏导是思想政治教育学科的重要范畴。思想疏导工作是中国共产党民主作风的重要体现。思想疏导能动化解社会矛盾符合人的思想认识发展的特点,是正确处理人民内部矛盾理论的当代运用,同时是对中国共产党思想政治教育历史经验的高度概括与科学总结。通常认为,思想疏导包括思想疏通和思想引导两个方面,思想疏通是思想引导的前提,思想引导是思想疏通的目的,既要通过思想疏通予以思想引导,又要通过思想引导加强思想疏通。思想疏通就是通过广开言路、集思广益,让人们有序而充分地表达思想意见、态度观点;思想引导就是以思想疏通为基础,通过民主讨论、交流沟通和对话协商,把错误的思想认识引导到积极、健康、正确的轨道上,化消极因素为积极因素。

其一,思想疏导参与社会治理发挥能动作用,强调思想疏导主动融入社会矛盾化解体系。促进社会矛盾和解,客观上要求思想疏导主动融入社会矛盾化解体系。随着利益格局的深刻调整,社会呈现利益主体多种、利益诉求多样、利益表达多元、矛盾冲突多发的特点。在社会主义社会初级阶段,不同利益群体的矛盾,总体来说,不是根本利益的冲突,而是根本利益一致前提下具体利益的矛盾冲突,完全可以调和解决,然而,处理不当也会激起对抗冲突。“各种矛盾和摩擦,如果处理得好,分散到不同时间、社会结构的不同部分,可能在改革中逐步化解,如果处理得不好,小则引起一部分人闹事,大则集中到一个‘断裂点’上共振,造成社会更大的动荡。因此,正确处理好不同利益群体的矛盾,不仅是改革中的难点,而且也是正确处理人民内部矛盾的重大课题。”[1]通过思想疏导

---

[1] 陆庆壬主编:《人的发展和社会发展——思想政治教育学基础理论研究》,同济大学出版社1994年版,第154页。

能动化解社会矛盾可以积极促进矛盾和解,进而回答在新的历史条件下正确处理人民内部矛盾的重大课题。尽管在特定的社会矛盾冲突当中,矛盾关涉方可能地位、立场不同,但是只要矛盾关涉方都有促进矛盾和解的愿望,思想疏导参与社会矛盾化解就有切入口。"人们对于任何一个问题的立场,是由人们在牵涉到这个问题的矛盾中所站立的地位来决定的。他们或者站在矛盾之外、矛盾之上,或者站在矛盾之中的某一个方面,各自从自己站立的地位即立场出发来决定对这个问题所应采取的方针、态度和办法,或者利用矛盾的统一性促进矛盾的和解,或者利用矛盾的斗争性促进矛盾的冲突和破裂。人们在矛盾中所站立的地位相同,他们也就会有共同的立场;在矛盾中所站立的地位如果不同,他们也就会有不同的立场。他们虽是站在不同的立场,但是如果双方都采取使矛盾和解的方针,那对于促进矛盾的和解是更有利的,可以得到相反相成的效果。"①因此,促进社会矛盾和解客观上要求思想疏导主动融入社会矛盾化解体系,这既是对当前社会矛盾实际的准确把握,同时也是思想疏导理论研究的实践取向。总之,基于对当前大量社会矛盾性质的准确分析研判,思想疏导主动融入社会矛盾化解体系,促进社会发展变革期非对抗性矛盾的和解,是在新的历史条件下充分发挥思想疏导柔性治理优势的时代呼唤。

其二,思想疏导参与社会治理发挥能动作用,强调把握思想疏导参与矛盾化解的有限能力。化解大量根本利益一致的社会矛盾冲突,既需要依靠思想疏导,又不能希冀仅靠思想疏导就能成功。应当深悉,对于化解当前中国社会大量的矛盾纠纷而言,思想疏导应有所作为、能有所作为,但其并不是纾解社会矛盾的"万应灵丹"。随着利益格局深入调整、社会新旧问题交织、矛盾冲突涌现,如果忽视思想疏导作为柔性力量化解社会矛盾的功用,就难以真正从思想深处化解当前大量社会矛盾冲突以维护社会动态稳定。然而,仅仅依靠思想疏导力量孤军深入、单兵突进,很难促成社会矛盾和解。"提升民众获得

---

① 中共中央办公厅调研室编:《毛泽东 周恩来 刘少奇 朱德 邓小平 陈云论党的群众工作》,人民出版社1990年版,第254—255页。

感不仅可以使民众的幸福感得到提升,也有利于增强社会的凝聚力。积极的获得感体验也是个人自我完善和自我成长的能量,能够成为社会不断进步的重要动力。"①思想认识问题同矛盾冲突问题相互关联。可以说,矛盾冲突问题本质上仍是利益冲突问题,而利益冲突问题又会在思想认识领域表现出来。思想疏导参与社会矛盾的化解,就是要探寻到社会矛盾冲突化解的思想着力点,以思想和解促进社会矛盾的利益和解。促进社会矛盾能动化解,当然还需要一定的经济支持、政治支撑和社会支撑。可以说,思想疏导是社会矛盾化解体系中的重要支撑要素和必要条件,是促进社会矛盾和解的"弥合剂"。思想疏导主动融入社会矛盾化解体系,通过广开言路、集思广益、交流沟通、对话协商,以消弭怨气、达成共识,从而协调矛盾关涉方态度立场,并以此有效促进矛盾和解。从社会矛盾化解体系来看,化解社会矛盾需要法律、行政、经济、民主等多种手段协同发力,而这些手段并非彼此孤立、互相隔绝,而是密切联系、相互影响的,矛盾和解仅仅依靠思想疏导必然作用有限。把握思想疏导能动化解社会矛盾的内涵,需要把准思想疏导参与社会矛盾化解的有限能力,充分发挥思想疏导贯通社会矛盾化解各个过程的积极作用,同时需要集聚各方之力,促进行政力量、司法力量、社会力量等协同配合、联调联动、共同发力,才能真正实现社会矛盾化解体系各支撑要素良性互动,助推社会矛盾的有效和解,达成社会治理的"最大公约数"。

其三,思想疏导参与社会治理发挥能动作用,强调引导矛盾各方通过诉求沟通增进共识。"由于冲突调节着关系系统,因此可以认为它发挥了维护群体的功能。冲突'清洁了空气',也就是说,它通过允许行为的自由表达,而防止了被阻塞的敌意倾向的积累。"②不同于用管控堵控的方式来调处社会矛盾,思想疏导能动化解社会矛盾能够给予矛盾关涉方充分表达思想意见和利

---

① 王俊秀主编:《中国社会心态研究报告(2018)》,社会科学文献出版社 2018 年版,第17 页。

② [美]L·科塞:《社会冲突的功能》,孙立平等译,华夏出版社 1989 年版,第24—25 页。

益诉求的机会,并以此为基础使矛盾各方之间围绕诉求内容充分沟通、相互理解、增进共识。社会发展变革当中出现的大量矛盾冲突并非具有强烈对抗性,这就决定着社会矛盾关涉方有着可以通过充分的诉求表达、有效的诉求沟通达成社会共识的"利益一致",从而增进社会整体利益。"形成较为广泛的共识可以减少改革发展的价值性冲突的阻力……相反,如果想获得利益者得不到利益,想得到安全者得不到安全,社会各个群体都不让步妥协,社会共识无法达成,那么社会各个群体之间激烈的矛盾冲突不但不可避免,而且可能会持续很长时间,相应出现的,是整个社会所付出的巨大代价。"①思想疏导主动融入社会矛盾化解过程,意味着矛盾关涉方通过诉求沟通可以实现不同意见诉求的综合。通过矛盾关涉方利益诉求的充分沟通,可以促进矛盾关涉方围绕诉求内容实现情况互通、相互理解、相互妥协,在思想意见和利益诉求碰撞的基础上增进解决矛盾冲突的共识,减少矛盾冲突搁置、拖延、累积,从而实现社会发展利益最大化。

第三节 思想疏导能动化解社会矛盾的价值

化解社会矛盾,不能只从物质力量方面进行利益刺激,还需要从精神方面开展思想协调。这是因为,引起社会矛盾的利益诉求往往会通过人们的思想意见表达出来,以思想意见为切入点,通过思想疏导理顺人们的思想情绪,协调利益关系,是化解矛盾冲突的有效方式。中国共产党人深刻认识到,"对于人民内部矛盾,要采取教育、疏导、化解的办法来解决。"②继承和弘扬中国共产党人开展群众工作的民主作风,通过思想疏导疏解人们的郁结情绪,引导合理的利益诉求,促进社会矛盾的能动化解,这对巩固变革社会的思想秩序十分重要。

---

① 吴忠民:《社会矛盾倒逼改革发展的机制分析》,《中国社会科学》2015 年第 5 期。
② 《改革开放三十年重要文献选编》(下),人民出版社 2008 年版,第 1509 页。

一、保证变革社会的思想稳定

当前,中国社会正处在变革转型期,变革转型往往伴随着社会风险的增加。如果放任社会问题累加、沉积、扩大,就必然会引发致使社会溃败的问题。其中,反映到整个社会思想层面的秩序问题就显得尤为重要。中国古人早就深刻认识到,"众散为弱,川塞为泽……盈而以竭,夭且不整,所以凶也"①。这意指,江河如果堵塞不畅就会成为沼泽地,人心涣散就会削弱合力。水由充盈变枯竭,堵塞而不通畅,这是凶险的兆头。因此,要江河顺流就要畅通水道,要减少社会风险就要凝聚人心。思想疏导能动化解社会矛盾,就是通过疏泄社会成员的郁结情绪、反映社会成员的意见诉求来维护社会动态稳定。同时,随着社会转型变迁,需要通过思想疏导消除人们的思想顾虑,促进人们思想发生适应性变化来助推社会变革。"社会共享价值观的重建必须以朴素的个人价值观为基础,……在尊重个体价值观的基础上引导社会共享价值观的逐渐形成,使得社会共享价值观的建立进入良性运行,提高社会凝聚力,使得社会价值观兼容个人发展的价值观,社会不断发展和进步。"②思想疏导能动参与社会治理,实质上就是从精神层面影响社会成员,力图通过主导价值观的有效范导来建构社会精神秩序。

通过反映协调人们利益诉求来保证思想稳定。随着我国经济体制深刻变革、社会结构深刻变动、利益格局深刻调整、思想观念深刻变化,关涉社会多方面的改革纵深推进,"变革"已经成为描摹当前中国社会发展状态的"主题词"。不同的社会群体、社会阶层、社会集团,对于或大或小的社会变革,总会表现出不同的思想态度和社会行动。中国共产党人深刻认识到,当前,中国的一切改革发展需要以稳定的社会政治环境为先决条件。邓小平指出:"道理

① 《左传》(中),郭丹、程小青、李彬源译注,中华书局2012年版,第801页。
② 王俊秀、杨宜音主编:《中国社会心态研究报告(2014)》,社会科学文献出版社2014年版,第16页。

很简单:中国人这么多,底子这么薄,没有安定团结的政治环境,没有稳定的社会秩序,什么事也干不成。稳定压倒一切。"①习近平同样指出:"没有稳定的环境,什么事都干不成,改革与发展都会成为一句空话,已经取得的成果也会失掉。"②失掉安定团结的社会政治局面,社会主义现代化建设的宏伟蓝图、中华民族复兴的伟大梦想便难以实现。无论如何,变革社会需要思想稳定、社会稳定,否则,积极的社会变革就有可能演化为失控的社会紊乱。作为一场深刻的社会变革,改革是一项潜伏着巨大危险的系统工程,必然会涉及利益关系的深刻调整、社会各方力量的角逐,各种矛盾问题同样十分突出。社会变革时期,如果利益关系调整不当,就可能引起或大或小的社会动荡。"社会变革必然引起新旧制度、新旧社会力量的矛盾与斗争、分化与组合,也就必然会引发程度和时间不等的社会动荡。"③如果变革时期利益关系调整严重不当,势必会出现利益剥夺群体和利益被相对剥夺群体。当利益被相对剥夺群体将自己的社会境遇归咎为社会剥夺,并对利益剥夺群体乃至整个社会充满愤懑、仇恨甚至敌视,同时,这些负面社会情绪处于潜隐状态没有得到有序释放,那么,整个社会便潜伏着冲突乃至斗争的危险。负面情绪一旦爆发并转化为行动,无疑会成为破坏社会稳定的"定时炸弹"。正如法国社会心理学家古斯塔大·勒庞所说:"某些观念的爆发并付诸行动,有时看起来显得十分突然。然而这只是一种表面结果,在它背后肯定能够找到一种延续良久的准备性力量。"④"观念的爆发"且有明确的社会行为指向,意味着负向思想情绪突然"冲破闸门"会给社会以重创。这种负向思想情绪"泄洪"之前,可能存在着特定时期的静态稳定。忽视或者无视社会矛盾,堵捂、挤压或大或小的社会矛盾,必然导致社会的矛盾冲突越积越多,久而久之,简单的社会矛盾和问题逐渐酝酿为复杂的社

---

① 《邓小平文选》第三卷,人民出版社 1993 年版,第 331 页。
② 习近平:《之江新语》,浙江人民出版社 2007 年版,第 119 页。
③ 陶德麟主编:《社会稳定论》,山东人民出版社 1999 年版,第 218 页。
④ [法]古斯塔夫·勒庞:《乌合之众——大众心理研究》,冯克利译,中央编译出版社 2005年版,第 62 页。

会矛盾和问题,而酝酿已久的复杂社会矛盾和问题达到临界点就会立即爆发,这时,积聚的社会不满必然诱发社会秩序的紊乱;相反,人们的利益诉求如果得到反映,思想情绪有序释放,就不会出现"总爆发",这无疑有助于社会稳定。因此,静态的社会稳定往往潜藏着严重的社会危机,要维护社会的动态稳定,就需要疏导负向社会情绪,避免累积的矛盾冲突引发不可控的社会动荡。

通过促进人们思想观念发生适应转变来助推社会变革。思想变革是社会变革的先声。社会客观现实发生的变化同样要求人们的思想要发生适应性转变。"世界在变,人们的思想不能不变。……从以阶级斗争为纲转到以四化建设为中心,从停滞封闭转到改革开放,还有当前所进行的各种改革工作,都是在变。……要发展就要变,不变就不会发展。"①早在 1978 年 12 月改革开放发轫期,邓小平就明确指出:"在实现四个现代化的进程中,必然会出现许多我们不熟悉的、预想不到的新情况和新问题。尤其是生产关系和上层建筑的改革,不会是一帆风顺的,它涉及的面很广,涉及一大批人的切身利益,一定会出现各种各样的复杂情况和问题,一定会遇到重重障碍……对此我们必须有足够的思想准备。"②"足够的思想准备"既意味着要正确看待改革过程当中出现的矛盾和问题,也意味着人们的思想观念要在不断解决矛盾的过程中进行适应性调整,从而保证社会处于变革时期的思想稳定。所谓"发展求变",就是要"解放思想",就是要"用新脑筋来对待新事物"③,就是要"运用马列主义、毛泽东思想的基本原理,研究新情况,解决新问题"④,以促进人们的思想观念发生适应性转变。而思想疏导可以"帮助各种利益群体克服认识偏差和心理偏差,在社会改革的要求下进行自我调整"⑤。社会变革是全方位、

---

① 《邓小平文选》第三卷,人民出版社 1993 年版,第 283 页。
② 《邓小平文选》第二卷,人民出版社 1994 年版,第 152 页。
③ 《邓小平文选》第三卷,人民出版社 1993 年版,第 241 页。
④ 《邓小平文选》第二卷,人民出版社 1994 年版,第 179 页。
⑤ 陆庆壬主编:《人的发展和社会发展——思想政治教育学基础理论研究》,同济大学出版社 1994 年版,第 156 页。

多层次、立体式的变革，往往涉及物质层面的变革和精神世界的革新。思想情绪的不安和躁动是扰乱社会秩序、影响社会稳定的先兆。如果人们的思想价值观念能够顺畅地适应社会变革，则能成为社会变革的精神助力，进而促进社会秩序的巩固；相反，如果人们的思想价值观念停滞不前甚至保守落后，则社会改革阻力增大，强势推行改革势必导致社会动荡甚至社会溃败。思想是行动的先导。统一思想是统一行动的前提，通过集中正确思想意见，能够"做到统一认识，统一政策，统一指挥，统一行动"①。促进人们思想价值观念发生适应性转变，需要通过思想疏导消除人们的思想顾虑，批驳错误的思想意见，转变人们的落后思想，提高人们的思想认识，最终形成社会共识，以不断推动社会变革。邓小平强调，改革作为大胆的创举是"中国的第二次革命"②，实行改革开放和发展市场经济，就是不断通过宣传解释、疏通引导，以促进人们思想观念发生适应性转变进而推动社会变革的成功范例。其中，一段时期内，关于社会主义同市场经济的关系，有人坚持认为"社会主义＝计划经济""资本主义＝市场经济"，社会主义只能实行计划经济而不能实行市场经济。邓小平以巨大的理论勇气和政治智慧强调"解放思想，实事求是，团结一致向前看"，不断向人们阐释解放生产力和发展生产力是社会主义本质的重要体现，不断向人们说明经济停滞不是社会主义、贫穷落后不是社会主义、人民生活水平低下不是社会主义，不断向人们解释计划经济和市场经济只是手段，不是区分社会主义和资本主义的本质性规定，市场经济同样可以为坚持和发展社会主义服务，资本主义同样有计划控制。邓小平还强调，只要有利于社会主义生产力的发展、有利于社会主义中国综合国力的提升和人民物质文化生活的改善，社会主义同样可以实行市场经济。正是由于不断"打通人们的脑筋"，"社会主义可以搞市场经济"才能逐渐成为人们的共识。1984 年 10 月 20 日通过的《中共中央关于经济体制改革的决定》就明确指出："改革计划体制，首先要突破

---

① 《毛泽东文集》第八卷，人民出版社 1999 年版，第 294 页。

② 《邓小平思想年谱（一九七五——一九九七）》，中央文献出版社 1998 年版，第 313 页。

把计划经济同商品经济对立起来的传统观念,明确认识社会主义计划经济必须自觉依据和运用价值规律,是在公有制基础上的有计划的商品经济。"①可见,通过持久细致地向广大人民群众宣传解释、疏通引导,并耐心等待"改革的实际进展"和"丰富的事实"说服人们,人们的思想观念才逐渐发生适应性转变。这种转变是对忽略发展生产力、盲目追求"一大二公三纯"传统观念的重大突破,为中国社会的深度变革奠定了坚实的思想基础。当前,全面深化改革必然是一个深入触动利益的过程,尽管"触动利益往往比触及灵魂还难",但要触动利益,首先就要触动灵魂。习近平就深化改革问题同样强调指出:"啃硬骨头多、打攻坚战多、动奶酪多,是新一轮改革的特点。全面深化改革,首先要刀刃向内、敢于自我革命,重点要破字当头、迎难而上,根本要激发动力、让人民群众不断有获得感。"②深化社会改革,首先要凝聚改革共识。实施社会改革的各项政策,首先要向人民宣传解释、消除人们的思想顾虑,引导人们的思想认识往积极、健康、正确的方向发展,不断提高人们的思想觉悟,才能"打通脑筋"贯彻落实改革的各项政策,让人们满怀信心地推进社会主义现代化建设的各项工作。

通过主导价值观的有效范导来建构社会精神秩序。思想稳定是经济稳定、政治稳定和社会稳定的先决条件。唐代著名诗人陈子昂曾进言:"天下有危机,祸福因之而生,机静则有福,机动则有祸,百姓是也。百姓安则乐其生,不安则轻其死,轻其死则无所不至,袄逆乘衅,天下乱矣!"③人心稳,则社会稳;人心乱,则社会乱。思想疏导参与现代社会治理,就是要通过疏解人们的思想情绪和引导人们的思想认识来稳定人心、凝聚力量。可以说,思想疏导能动化解社会矛盾的过程实质就是运用主导价值观范导广大社会成员的

① 《改革开放三十年重要文献选编》(上),人民出版社 2008 年版,第 350 页。
② 《习近平在安徽调研时强调 唯改革才有出路 改革要常讲常新》,《人民日报(海外版)》2016 年 4 月 28 日。
③ (宋)司马光编:《资治通鉴》,中华书局 1956 年版,第 6436 页。

过程,就是从精神层面建构社会秩序的过程。阻断消极思想情绪的无限蔓延,避免社会负向思想情绪相互感染进而引发社会情绪"总爆炸",既要疏解人们的思想情绪,又要有计划、有目的、有组织地对社会成员进行主导价值观的范导,让社会成员在法律、政策、道德范围内遵循社会倡导的价值标准,保证各种社会规范对社会成员的约束力,涵育理性平和、开放包容、积极向上的社会心态。社会主导价值观范导有效,社会主导意识形态得到广泛认可,广大社会成员按照主导价值观预设的价值标尺进行价值判断、价值选择、价值实践,则思想稳定、社会稳定;相反,社会主导价值观范导无效,社会主导意识形态遭到严重质疑,广大社会成员并没有按照主导价值观预设的价值标尺进行价值判断、价值选择和价值实践,则思想紊乱、社会动荡。社会主导价值观范导无效存在两种主要原因,包括社会倡导的主导价值观合法性遭到严重质疑,或主导价值观倡导主体知行不一导致主导价值观失去对社会成员的引领力。帕森斯(Talcott Parsons)认为,整合是现代社会的中心问题。一个社会只有价值观一致时,社会秩序才趋向于稳定。整个社会价值观的一致、价值共识的达成是主导价值观范导社会成员的直接目标。"社会成员之间的价值共识是社会稳定和社会发展的前提条件。如果社会成员之间缺乏价值共识,那么不同的社会成员就会相互猜疑甚至相互仇视,他们之间的沟通和合作就难以实现,各种各样的价值冲突就会愈演愈烈,并导致相应的社会矛盾和社会冲突日益尖锐化,严重破坏社会稳定。"①总之,只有以社会主导意识形态有效范导广大社会成员,处于不同位阶、不同立场的利益主体才能具有比较统一的思想基础,进而凝聚这些处于不同位阶、不同立场的利益群体的思想共识,避免不同的利益主体因价值取向、价值选择的不同而产生剧烈的矛盾冲突,避免社会各方力量因缺乏价值整合而相互内耗,从而影响社会稳定。

---

① 任红杰:《社会稳定问题前沿探索》,中国人民公安大学出版社 2005 年版,第 213 页。

二、促进社会矛盾的有效疏导

思想疏导能动化解社会矛盾,要以正确研判社会矛盾为基础,坚持思想疏导融入矛盾化解的基本理念,运用疏通引导的基本方法,让矛盾纠纷各方充分表达意见诉求,以便通过讨论、交流和沟通,分清思想是非,消除思想疑虑,提高思想认识,形成思想共识,从而调处矛盾纠纷,以协调、维护和实现社会主体利益。思想疏导主动参与社会治理,是为社会治理提供一种容纳矛盾和化解矛盾的有效疏导机制。思想疏导参与社会治理,是社会"安全阀"体系的重要组成,是疏导矛盾、解决矛盾的重要手段,是保证社会稳定、维护执政安全的重要举措。

在现实生活当中,人们常见的两种化解社会矛盾冲突的对策是"利益刺激"和"行政强制"。"不少官僚主义的领导者在工作中不努力提高群众的政治觉悟,不作群众工作,不了解群众的情况和情绪,单纯依赖行政力量的强制和物质利益的刺激"①。面对人民群众的思想意见和利益诉求,"官僚主义的领导者不但不注意去了解群众的意见和要求,而且在群众向他们提出意见和要求之后,也是拖延敷衍,不去积极解决那些必须解决和可能解决的问题,甚至采取欺骗办法和压迫办法"②。无视人民群众的思想意见和利益诉求,必然会加剧甚至激化社会矛盾冲突,最终影响社会的安定团结。"人民内部矛盾人民币来解决"的"花钱维稳"的矛盾处理方式,不同于采用行政强制来处理社会矛盾的简单粗暴方式,而是希冀通过物质利益刺激来解决由具体利益矛盾冲突引发的人民内部矛盾问题,把社会矛盾冲突的化解工作简单地降低到经济主义的水平来适应部分落后群众,而忽略思想疏导参与矛盾冲突化解的政治意义。社会矛盾冲突当中固然有物质利益因素,但是"如果我们天天只

---

① 《建国以来重要文献选编》第 10 册,中央文献出版社 1994 年版,第 159 页。
② 《建国以来重要文献选编》第 10 册,中央文献出版社 1994 年版,第 156 页。

是计算着人民币,只看到超额利润……,而把……思想工作放在一边不管"①,同样不可能做好社会矛盾化解工作。

以"物质利益刺激"来处理矛盾冲突,实质是深悉市场经济条件下物质利益对人们思想行为驱动效应增大,希冀通过物质利益的刺激求得"息事宁人"。当前,大多数人民内部矛盾是由物质利益引起的,处理人民内部矛盾固然离不开经济手段,然而,惯常地采用物质利益刺激的方式化解社会的矛盾冲突则会引发许多问题。第一,给矛盾他者以不良示范。通过物质利益刺激,社会矛盾关涉方能够暂时搁置矛盾纠纷,但极易给潜在的社会矛盾冲突当事人以不良的心理暗示和行为示范,蜂拥而至的社会矛盾纠纷当事人因受到不良示范的影响而极力效仿,势必借力社会矛盾纠纷本身要求物质利益方面的恶意满足。这样,即便所有矛盾纠纷会因物质利益刺激得到"控制"而不会扩大加剧,然而,这种静态稳定始终是一种没有解决矛盾冲突本身的"稳定幻象"。第二,大大增加社会治理成本。为满足社会矛盾关涉方的物质利益要求甚至是恶意经济索求,必然会大大增加维护社会公共安全的成本,导致社会维稳费用攀升。长期来看,纵然通过短期物质利益刺激能够获得暂时的"社会稳定",但由于矛盾冲突本身并没有得到根本解决,或迟或早会爆发出来,从而导致前期投入的社会治理成本不会达到预期的社会治理效益。第三,逐渐销蚀主导价值观念。当越来越多的社会矛盾关涉方习惯接受"物质利益刺激",那么,"物质利益刺激"的矛盾处理方式势必成为社会矛盾冲突处理的"潜规则",化解矛盾冲突的法律意识、规则意识、平等意识、沟通意识等社会主导价值观念逐渐被销蚀,包括是非观、荣辱观、公正观、法治观在内的核心价值理念逐渐被破坏。

以"行政力量强制"来处理矛盾冲突,虽然能够直面社会矛盾冲突,但是采取的是简单粗暴的矛盾处理方式,实质上是希冀通过强制手段干预、制止、

---

① 《邓小平文集(一九四九——一九七四年)》(中卷),中央文献出版社 2014 年版,第 110 页。

处理社会矛盾。如果混淆敌我矛盾和内部矛盾,惯常粗暴地采用处理敌我矛盾的强制手段来处理大量的人民内部矛盾,那么,非但不利于社会矛盾的根本解决,还可能导致人民内部矛盾激化升级,由此引发层出不穷的群体性突发事件,造成难以估量的负面社会影响。第一,有损以法治方式化解社会矛盾的权威。确立法律化解社会矛盾冲突的权威地位,让人们相信法治力量、让社会树立法治信仰,是建设社会主义法治国家的重要内容。党的十八届四中全会通过的《中共中央关于全面推进依法治国若干重大问题的决定》明确指出:"健全依法维权和化解纠纷机制。强化法律在维护群众权益、化解社会矛盾中的权威地位,引导和支持人们理性表达诉求、依法维护权益,解决好群众最关心最直接最现实的利益问题。"①然而,采取简单粗暴的强制手段来处理人民内部矛盾冲突,全然不顾甚至故意违反法律法规,不仅会损害广大人民群众的利益,还会影响法律化解社会矛盾冲突的权威地位。第二,削减公权机关社会治理公信力。中国古人早就深刻认识到,协调利益关系、实现社会公正是稳定社会的重要根由。被世人评价为"中国科学史上的里程碑"的《梦溪笔谈》当中提道:"不使一物失所,唯是均平。若夺一与一,此一物不失所,则彼一物必失所。"②即是说,社会公正是社会成员各得其所的关键。如果生硬地从一个人那里夺取而让另外一个人获得,一个人获得的同时意味着另外一个人失去,这样就不是社会公正。《商君书》当中同样说:"民平则慎,慎则难变。上信而官不敢为邪,民慎而难变,则上不非上,中不苦官。"③即是说,人们感受到社会公正就会心情舒畅,心情舒畅往往就不会进行社会抗争。相反,如果人们感到社会不公就会心情压抑,心情压抑就容易进行社会抗争。如果国家的田赋制度明确而官吏不敢谋私,则百姓心情舒畅而不易生出异心,那么百姓"向上"就不会对君主不满,"中间"就不会担忧官吏的盘剥。归根结底,社会公正实质

---

① 《十八大以来重要文献选编》(中),中央文献出版社 2016 年版,第 173—174 页。

② 《梦溪笔谈》,诸雨辰译注,中华书局 2016 年版,第 673 页。

③ 《商君书》,石磊译注,中华书局 2011 年版,第 10 页。

就是社会成员之间的利益分配、协调、实现的问题。公权机关依法依规、公平公正化解社会矛盾冲突,使社会成员能够从制度公正和矛盾调处当中深切感受到社会公平,从而有利于增强社会成员对公权机关的信任,提高公权机关开展社会治理的公信力。相反,公权机关如果总是轻易采用甚至滥用暴力强制手段,全然不顾或者恶意违反法律法规,使社会成员从矛盾冲突调处当中感受到社会不公,必然会削弱社会成员对公权机关的信任,降低公权机关开展社会治理的公信力。

通过"物质利益刺激"或者"行政力量强制",尽管能够暂时"平息"社会矛盾,但终因没有及时关注、积极回应、认真处理人民群众的思想意见和利益诉求,或迟或早会诱发持续发酵的矛盾冲突。稳定是改革和发展的基本前提,离开社会稳定,改革和发展便是"空中楼阁"。真正的社会稳定不是简单通过"物质利益刺激"或"行政力量强制"实现的"幻象稳定"或者"浮面稳定",而是能够容纳社会矛盾冲突且能够通过利益关系协调、思想观念导引实现的动态稳定。

三、提升社会治理的科学水平

思想疏导主动参与社会治理,避免社会治理的"刚性"过度,促进社会治理体系完备化;通过合宜的矛盾化解方式向社会成员传导法律意识、规则意识、平等意识、沟通意识,促进社会治理理念现代化;通过对矛盾性质的正确研判以及对矛盾化解方式的正确把握,促进社会治理能力现代化,从而不断提升社会治理科学化水平。

思想疏导参与社会治理促进社会治理体系完备化。完备的社会治理体系是科学化社会治理的重要标志。社会治理体系可以分为物质层面的治理体系和精神层面的治理体系。物质层面的治理体系主要是通过经济调整、法律管控、行政干预实施的治理范式;精神层面的治理体系主要是通过道德教导、文化润化、价值引领实施的治理范式,两种治理范式相互配合、相互渗透、相互支撑。推进国家治理体系和治理能力现代化,就是要综合运用物质层面的治理体系和精神层面的治理体系,避免错误、极端的社会控制手段造成整个社会的恐慌甚至导致整个社会的失序。"人们总有这样一种错觉,认为秩序是由人类遗传特质所要求的优良品行构成的,而不是由社会对人们施加控制引起的。……人们又有理由相信,我们的社会秩序决不仅仅是蜂房或兽群的秩序。它似乎是建造物,而不是长成物。"①"控制的功能就是要保护公共生活必不可少的条件,维持社会秩序。"②可见,协调社会生活、维护社会秩序必然需要主动施加社会控制,这是社会治理的基础内容。社会控制既包括以强制力为基调的硬控制系统,又包括以柔性力为基调的软控制系统,两者相互配合、相互协调、相互综合,共同筑牢社会大厦的"基底"。随着野蛮社会向文明社会演进、传统社会迈入现代社会,社会硬控制系统被"逐渐掩饰",社会软控制系统愈加明显,其中,通过社会价值观的范导来实现社会软控制已经成为社会治理的重要支撑。"虽然社会结构起初全凭武装力量连结在一起,时间逐渐掩饰了赤裸裸的强权,同时道德和精神的影响部分取代了野蛮的暴力。因而,正是在混成的社会里,——那里对于控制的需要是最紧迫的和持续的,——各种各样的调节手段达到了其最高的形式和最完美的程度。"③"生活越是远离生物性需要,它愈是服从于社会警棍的挥动。当然,价值观的控制是近代的产物,它是以一个有逐渐增加的经济盈余、闲暇时间和较高的生活水平的时代为显著标志的。"④"社会意识经过对社会流行的各种评价进行反省而得出必要的经验价值观念;这样的观念是社会的价值观,因为它们用社会的观点而非个人的观点衡量事物。这些对事物的集体评价是与个人的价值观相联系的,并会持久地发生影响。……但不管怎样,这些价值观是处在更高发展阶段上的,只

---

① [美]E·A·罗斯:《社会控制》,秦志勇、毛永政等译,华夏出版社 1989 年版,第 3—4 页。

② [美]E·A·罗斯:《社会控制》,秦志勇、毛永政等译,华夏出版社 1989 年版,第 302 页。

③ [美]E·A·罗斯:《社会控制》,秦志勇、毛永政等译,华夏出版社 1989 年版,第 44 页。

④ [美]E·A·罗斯:《社会控制》,秦志勇、毛永政等译,华夏出版社 1989 年版,第 255 页。

要它们对人们产生影响,将会提高人们的素质并使他们适合于社会。"①思想疏导通过能动化解社会矛盾参与社会治理,就是为避免矛盾冲突各方被冲动情绪和行为所支配,从而引导人们尊重对方并相互交换意见诉求,以系列事实为依据、以法律政策为准绳,通过平等协商、沟通对话、谈判博弈以凝聚价值共识。以这种共同的价值认识为基础来治理社会、增强社会凝聚力,是社会治理体系的重要组成部分。可见,思想疏导参与社会治理,有利于破除长期形成的对于硬性控制的习惯性心理,有意识、有目的地范导人们的思想价值观念,营造社会主导价值观占主流地位的舆论环境,让广大社会成员的情绪、行为得到理智的约束和引导,避免冲动情绪和行为造成矛盾冲突的扩大加剧。

思想疏导参与社会治理促进社会治理理念现代化。妥善化解社会矛盾冲突是提升社会治理现代化水平的重要课题。社会治理理念现代化,是社会治理科学化的重要前提和条件。"全面深化改革的总目标是完善和发展中国特色社会主义制度,推进国家治理体系和治理能力现代化。"②推进国家治理体系和治理能力现代化,核心是促进社会治理理念现代化。研究人的现代化理论的学者阿列克斯·英格尔斯(Alex Inkeles)认为:"无论一个国家经济一时繁荣到何种程度,也不能说明这个国家能获得持久的进步,真正实现了现代化。当今任何一个国家,如果它的国民不经历这样一种心理上和人格上向现代性的转变,……都不能成功地使其从一个落后的国家跨入自身拥有持续发展能力的现代化国家的行列。"③思想疏导能动化解社会矛盾,是适应利益多元时代的迫切需要,是防控现代社会风险的有效方法,是传播社会现代化观念的重要路径。随着社会主义市场经济的深入发展,市场在资源配置当中

---

①　[美]E·A·罗斯:《社会控制》,秦志勇、毛永政等译,华夏出版社1989年版,第252页。

②　《十八大以来重要文献选编》(上),中央文献出版社2014年版,第512页。

③　[美]阿列克斯·英格尔斯:《人的现代化——心理·思想·态度·行为》,殷陆君编译,四川人民出版社1985年版,第7页。

的决定性作用日益显现,经济利益对人们思想行为的驱动效应日益增大。虽然人们物质生活条件总体得以改善,但仍存在着不同群体利益分化的情形。促进社会治理理念现代化,就要立足于利益多元的时代背景,通过思想疏导参与社会治理、协调利益关系、解决利益矛盾。思想疏导通过能动化解社会矛盾参与社会治理,就是要承认多元利益主体的存在,并且让利益关涉方充分表达利益诉求,以便通过平等协商、沟通对话、谈判博弈达成思想共识,进而妥善处理社会矛盾,协调、维护和实现社会主体利益。促进社会治理理念现代化,就要正视社会风险值处于高位的严峻现实,通过思想疏导参与社会治理降低社会风险,稳固社会秩序。归根结底,就要通过思想疏导参与社会治理并以此向社会传播现代化观念,造就具有现代化观念的人民、建设现代化的社会主义国家。具体来说,思想疏导主动融入社会矛盾化解体系,就是要将法律意识、规则意识、平等意识、沟通意识贯穿到矛盾化解的整个过程,将矛盾关涉方的权益维护引入社会规则体系当中,以期合法、合理、合情地调处社会矛盾。广泛的社会成员具有法律意识、规则意识、平等意识、沟通意识,是人们思想观念现代化的重要标识,同时是推进国家治理体系和治理能力现代化所必需的更加广泛牢固的现代化的心理、思想、态度和行为方式的基础。

思想疏导参与社会治理促进社会治理能力现代化。社会治理的主要内容是容纳并化解社会矛盾,核心目标是促进社会良性发展。正确认识和妥善化解社会矛盾尤其是人民内部矛盾,是提升社会治理能力、推进国家治理体系现代化的重要内容。概括而言,社会治理能力包括刚性治理能力和柔性治理能力两个方面。刚性治理能力体现为以政令约束、法律规范、行政干预为主的硬控制,这些硬性规范明确要求社会成员按照其确定的行动方向进行行为选择。柔性治理能力体现为以启发引导、协商互解、共识增进为主的软控制,期冀社会成员通过社会沟通认同社会主导的价值观来破除影响社会稳定发展的思想阻碍。其中,在柔性治理过程,"从事件本身出发,通过信任、协商来达成共识,实现治理目标。"①中国古人深悉,"王者之政化之,霸者之政威之,强者之政胁之。夫此三者各有所施,而化之为贵矣。"②即是说,"王者""霸者""强者"开展社会治理各有其长、各有所倚,分别为"化""威""胁",而其中,"教化""化解""化育"最为值得推崇。并且"柔"能胜"刚","天下之至柔,驰骋于天下之至坚"③,"弱之胜强,柔之胜刚,天下莫不知,莫能行"④。可见,柔性治理能力是社会治理能力的重要组成部分。作为柔性治理的重要方面,思想疏导在参与社会治理、化解社会矛盾冲突的过程当中发挥着越来越重要的作用。当前,社会改革、发展、稳定形势向上向好,但是,社会转型期的社会矛盾和社会问题依然突出,"现阶段中国社会秩序总体形势较好,但各种新老问题仍然层出不穷"⑤,"发展中不平衡、不协调、不可持续问题依然突出,人民内部矛盾和其他社会矛盾凸显"⑥。思想疏导的力量体现为社会治理的一种柔性能力,在化解人民内部的矛盾冲突、改善社会治理和促进治理能力现代化过程中有着独特作用。当前,大量社会矛盾属于非根本利益冲突的人民内部矛盾,正确认识并妥善处理人民内部矛盾,不断提高社会治理水平,就要充分发挥思想疏导参与社会治理的能动作用,不断彰显柔性治理的特殊优势。思想疏导能动化解社会矛盾不是用堵、捂、推、拖等方式逃避矛盾、掩盖矛盾,而是立足于对人的关注、关心和关怀,以相互信任、相互理解、相互宽容为基础,通过有效疏导化解蕴藏在矛盾关涉方心中的不良情绪,消除政府与民众、民众与民众等矛盾关涉方之间的冲突摩擦,增进促进社会矛盾和解的思想共识,做到化解矛盾于无形,从而有效避免社会矛盾冲突的激化、升级,这同样是现代社会治理的

---

① 陈吉利:《以软法实现柔性治理》,《人民日报》2015 年 2 月 9 日。
② (汉)刘向:《说苑全译》,王锳、王天海译注,贵州人民出版社 1992 年版,第 259 页。
③ 《老子》,汤漳平、王朝华译注,中华书局 2014 年版,第 172 页。
④ 《老子》,汤漳平、王朝华译注,中华书局 2014 年版,第 294 页。
⑤ 李培林、陈光金、张翼主编:《2017 年中国社会形势分析与预测》,社会科学文献出版社 2016 年版,第 21 页。
⑥ 《习近平关于协调推进"四个全面"战略布局论述摘编》,中央文献出版社 2015 年版,第 98 页。

应有之义。作为柔性治理的重要内容,思想疏导能动参与社会矛盾化解能够促进社会治理能力现代化,达到良治、善治的治理目标。

四、继承群众工作的民主作风

思想疏导参与社会矛盾调处,能动化解人民内部矛盾,是开展群众工作的正确方式,是党的群众工作优良作风的重要体现。"毋庸讳言,当前脱离实际、脱离群众现象还依旧程度不同存在,不仅有些领导干部脱离实际、脱离群众,还有甚者阻拦堵捂群众主动反映思想意见和利益诉求,不同程度破坏着我们党的优良作风。"①由于群众工作主要调处人民群众内部矛盾,而人民群众内部矛盾是根本利益一致的非对抗性矛盾,只是具体利益方面存在差别、差异、矛盾,这就决定着人民内部矛盾的调处绝对不能用处理敌我矛盾的方法来解决。思想疏导主动参与社会矛盾特别是人民内部矛盾的化解,是对党的群众工作民主作风的继承和弘扬。

解决思想认识问题、促进思想认识进步,是党顺利开展一切工作的前提。采用思想疏导妥善调处人民内部矛盾,是党的群众工作的优良传统。以民主集中制为根本组织原则的中国共产党在人民群众当中开展工作,始终坚持贯彻和执行群众路线、实行高度的民主,主张采取说服教育的方法。中国共产党人历来强调:"民主的工作方式,是群众工作的基本方式。"②思想疏导就是开展群众工作采取民主方式的集中体现。毛泽东认为,依靠和结合思想疏导能动化解人民内部矛盾,是中国共产党必须忠实遵循的马克思列宁主义的原则。他指出:"许多人觉得,提出采用民主方法解决人民内部矛盾的问题,是一个新的问题。事实并不是这样。马克思主义者从来就认为无产阶级的事业只能依靠人民群众,共产党人在劳动人民中间进行工作的时候必须采取民主的说

---

① 魏强、张学维:《论邓小平的群众意见观》,《思想理论教育导刊》2019 年第 6 期。
② 《建党以来重要文献选编(1921—1949)》第 13 册,中央文献出版社 2011 年版,第 327 页。

服教育的方法,决不允许采取命令主义态度和强制手段。中国共产党忠实地遵守马克思列宁主义的这个原则。"①中国共产党人从忠实遵守马克思列宁主义原则的高度、从始终坚持正确根本方针的高度、从充分发挥社会主义民主的高度,反复强调要坚持用民主的方法来处理人民内部矛盾。刘少奇同样多次强调:"如果采用处理对抗性矛盾那样的办法来处理人民内部的矛盾,那是在根本方针上面犯错误。"②"凡是可以采取说服、教育、团结的办法来解决问题的时候,我们都是采取说服、教育、团结的办法。……我们就是主张处理人民内部的矛盾要用和风细雨的办法,要用小民主的办法。"③"处理人民内部矛盾,只能用说服、民主的方法,批评与自我批评的方法。"④"我们一定要从国内主要矛盾转化这一战略思想出发,严格区别两类不同性质的矛盾,对人民内部的矛盾和斗争,一定要坚持民主的方法去正确处理。"⑤可见,坚持马克思列宁主义的基本原则,贯彻党的群众工作的根本方针,要求必须采取疏通引导、说服教育、民主团结的方式来化解人民内部矛盾。

历史的经验教训同样深刻地警示人们,凡是采用处理敌我矛盾的方式来处理人民内部矛盾,就会犯根本的原则性错误,这样,非但无益于解决社会矛盾,反而会激化社会矛盾,甚至导致社会局面的混乱。随着我国从社会主义革命时期转入社会主义全面建设时期,人民内部矛盾逐渐暴露出来并有所发展,甚至还不时出现人民内部矛盾激化的情形,因此,正确处理人民内部矛盾已经成为并将长期成为国家政治生活的主题。然而,有人因缺乏对国内主要矛盾实际已发生转化的认识,缺乏对国内社会矛盾的正确研判,缺乏化解人民内部矛盾的科学方法,对于社会矛盾应付不来、处置不当,导致党的群众工作出现过一些错误,影响到社会安定团结的政治局面。刘少奇谈到正确处理人民内

---

① 《毛泽东文集》第七卷,人民出版社 1999 年版,第 211 页。
② 《刘少奇选集》(下卷),人民出版社 1985 年版,第 301 页。
③ 《刘少奇选集》(下卷),人民出版社 1985 年版,第 302 页。
④ 《刘少奇选集》(下卷),人民出版社 1985 年版,第 450 页。
⑤ 《十一届三中全会以来重要文献选读》(上册),人民出版社 1987 年版,第 103 页。

部矛盾的问题时曾强调,政法工作中采取处理敌我问题的办法去处理人民内部矛盾就会犯严重错误。他鲜明指出:"用对付敌人的专政的办法来处理自己人的问题,处理劳动人民的问题,这是个根本错误。这不是共产党的方法,而是国民党作风,是站在人民之上,向人民施用压力。要严格区分两类不同性质的矛盾,还要严格区分处理两类不同性质矛盾的两种不同的方法。搞错了,就要犯大错误。过去对矛盾性质认识错了的也有,但主要是错在用处理敌我矛盾的方法去处理人民内部矛盾。……用敌对手段处理人民内部问题,甚至党内问题,这样处理的结果,不仅不会解决矛盾,相反会使矛盾更加激化,甚至造成分裂。"①为减少、避免这样的原则性错误发生,就要充分发扬社会主义民主,采用思想疏导的方法加强思想政治工作,调处社会矛盾特别是人民内部矛盾。邓小平同样强调指出:"我们要提倡加强思想政治工作,工作中遇到困难要向群众说真话,讲清道理,使群众明了情况。只有这样,我们才会少犯错误。……群众闹事大体上是由于党的领导薄弱,我们的党员、干部官僚主义严重,对群众正当的要求不闻不问,应该解决又可能解决的问题,也不去解决。一时不能解决的问题,也不向群众解释,使群众了解真相。因此,群众一肚子气,就闹起来了。……没有经常的思想政治工作,群众闹事就不可避免。扩大民主,主要是指经常的民主生活。要避免群众闹事这种'大民主',就必须搞好经常的民主生活这种'小民主'。没有'小民主',一定发生'大民主'。"②人民内部矛盾往往会反映到思想认识方面,这样,不可避免地就会出现思想认识问题。对于人民群众的思想意见和利益诉求,认真恳切地说明情况、客观全面地摆出事实、耐心细致地阐明道理,可以最大程度赢得人民群众的广泛理解、充分信任、真心支持,从而避免矛盾冲突的扩大加剧。这是继承发扬群众工作民主作风的生动体现。

---

① 《刘少奇选集》(下卷),人民出版社 1985 年版,第 450—451 页。
② 《邓小平年谱(一九〇四——一九七四)》(下),中央文献出版社 2009 年版,第 1351—1352 页。

第二章　思想疏导能动化解社会矛盾的思想资源

人类社会从古至今都存在着矛盾冲突,注重柔性化解社会矛盾冲突既是中国古人先贤探索社会治理的思想结晶,又是马克思主义者关于思想疏导能动化解社会矛盾的重要理论观点。可见,思想疏导能动化解社会矛盾有着深厚的历史传统和理论渊源。无论是中国古代社会统治者所推崇的"听采舆颂,谋及庶民""下塞上聋,邦其倾矣""上下相怨,号令不行""小决使导,闻而药之"等,还是中国共产党人始终倡导并且践行的"听政于民",即倾听人民的呼声、了解人民的愿望、反映人民的诉求,无不反映着中华优秀文化当中思想疏导融入社会治理的高超智慧。可以说,思想疏导能动化解社会矛盾是柔性力量融入社会治理的生动体现,这不仅是中国古代社会维护社会稳定、巩固社会秩序的重要依托,更是中国共产党人以马克思主义关于正确化解社会矛盾的理论观点为指引,批判吸收中国古代柔性化解社会矛盾的思想并在新的时代条件下的创造性发展。

第一节　马克思主义关于思想疏导能动化解社会矛盾的理论观点

社会矛盾客观地存在于人类社会发展的各个阶段。真正的马克思主义者并不否定社会矛盾,而是正视社会矛盾、分析社会矛盾、解决社会矛盾,从而促进社会发展。马克思主义者不仅准确而深刻地认识到社会主义社会同样存在社会矛盾,而且深悉性质不同的矛盾其处理方针方法也不同。中国共产党人更是深刻地认识到,疏解群众情绪诉求是社会稳定的思想前提,倡导通过疏导教育来切实地提高人民群众的思想觉悟,并且提出要正确反映和对待人民群众的意见诉求。中国共产党人以马克思主义关于正确化解社会矛盾的理论为基础,从社会主义社会矛盾的性质、特点等方面进行了深入思考、系统总结,形成了比较丰富的关于思想疏导能动化解社会矛盾的理论观点,这些都为思想疏导能动化解社会矛盾提供了科学的理论指引。

一、性质不同的矛盾处理方针方法不同

社会主义社会同样存在社会矛盾,这既是推进社会主义建设、改革要面对的基本社会事实,也是马克思主义社会矛盾观的重要观点。习近平指出:"要学习掌握事物矛盾运动的基本原理,不断强化问题意识,积极面对和化解前进中遇到的矛盾。问题是事物矛盾的表现形式,我们强调增强问题意识、坚持问题导向,就是承认矛盾的普遍性、客观性,就是要善于把认识和化解矛盾作为打开工作局面的突破口。我们党领导人民干革命、搞建设、抓改革,从来都是为了解决中国的现实问题。对待矛盾的正确态度,应该是直面矛盾,并运用矛盾相辅相成的特性,在解决矛盾的过程中推动事物发展。"①社会矛盾是社会运动发展的动力,社会主义社会同样存在着矛盾,同样存在着生产力和生产关系之间的矛盾、经济基础和上层建筑之间的矛盾,同样存在着经济领域、政治领域、思想文化领域的矛盾。正确认识和解决社会主义社会的矛盾,关系着社会主义社会建设、改革的成败得失,同时也是社会主义建设者、改革者必须高

---

① 《习近平在中共中央政治局第二十次集体学习时强调 坚持运用辩证唯物主义世界观方法论 提高解决我国改革发展基本问题本领》,2015 年 1 月 24 日,见 http://www.xinhuanet.com/politics/2015-01/24/c_127416715.htm。

度重视的重大理论和实践问题。列宁曾在阅读尼·布哈林《过渡时期经济学》时所作的批注和评论当中深刻指出："对抗和矛盾完全不是一回事。在社会主义下,对抗将会消失,矛盾仍将存在。"①这即是说,社会主义社会同样存在矛盾,然而存在什么矛盾、如何解决矛盾还需结合社会主义建设、改革的实践继续深化探索。尽管如此,在国际共产主义运动史上,社会主义改造者、建设者对于社会主义社会矛盾问题包括社会主义社会是否存在矛盾、存在什么矛盾、怎样处理矛盾的认识探索,仍然存在一些值得人们以之为鉴戒的经验、教训。

斯大林在领导苏联社会主义改造和建设事业时,一段时期内同样承认社会主义社会存在生产力和生产关系的矛盾,还明确区分出社会主义社会的两种矛盾。1925 年 5 月,他在《俄共(布)第 14 次代表会议的工作总结》中提出:"我国有两种矛盾。一种矛盾是内部的矛盾,即无产阶级和农民之间的矛盾。另一种矛盾是外部的矛盾,即我们这个社会主义国家和其他一切资本主义国家之间的矛盾。"②这个时期,斯大林仍然承认社会主义社会存在矛盾。然而,从 1936 年起,随着以工业化和农业集体化为标志的苏联社会主义改造完成以及反托洛茨基—季诺维也夫"反党联盟"和反布哈林"右倾机会主义"斗争的胜利,斯大林逐渐转向否认社会主义社会内部存在矛盾的方面,他认为工人、农民"这些社会集团间的经济矛盾在缩小,在消失","这些社会集团间的政治矛盾也在缩小,也在消失"。③ 他进而认为,剥削阶级已被消灭,剥削阶级残余也被消灭,外部矛盾已经解决。1938 年《联共(布)党史简明教程》指出:"工人,农民以及知识分子间的经济上政治上的矛盾日益降低和泯灭。于是就造成了社会在道义上政治上统一的基础"④。同年,斯大林在《辩证唯物主义与

---

① 《列宁全集》第 60 卷,人民出版社 1990 年版,第 281—282 页。
② 《斯大林选集》(上),人民出版社 1979 年版,第 336 页。
③ 《斯大林选集》(下),人民出版社 1979 年版,第 396 页。
④ 《联共(布)党史简明教程》,外国文书籍出版局 1949 年版,第 421 页。

历史唯物主义》中指出："在社会主义制度下,在目前还只有在苏联实现的这种制度下,生产资料的公有制是生产关系的基础。……这里生产关系同生产力状况完全适合,因为生产过程的社会性是由生产资料的公有制所巩固的"①。"完全适合论"认为社会主义社会生产力和生产关系完全适合,宣称社会主义社会生产力和生产关系矛盾的消失,实质上是否认社会主义社会生产力和生产关系的矛盾运动。尽管斯大林后来对"完全适合论"有所修正,但仍然没有摆脱其窠臼,这也就导致他长时期不承认社会主义社会生产力和生产关系之间的矛盾、经济基础和上层建筑之间的矛盾。正是由于斯大林不能正确认识社会主义的矛盾问题,导致处理苏联社会主义社会矛盾问题出现过重大失误、教训。②

以毛泽东为代表的中国共产党人坚持和发展马克思主义关于社会矛盾的观点,对社会主义社会矛盾问题进行比较全面的思考,提出了系统科学的社会主义社会矛盾理论,为我国正确认识和处理社会主义建设、改革时期的社会矛盾提供了科学的理论指引。早在革命战争时期,毛泽东就从哲学的高度来研究矛盾,认为矛盾是事物变化发展的动力,社会内部矛盾同样推动着社会变化发展。毛泽东指出："社会的变化,主要地是由于社会内部矛盾的发展,即生产力和生产关系的矛盾,阶级之间的矛盾,新旧之间的矛盾,由于这些矛盾的发展,推动了社会的前进,推动了新旧社会的代谢。"③随着我国生产资料私有制的社会主义改造的完成,必然要正确认识、分析、解决社会主义社会的矛盾问题。1956 年 4 月 5 日,《人民日报》发表经毛泽东和中共中央政治局扩大会议讨论形成的《关于无产阶级专政的历史经验》。其中,毛泽东立场鲜明地批评那种认为社会主义社会不会再有矛盾存在的想法"天真烂漫",并明确指

---

① 《斯大林选集》(下),人民出版社 1979 年版,第 449 页。
② 参见李艳艳:《斯大林社会主义社会基本矛盾思想的反复与启示》,《史学集刊》2012 年第 6 期。
③ 《建党以来重要文献选编(1921—1949)》第 14 册,中央文献出版社 2011 年版,第 434 页。

出:"否认矛盾存在,就是否认辩证法。各个社会的矛盾性质不同,解决矛盾的方式不同,但是社会的发展总是在不断的矛盾中进行的。社会主义社会的发展也是在生产力和生产关系的矛盾中进行着的。在社会主义社会和共产主义社会中,技术革新和社会制度革新的现象,都将是必然要继续发生的,否则,社会的发展就将停止下来,社会就不可能再前进了。……革新和守旧,先进和落后,积极和消极这类矛盾,都将不断地在各种不同的条件下和各种不同的情况中出现。一切都还将是这样:一个矛盾将导致另一个矛盾,旧的矛盾解决了,新的矛盾又会产生。"[1]由此可见,中国共产党人深刻认识到,社会主义社会同样存在着矛盾,同样存在着生产力和生产关系的矛盾运动。1956 年 12月 4 日,毛泽东致信黄炎培时再次强调:"社会总是充满着矛盾。即使社会主义和共产主义社会也是如此,不过矛盾的性质和阶级社会有所不同罢了。既有矛盾就要求揭露和解决。有两种揭露和解决的方法:一种是对敌我之间的,一种是对人民内部的。前者是用镇压的方法,后者是用说服的方法,即批评的方法。我们国家内部的阶级矛盾已经基本上解决了……但是人民内部的问题仍将层出不穷,解决的方法,就是从团结出发,经过批评与自我批评,达到团结这样一种方法。"[2]至此,以毛泽东为代表的中国共产党人不仅深刻认识到社会主义社会直至共产主义社会都会存在矛盾,而且还将矛盾大体分为敌我之间矛盾和人民内部矛盾两类,并提出针对两类矛盾的不同解决办法,即通过镇压办法解决敌我之间的矛盾,通过说服办法解决人民内部的矛盾。实际上,早在 1951 年,刘少奇就在《国营工厂内部的矛盾和工会工作的基本任务》当中深刻指出,矛盾大体可以分为两类:"一类是在根本上敌对的不能和解的矛盾;另一类是在根本上非敌对的可以和解的矛盾。我们在观察问题的时候,必须分清这两类矛盾的不同性质,既不可以把敌对的不能和解的矛盾看作是非敌对的可以和解的矛盾,也不可以把非敌对的可以和解的矛盾看作是敌对的

---

[1]　《建国以来重要文献选编》第 8 册,中央文献出版社 1994 年版,第 231—232 页。
[2]　《毛泽东文集》第七卷,人民出版社 1999 年版,第 164 页。

不能和解的矛盾。"①1956 年 12 月 29 日,《人民日报》发表经中共中央政治局扩大会议讨论形成的《再论无产阶级专政的历史经验》又指出:"在我们面前有两种性质不同的矛盾:第一种是敌我之间的矛盾(在帝国主义阵营同社会主义阵营之间,帝国主义同全世界人民和被压迫民族之间,帝国主义国家的资产阶级同无产阶级之间,等等)。这是根本的矛盾,它的基础是敌对阶级之间的利害冲突。第二种是人民内部的矛盾(在这一部分人民和那一部分人民之间,共产党内这一部分同志和那一部分同志之间,社会主义国家的政府和人民之间,社会主义国家相互之间,共产党和共产党之间,等等)。这是非根本的矛盾,它的发生不是由于阶级利害的根本冲突,而是由于正确意见和错误意见的矛盾,或者由于局部性质的利害矛盾。它的解决首先必须服从于对敌斗争的总的利益。人民内部的矛盾可以而且应该从团结的愿望出发,经过批评或者斗争获得解决,从而在新的条件下得到新的团结。……总之,一个人只要站在人民的立场上,就决不应该把人民内部的矛盾同敌我之间的矛盾等量齐观,或者互相混淆,更不应该把人民内部的矛盾放在敌我矛盾之上。否认阶级斗争、不分敌我的人,决不是共产主义者,决不是马克思列宁主义者。"②毛泽东以马克思主义社会矛盾观为指导,深刻阐释作为真正的马克思列宁主义者,必然要承认阶级斗争、正视敌我矛盾,并且还要正确认识人民内部矛盾和敌我矛盾之间的关系。不仅如此,毛泽东还强调解决人民内部矛盾"必须服从于对敌斗争的总的利益",而解决人民内部矛盾的办法,可以并且应该是从团结的愿望出发,经过批评达到矛盾的解决以求新的团结。

矛盾是事物发展的动力,社会矛盾是社会发展的动力。社会主义社会同样存在矛盾,而且充满矛盾,其中,社会基本矛盾仍是生产力和生产关系、经济基础和上层建筑之间的矛盾,中国共产党人对此有着深刻的认识。1957 年 2

---

① 《建国以来重要文献选编》第 2 册,中央文献出版社 1992 年版,第 558 页。
② 《建国以来重要文献选编》第 9 册,中央文献出版社 1994 年版,第 562—563 页。

月,毛泽东在最高国务会议第十一次(扩大)会议上作关于正确处理人民内部矛盾的问题的讲话时,对社会主义社会矛盾问题作出深刻全面的回答。《关于正确处理人民内部矛盾的问题》这篇文献同样成为马克思主义社会矛盾观的重要文献。毛泽东指出:"在社会主义社会中,基本的矛盾仍然是生产关系和生产力之间的矛盾,上层建筑和经济基础之间的矛盾。"①并且,社会主义社会的矛盾同资本主义社会的矛盾性质根本不同,社会主义社会的主要矛盾不是对抗性的矛盾,"它可以经过社会主义制度本身,不断地得到解决"②。尽管如此,正确认识和妥善处理社会主义社会的矛盾仍然十分重要并且紧迫。

其一,正确处理矛盾首先要正确认识和分析矛盾,从而决定恰当的矛盾处理方针和方法。这是因为,矛盾的性质不同,处理矛盾的方针和方法也就不同。正确认识矛盾、区分矛盾的性质,对于正确解决矛盾有着极其重要的意义。毛泽东在《矛盾论》当中就深刻指出:"不同质的矛盾,只有用不同质的方法才能解决。……用不同的方法去解决不同的矛盾,这是马克思列宁主义者必须严格地遵守的一个原则。教条主义者不遵守这个原则,他们不了解诸种革命情况的区别,因而也不了解应当用不同的方法去解决不同的矛盾,而只是千篇一律地使用一种自以为不可改变的公式到处硬套,这就只能使革命遭受挫折,或者将本来做得好的事情弄得很坏。"③马克思列宁主义者严格遵循这样的原则,即正确认识敌我之间的矛盾和人民内部的矛盾这两类不同性质的矛盾,从而采取不同的矛盾解决方法。如果不对矛盾性质开展具体研究、审查、分析,就极易错误研判矛盾的性质,以致采取错误的方针和办法来解决矛盾。"矛盾是普遍存在的,不过按事物的性质不同,矛盾的性质也就不同。"④刘少奇在《如何正确处理人民内部矛盾》的讲话当中同样深刻指出,正确处理

① 《建国以来重要文献选编》第10册,中央文献出版社1994年版,第71页。
② 《建国以来重要文献选编》第10册,中央文献出版社1994年版,第71页。
③ 《建党以来重要文献选编(1921—1949)》第14册,中央文献出版社2011年版,第442页。
④ 《建国以来重要文献选编》第10册,中央文献出版社1994年版,第71页。

人民内部矛盾,"首先是认识矛盾,对矛盾的性质要认识清楚,要具体研究,具体审察,具体分析。问题来了,要看这种问题是对抗性的矛盾还是非对抗性的矛盾。如果确定它是对抗性的矛盾,是一种处理方法;确定它是非对抗性的矛盾,又是一种处理方法。认识矛盾的性质,而后决定处理的方针和方法。对矛盾的性质认识不清楚,矛盾的性质确定错了,在处理方针上就要犯错误;方针错了,那在一系列的具体办法上都要犯错误。"①"有了矛盾,就要揭发矛盾,解决问题。揭发出来,真正处理了,矛盾就会减少或缓和。但矛盾不会完全消灭。怕麻烦,或者想一劳永逸地解决问题,都是不实际的。"②可见,要正确揭发矛盾、解决问题,首先就要正确认识和分析矛盾。

其二,社会主义社会仍旧存在矛盾,既有敌我之间的矛盾,又有人民内部的矛盾,正确处理人民内部矛盾是社会主义国家政治生活的主题。毛泽东反复强调,矛盾运动永远存在,不但要承认社会主义社会有矛盾,并且要不断地通过正确认识和解决矛盾来推动社会主义社会的建设发展。毛泽东指出:"矛盾是永远存在的,一万年以后还是有的。一个矛盾克服了,又一个矛盾产生了。在任何时间、任何地方、任何人身上,总是有矛盾存在的,没有矛盾就没有世界。有人以为一到了社会主义社会,国家就十分美好,没有什么坏的东西了,这其实是一种迷信。"③"无论什么世界,当然特别是阶级社会,都是充满着矛盾的。有些人说社会主义社会可以'找到'矛盾,我看这个提法不对。不是什么找到或者找不到矛盾,而是充满着矛盾。没有一处不存在矛盾,……"④"社会总是充满着矛盾。即使社会主义和共产主义社会也是如此,不过矛盾的性质和阶级社会有所不同罢了。既有矛盾就要求揭露和解决。有两种揭露和解决的方法:一种是对敌我之间的,一种是对人民内部的。前者是用镇压的

---

① 《建国以来重要文献选编》第 10 册,中央文献出版社 1994 年版,第 233—234 页。
② 《习仲勋文选》,中央文献出版社 1995 年版,第 249—250 页。
③ 《毛泽东文集》第七卷,人民出版社 1999 年版,第 66 页。
④ 《毛泽东文集》第七卷,人民出版社 1999 年版,第 332 页。

方法,后者是用说服的方法,即批评的方法。"①这即是说,社会主义社会同样存在着不以人的主观意志为转移的矛盾,既不能因为矛盾尚未显露就否认矛盾的存在,更不能因为矛盾已经显露而无视矛盾的存在。实际上,只有承认社会主义社会存在社会矛盾特别是大量的人民内部矛盾,才能掌握正确处理社会矛盾的领导权、主动权。毛泽东还指出:"许多人不敢公开承认我国人民内部还存在着矛盾,正是这些矛盾推动着我们的社会向前发展。许多人不承认社会主义社会还有矛盾,因而使得他们在社会矛盾面前缩手缩脚,处于被动地位;不懂得在不断地正确处理和解决矛盾的过程中,将会使社会主义社会内部的统一和团结日益巩固。这样,就有必要在我国人民中,首先是在干部中,进行解释,引导人们认识社会主义社会中的矛盾,并且懂得采取正确的方法处理这种矛盾。"②可见,在社会主义建设、改革的不同历史时期,同样要承认社会主义社会存在着矛盾,并且要懂得采取恰当的方法不断地解决矛盾,从而推动社会主义现代化建设。

其三,敌我之间的矛盾同人民内部的矛盾是两类性质根本不同的矛盾,妥善处理大量的人民内部矛盾,只能采用民主而非专政的方法。采用民主方法解决人民内部的矛盾是毛泽东在《关于正确处理人民内部矛盾的问题》的讲话当中提出的一个重要论断。中国共产党人十分清楚地认识到,社会主义社会的矛盾不同于阶级对立社会的矛盾,尽管在一定范围内存在阶级斗争并有可能激化,但大量存在的社会矛盾仍然是非对抗性的人民内部矛盾。敌我之间的矛盾和人民内部的矛盾性质不同,处理的方针方法也就不同,因此,需要十分慎重地采取正确的方针方法来处理不同的矛盾。具体来说,对于敌我之间的矛盾应采取专政的办法,对于人民内部之间的矛盾则采取民主的办法。人民内部矛盾并不是新鲜事物,在社会主义革命、建设、改革的各个时期都存

① 《毛泽东文集》第七卷,人民出版社1999年版,第164页。
② 《建国以来重要文献选编》第10册,中央文献出版社1994年版,第71页。

在,并且各个阶段的人民内部矛盾都会呈现出一系列新表现、新问题、新特征。尽管如此,"人民内部矛盾是在人民利益根本一致基础上的矛盾,要用民主的方法来解决"①。"在社会主义革命和社会主义建设过程中既存在着敌我矛盾,也存在着人民内部矛盾。敌我矛盾和人民内部矛盾性质不同,解决的方法也不同。对于敌我矛盾,必须采取专政的办法,即打击、孤立、分化、惩办和镇压的办法加以解决。对于人民内部矛盾,则必须采取民主的方法,即说服、教育、批评和自我批评的方法加以解决,也就是采取'从团结的愿望出发,经过批评或者斗争使矛盾得到解决,从而在新的基础上达到新的团结'的方法来加以解决。如果看不到敌我矛盾,把敌我矛盾看成人民内部矛盾,或者看不到人民内部矛盾,把人民内部矛盾看成敌我矛盾,都是极端错误的。"②敌我之间的矛盾和人民内部矛盾的性质根本不同,表现为敌我矛盾的各方存在根本利益的冲突且不具有平等的政治地位,而人民内部矛盾各方存在根本利益的一致且具有平等的政治地位。将敌我之间的矛盾和人民内部的矛盾混淆,或者把敌我之间的矛盾和人民内部的矛盾等量齐观,都会犯严重错误。归根结底,解决大量存在的人民内部矛盾需要采用民主而非专政的办法。毛泽东反复强调:"解决人民内部矛盾,不能用咒骂,也不能用拳头,更不能用刀枪,只能用讨论的方法,说理的方法,批评和自我批评的方法,……只能用民主的方法,让群众讲话的方法。"③"民主的方法""群众讲话的方法",这是社会主义民主的集中体现,是人民行使政治权利的重要内容,同时也是解决人民内部矛盾的正确方式。作为执政者,尤其需要注意,敌我之间的矛盾和人民内部的矛盾并不会一成不变。对于人民内部的矛盾如果麻痹大意、处理不当,同样可能转化为敌我之间的矛盾。

① 《毛泽东著作专题摘编》(上),中央文献出版社2003年版,第1039页。
② 《艾思奇全书》第7卷,人民出版社2006年版,第633—634页。
③ 《建国以来重要文献选编》第15册,中央文献出版社1997年版,第115页。

二、疏解群众情绪诉求助益于社会稳定

稳定群众情绪是稳定社会的重要前提。群众情绪是群众基于现实生活（事件）而产生的主观认知、心理体验，它是群众表达意见诉求的情感因子，并极可能导致负向情绪的相互感染而诱发破坏性的集群行为。群众情绪还会影响群众的集体判断选择和行动倾向。能否及时、准确、真切感知群众情感脉搏的跳动，从而客观分析、正确估量社会情势的发展，直接关系整个社会是否安定团结，直接关系党的执政基础是否稳固。"思想情绪是人类对外界事物与自身利益关系的反映。"①群众情绪反映的是群众对社会运行发展的感性认知、情感体验，尽管这种感知、体验可能不准、不全，但其仍然能够体现出群众的关切、期望、盼愿，如果对之全然不顾，群众或早或迟会泄发社会怨气进而影响社会的稳定。马克思主义者深知，如果没有注意群众的情绪、听取人民的想法、采纳人民的意见，就会脱离群众、丧失群众基础，这非但不能率领群众前进，甚至还会导致"整个机器散架"。因为，"在人民群众中，我们毕竟是沧海一粟，只有我们正确地表达人民的想法，我们才能管理。否则共产党就不能率领无产阶级，而无产阶级就不能率领群众，整个机器就要散架"②。"假若政府不能反映人民的利益，不采纳人民的意见，而站在人民的头上，便是脱离群众。政府一旦脱离了群众，便没有了群众基础，政权就不可能稳固。"③正因如此，中国共产党人十分注意和重视群众的情绪，并深知稳定群众情绪是稳定社会的重要前提。"稳定经济、稳定政治、稳定社会，首先要稳定群众情绪。"④早在革命战争时期，毛泽东就强调指出："群众生产，群众利益，群众经验，群众情绪，这些都是领导干部们应时刻注意的。"⑤不仅领导干部要时刻注意群众情

---

① 陶德麟主编：《社会稳定论》，山东人民出版社1999年版，第74页。
② 《列宁全集》第43卷，人民出版社2017年版，第113页。
③ 《叶剑英选集》，人民出版社1996年版，第151—152页。
④ 《十三大以来重要文献选编》（中），人民出版社1991年版，第848页。
⑤ 《毛泽东著作专题摘编》（上），中央文献出版社2003年版，第273页。

绪,共产党员在开展群众工作时同样要经常注意群众的情绪,保护群众积极的、健康的、向上的情绪,引导群众消极的、萎靡的、低落的情绪,化消极因素为积极因素。"所有的共产党员都要做群众工作,经常注意群众的情绪,认真听取群众的意见和要求,帮助群众解决生产生活中的实际问题。要正确认识和处理新时期人民内部的各种矛盾,化消极因素为积极因素,通过深入细致的工作,把广大人民群众的积极性引导好、保护好、发挥好,使党的路线方针政策变为人民群众的自觉行动。"①改革开放初期,邓小平同样指出:"社会主义现代化建设的极其艰巨复杂的任务摆在我们的面前。很多旧问题需要继续解决,新问题更是层出不穷。党只有紧紧地依靠群众,密切地联系群众,随时听取群众的呼声,了解群众的情绪,代表群众的利益,才能形成强大的力量,顺利地完成自己的各项任务。"②邓小平还形象地把群众情绪的释放称为"出气",并强调要创造条件让群众"有气就要出""有气就能出",这是因为,群众"出气"能够促进问题的解决从而避免过大的社会动荡甚至社会动乱。③ 可见,群众情绪稳定是社会稳定的重要内容,并且稳定群众情绪是稳定社会的重要前提。

稳定群众情绪要反映群众的意见诉求。稳定群众情绪,关键是要注重疏解。群众情绪实质上是关涉群众切身利益问题的情感反映,如果能够充分反映群众的意见诉求,就能让群众情绪得到有序释放疏解,而不至于累积爆发影响社会稳定。"群众的愿望、意见、要求得到了反映,心情就舒畅,积极性就高涨。群众的情绪能够通过正当渠道得到疏解,就不至于来个'总爆发',也有助于整个社会的稳定。"④相反,越是阻塞人民群众表达意见诉求,就越会助长社会不安定因素,长此以往,必然会导致人民群众情绪的井喷式爆发,因此,必须充分反映群众的意见诉求。中国共产党人对此有着深刻的认识。"人民群

---

① 《十四大以来重要文献选编》(上),人民出版社 1996 年版,第 333 页。
② 《邓小平文选》第二卷,人民出版社 1994 年版,第 342 页。
③ 参见《邓小平文选》第一卷,人民出版社 1994 年版,第 273 页。
④ 《十三大以来重要文献选编》(中),人民出版社 1991 年版,第 740 页。

众有意见,就应当倾听。能解决的问题要解决,没有条件解决的要讲清道理,做好思想工作。你如果不让人民群众讲话、压制批评,那就会助长不安定的因素。中国有句古话,'防民之口,甚于防川'。人民群众有意见,迟早要吐露的。他公开不讲,底下讲,报纸上不批评,底下也议论。所以,开展批评,允许人民讲话,允许在报纸上正确地开展批评,我认为,是完全必要的。这是接受群众监督、密切联系群众的一种方法,是防患于未然!"①在社会主义现代化建设的过程中,总会遇到各种各样的矛盾纠纷,其中,大多数矛盾纠纷是人民内部矛盾在不同领域、不同人群当中的表现。如果任由这些矛盾问题不断积聚,那么,一旦遇到诱发事件必然会造成难以控制的混乱局面,这就需要通过民主渠道反映群众的意见、纾解群众的情绪、稳定社会的秩序。

中国共产党作为为着人民利益坚持正确、改正错误且敢于自我革命的执政党,对于人民群众的怨气并不会压制而会引导其有序释放,且善于从人民群众的怨气当中发现、回应、解决人民群众的意见诉求。新中国成立初期,人民对共产党和人民政府有着很大期待,而这些期待却没有随着中国共产党成为全国的执政党得以完全实现,自然会招致群众有些埋怨。邓小平指出:"这种埋怨,有其部分的道理,因为人民对于政府的信赖,不是靠它的口号,而是看它的实际。"②这种"实际"很大程度上体现为是否及时关注、认真考量、积极回应人民群众的意见诉求。"在社会主义事业发展进程中,不可避免地会出现一些矛盾问题。如果我们脱离群众,引导不好,这些矛盾和问题就不能得到妥善处理,就会影响社会的安定。这就需要保证民主渠道的畅通,把群众的正确意见集中起来,作为党和国家决策的依据。人民代表大会应该成为联系群众、反映民意、解决矛盾的主要民主渠道。当好人民代表,第一,要联系群众;第二,要善于把群众正确的意见带到上面来;第三,对明显不正确的意见,要敢

---

① 邓颖超、黄克诚:《关于党风问题的讲话》,人民出版社1981年版,第29—30页。
② 《邓小平文集(一九四九——一九七四年)》(上卷),人民出版社2014年版,第26页。

于坚持原则,站在人民利益的立场上,去进行耐心解释和说服。"①因此,为避免负向社会情绪的累积恶变以致最终破坏社会秩序,则需要通过民主渠道聆听群众的意见诉求,重视群众的诉求关切,及时反映暴露出来的矛盾冲突,并依循正确集中的群众意见诉求来制定党和国家的路线、方针、政策。

促进群众情绪进步是领导工作的内容。无产阶级政党作为无产阶级的先锋队,在开展领导工作时,首先就要把准群众情绪,密切联系群众,领导群众前进。"没有铁一般的在斗争中锻炼出来的党,没有为本阶级一切正直的人们所信赖的党,没有善于考察群众情绪和影响群众情绪的党,要顺利地进行这种斗争是不可能的。"②列宁还在《谈谈政治同教育的混淆》中明确指出:"如果我们连群众的情绪都摸不透,不善于跟群众打成一片,把工人群众发动起来,那就根本谈不上发挥社会民主党的革命先锋队的作用了!"③首先,准确把握群众情绪需要注意不能囿于少数群众情绪而忽略最大多数群众的情绪。也就是说,考察群众情绪、引导群众情绪,必须先要了解最大多数群众的情绪,而不是只看到少数进步分子的情绪或少数落后分子的情绪。不能"只看到少数进步群众的情绪,而没有了解大多数群众的情绪;不是去领导广大群众,而是跟着少数群众跑"④。其次,即便已经全面掌握社会情绪,同样不能简单地迁就群众情绪,而要对其进行认真分析、正确判断、有力引导。这是因为,"我们是引导群众走向社会主义的党,而决不是每逢群众情绪转变或情绪低落的时候就跟着瞎跑的党"⑤。社会情绪往往善变多变,在革命战争年代,有些群众甚至有些党员干部在遇到暂时挫折时,就对革命前景悲观失望,这就需要以准确分析革命战争规律为基础,向群众昭示"星星之火可以燎原"的革命前景;改

---

① 《十三大以来重要文献选编》(中),人民出版社1991年版,第945—946页。
② 《列宁专题文集 论无产阶级政党》,人民出版社2009年版,第252页。
③ 《列宁全集》第10卷,人民出版社2017年版,第334页。
④ 《邓子恢文集》,人民出版社1996年版,第85页。
⑤ 《列宁全集》第17卷,人民出版社2017年版,第274页。

革发展时期,有些群众受到物质利益的过度刺激而迷失心灵,容易抛离共筑的精神家园,这就需要基于对社会情势的正确把握来引导人们树立中国特色社会主义共同理想。正因如此,马克思主义者深刻认识到,"我们不能从群众的情绪出发,因为群众情绪是善变的,无法估计;我们应当依据的是对革命的客观的分析和估计。"①开展领导工作,进行宣传鼓动,"群众鼓动工作的任务就是利用群众所熟悉的事实及切身的问题,目前国际国内或当时当地所发生的事件向群众解释,使群众认识事件的真相,提高群众的情绪,提高群众的积极性,引导他们到革命的道路上去"②。基于对革命、建设、改革实际的客观分析和正确估计,让群众能够全面、客观、正确地认知社会事件,从而提高积极性,引导广大人民群众以饱满的热情投入社会主义革命、建设和改革的事业当中,这是中国共产党人成功开展领导工作的重要内容。社会情绪分为积极社会情绪和消极社会情绪。要想引导群众的正向情绪、提高群众的积极性,就要促进积极社会情绪的传播,阻断消极社会情绪的蔓延。无论是革命战争年代鼓动群众进行革命斗争,还是和平建设时期动员群众投身现代化建设,都要通过调动、提高群众的积极情绪实现强大的情感动员。之所以"说鼓动毫无用处,是因为群众漠不关心"③,这是没有认真体察、充分调动群众情绪的结果。中国共产党人历来认为,思想进步是工作进步的前提,工作进步就意味着群众满意度不断提升、群众积极情绪不断提高。"思想的进步过程,就是工作的进步过程,就是群众情绪的进步过程。哪里的思想改造做得愈彻底,那里的工作,那里的群众情绪,那里的工作作风的进步也就愈彻底。"④因此,经常考察社会心态和群众情绪,认真梳理社会各个阶层民众的生活现状和思想动向,并针对人

---

① 《列宁全集》第 33 卷,人民出版社 2017 年版,第 386—387 页。
② 《建党以来重要文献选编(1921—1949)》第 18 册,中央文献出版社 2011 年版,第 428 页。
③ 《列宁全集》第 17 卷,人民出版社 2017 年版,第 274 页。
④ 《建党以来重要文献选编(1921—1949)》第 21 册,中央文献出版社 2011 年版,第 207 页。

们的诉求关切及时改善工作,以不断提高群众的满意度,促进群众情绪的进步,这是领导工作的重要内容。

三、通过疏导教育提高人民群众的觉悟

共产党存在的全部意义很大程度上在于提高人民的觉悟。共产党作为无产阶级的先锋队、领导者、组织者,始终是无产阶级的"指路明灯",共产党的任务"决不是反映群众的一般水平,而是带领群众前进"①。"共产党人的全部任务,是在于能使落后群众信服。……列宁说过,无产阶级先锋的作用正是在于训练、启发、教育、引导工人阶级及农民之落后分子与落后群众。我们既然要争取落后群众到我们方面来,我们就要更加能深入到他们里面去,细心地去了解他们的生活、情绪、意向与要求,与他们打成一片,耐心地教育、启发、引导他们,假使一次没成效,以至四次,五次,六次,还不成功的话,那么,我们同志不但不要灰心,反而要更加反省、反问我的办法有什么错误和缺点,应该如何改正,如何找出更有效的办法去工作。"②马克思主义者历来高度重视通过思想疏导教育提高包括工人、战士、农民在内的广大人民群众的政治水平和政治觉悟,这是因为,马克思主义者十分清楚,人民群众政治觉悟的高低直接关乎无产阶级的命运和社会主义事业的成败。为顺利完成无产阶级政党领导的每一项中心工作和实际工作,必须通过疏导教育不断提高人民群众的觉悟。"善于做群众的思想工作,提高群众的觉悟,激励群众为实现自己的根本利益而奋斗,是我们党的传家宝,任何时候都不能丢。"③《共产党宣言》发表前一年,马克思和恩格斯在共同为国际无产阶级政党起草的第一个马克思主义章程《共产主义者同盟章程》中就提出,"具有革命毅力并努力进行宣传工作"④是成为共

---

① 《列宁专题文集 论无产阶级政党》,人民出版社 2009 年版,第 338 页。
② 《李维汉选集》,人民出版社 1987 年版,第 86 页。
③ 《十四大以来重要文献选编》(上),人民出版社 1996 年版,第 654 页。
④ 《马克思恩格斯全集》第 4 卷,人民出版社 1958 年版,第 572 页。

产主义者同盟盟员的基本条件之一。后来,他们在《共产党宣言》中强调:"共产党一分钟也不忽略教育工人尽可能明确地意识到资产阶级和无产阶级的敌对的对立"①。列宁甚至指出:"我们严格地单独组成为一个独立的无产阶级政党,其全部意义很大程度上就在于我们要始终不渝地进行这项马克思主义的工作,尽可能把整个工人阶级提高到自觉的社会民主主义的水平,不让,坚决不让任何政治风暴——尤其是政局变幻——使我们放弃这项迫切的工作。"②"共产党人的全部任务,就是要善于说服落后分子,善于在他们中间进行工作,而不是臆想出一些幼稚的'左的'口号,把自己同他们隔离开来。"③无论广大人民群众是否取得政权,共产党存在的全部意义很大程度上就在于始终不渝地开展马克思主义理论宣传工作,以不断提高人民群众的政治水平和政治觉悟。这是一项十分迫切而重要的工作。即使在建立社会主义民主政权以后,社会主义民主政权的实质仍是"改善人民的经济生活与提高人民的政治觉悟"④。"我们的党所以能够说服群众,使群众执行我们的路线,因为我们的党有着正确的理论、正确的策略。因为我们党的每一决定,每一口号,都是为了群众切身的利益。"⑤共产党人之所以极其重视通过思想教育提高广大人民群众的政治觉悟,就是因为共产党人领导的所有中心工作和实际工作,都是为着实现和维护广大人民群众的切身利益和根本利益,这具有十分鲜明的政治意义。同时,只有提高广大人民群众的政治水平和政治觉悟,才能宣传动员人民群众、紧紧依靠人民群众完成共产党领导的中心工作和实际工作。列宁指出:"一个国家的力量在于群众的觉悟。只有当群众知道一切,能判断一

---

① 《马克思恩格斯文集》第 2 卷,人民出版社 2009 年版,第 66 页。
② 《列宁全集》第 10 卷,人民出版社 2017 年版,第 335 页。
③ 《列宁选集》第 4 卷,人民出版社 2012 年版,第 164 页。
④ 《毛泽东文集》第三卷,人民出版社 1996 年版,第 1 页。
⑤ 《建党以来重要文献选编(1921—1949)》第 10 册,中央文献出版社 2011 年版,第 398 页。

切,并自觉地从事一切的时候,国家才有力量。"①于工人而言,"这里起决定作用的是工人阶级的觉悟性和坚定性。如果工人阶级准备作出自我牺牲,如果工人阶级表明它能竭尽全力,那就可以完成任务。一切都为了完成这个任务。工人阶级的决心,它实现自己'宁死不屈'口号的坚定意志,不但是历史的因素,而且是起决定作用的、能夺取胜利的因素。"②于战士而言,"在任何战争中,胜利归根到底是由在战场上流血牺牲的群众的士气决定的。士兵们确信战争的正义性并且意识到必须为了自己弟兄们的幸福而牺牲自己的生命,这就会使他们斗志昂扬并且能忍受空前的艰难困苦。……每一个手握武器的工人和农民都知道他们为什么而战,并且自觉地为正义和社会主义的胜利而流血。"③于农民而言,"采取粗暴的和简单的办法是不行的,一个革命的大道理,一件具体的细小的革命工作,都必须经过反复教育,才能取得农民的信任"④。可见,无论是革命战争年代,还是和平建设时期,无论是工人、战士还是农民,群众政治水平和政治觉悟的高低都直接关系着党的全部事业和各项工作的成败。张闻天指出:"我们唯一的巧妙办法,就是动员群众起来,成为人民战争。"⑤"什么叫世界大事,就是群众觉悟,这就是大事,这是革命的根本问题。"⑥"只有群众觉悟,才有胜利的可能,同时也是我们增兵的唯一来源。"⑦反之,如果"群众不发动起来,我们就成为孤军奋斗,我们就会死无葬身之地"⑧。包括工人、战士、农民在内的所有人民群众,只有他们深刻地懂得工作、战斗、劳作的政治意义,才能获得巨大的政治鼓舞,广大群众的政治水平和政治觉悟才会进一步提高,从而积极完成无产阶级政党领导的各项中心工作

---

① 《列宁选集》第3卷,人民出版社2012年版,第347页。
② 《列宁选集》第4卷,人民出版社2012年版,第121页。
③ 《列宁全集》第39卷,人民出版社2017年版,第114页。
④ 《薄一波文选》,人民出版社1992年版,第139页。
⑤ 《张闻天文集》第3卷,中共党史出版社1994年版,第305页。
⑥ 《张闻天文集》第3卷,中共党史出版社1994年版,第305页。
⑦ 《张闻天文集》第3卷,中共党史出版社1994年版,第305页。
⑧ 《张闻天文集》第3卷,中共党史出版社1994年版,第305页。

和实际工作;相反,如果对其事业只是降低到经济主义水平来宣传鼓动,那这只能适应少部分落后群众的经济物质要求,不能提高全体人民群众的政治觉悟。可见,提高人民群众的政治觉悟,不能是暴力压服、强迫灌注,同样也不能单靠物质利益刺激,而是需要进行耐心持久的疏导教育。

提高人民群众觉悟必须依靠艰苦的说服教育工作。说服教育是共产党人领导群众的最主要的方法。"共产党一开始就是根据民主集中制建立起来的,党在人民群众中间进行工作的时候,从来就应当采取群众路线的方法,民主的说服教育的方法。"①马克思主义者历来认为,"没有任何一种力量能够强制每一个健康清醒的人接受某种思想"②。要提高广大人民群众的政治水平和政治觉悟,不能违背思想接受规律采用强制手段向人们强行灌注思想理论,而主要依靠艰苦的说服教育工作让广大人民群众清醒地理解、认同、接受先进、科学的思想理论。列宁强调:"我们不赞成的只有一点,那就是强制的成分。我们不赞成用棍棒把人赶进天堂。"③人民群众能否解放,归根结底,取决于人民群众觉悟水平能否提高,取决于人民群众能否在先进政党的领导下自己争取解放。提高人民群众的政治水平和政治觉悟,不能靠"棍棒"、不能靠强制,主要靠疏导教育让群众"自然而然地革命化",而不是强迫命令群众革命化。刘少奇指出:"群众能否解放,决定于群众自身的觉悟程度。……如果群众觉悟提高,就会自己起来争取解放。在群众现有经验的基础上,在实际斗争中,逐步地教育群众,一天一天地提高群众,使群众自然而然地革命化,这就是我们的基本方法。我们的革命作风,我们的全部工作和一切步骤,都要能够使群众自然而然地革命化,而不是强迫命令群众革命化。"④命令主义本质上是官僚主义,不能提高群众的政治水平和政治觉悟。树立党的权威、赢得人民

---

① 《建国以来重要文献选编》第19册,中央文献出版社1998年版,第52页。
② 刘建军:《〈反杜林论〉中的思想政治教育论断及其现代意义》,《教学与研究》2014年第6期。
③ 《列宁全集》第24卷,人民出版社2017年版,第314页。
④ 《刘少奇选集》(上卷),人民出版社1981年版,第312页。

支持、完成党的事业,依靠群众完成党提出的正确任务,最主要的途径就是说服群众,引导广大人民群众"自然而然地革命化","不是强迫命令群众革命化""不能用棍棒把人赶进天堂""不能代替群众下决心"。

提高人民群众觉悟要通过疏导教育让"群众自然而然地革命化"、让"群众自己走向天堂"、让"群众自己自愿下决心"。正如张闻天所说:"党的权威,是依靠工人阶级的信仰来维持的。工人阶级的信仰,是不能以武力获得的。因为用武力去取得信仰,反而失掉了信仰。"①无论任何工作,"如若我们党想用强迫命令的方法,使群众执行我们党的每一决定与每一口号,那我们党决不会在群众中得到任何信仰"②。"总之,在任何情形之下,党决不能脱离群众,党必须同群众在一起,依靠在群众的身上,去完成党所提出的正确的任务。这里党对于群众的最主要的方法,便是说服!只有党说服了群众的最大多数,党的领导者的资格才能得到保障。"③并且应该是"细心的,耐烦的去说服群众,正确的去代表群众的意识,负责的谨慎的去领导群众"④,这才是领导群众最主要的方法。通过疏导教育赢得最广大人民群众的理解支持,有赖于长期艰苦的说服教育工作,需要"耐心地说明真理",并照顾群众的实际困难。这是因为,"思想斗争同其他的斗争不同,它不能采取粗暴的强制的方法,只能用细致的讲理的方法"⑤。要改变群众当中存在的错误思想、转变群众当中存在的落后思想,通过压迫办法和强制手段都不能办到,而有赖于"经过艰苦的说服教育工作"。正如刘少奇所说:"要在思想上、原则上求得一致与解决问题,

---

① 《建党以来重要文献选编(1921—1949)》第 10 册,中央文献出版社 2011 年版,第 398 页。

② 《建党以来重要文献选编(1921—1949)》第 10 册,中央文献出版社 2011 年版,第 398 页。

③ 《建党以来重要文献选编(1921—1949)》第 10 册,中央文献出版社 2011 年版,第 400 页。

④ 《建党以来重要文献选编(1921—1949)》第 10 册,中央文献出版社 2011 年版,第 403 页。

⑤ 《毛泽东文集》第七卷,人民出版社 1999 年版,第 231 页。

要去克服别人不正确的原则,要去纠正别人不正确的原则,要去转变别人的思想,要去纠正别人久已相信的原则、观点和成见,就不是那样容易的事……不是采用单纯的压迫手段与强迫办法所能做到的,而是需要经过艰苦的说服教育工作"。① "争取群众,说服群众的大多数,是一个长期艰苦的工作过程,往往不是一下能做到的。往往需要多少年的千百次的说服与斗争,才能获得大多数。"② "领导是起决定作用的,可是要把领导的意见变为群众的行动,说服群众和我们一道去做,那就需要做艰苦的工作,要经过群众的体验。"③可以看到,要取得社会主义革命、建设和改革各项事业的成功,必须依靠最广大人民群众,赢得人民群众的理解和支持,这就需要对人民群众开展艰苦的说服教育工作,不断提高人民群众的政治水平和政治觉悟。"不做充分的说服工作,就不能提高工人的阶级觉悟,反会引起他们的反感。说服工人工作是有困难的,但这是唯一的办法,做不到这一点就有脱离群众的危险,并有被反革命分子利用鼓动群众反对我们的可能。但是我们必须相信,工人和劳动者在我们充分地耐心地说明真理并照顾了他们的实际困难之后,他们总是可以被服的。"④ "总之,对人民的教育是一个长期的过程。解决思想问题,不能用专制、武断、压制的办法,要人服,就要说服,而不能压服。"⑤对人民群众的疏导教育既要从人民群众的实际利益诉求出发,力求实现他们合理而且能够实现的要求,然后逐步提高人民群众的政治觉悟。同时,又不能将就落后分子不正当的且有损人民的整体利益与长远利益的要求,这就要求疏导教育不能离开人民群众的实际需要,既要保护人民群众的正当权益,又要不断地说服人民、教育人民,以提高人民的觉悟。这是一项十分重要而又艰苦的工作。

---

① 《刘少奇选集》(上卷),人民出版社 1981 年版,第 194—195 页。
② 《建党以来重要文献选编(1921—1949)》第 13 册,中央文献出版社 2011 年版,第 328 页。
③ 《周恩来选集》(下卷),人民出版社 1984 年版,第 407 页。
④ 《建国以来刘少奇文稿》第 7 册,中央文献出版社 2008 年版,第 361—362 页。
⑤ 《毛泽东文集》第七卷,人民出版社 1999 年版,第 252 页。

　　提高人民群众觉悟需要紧密结合群众的实际利益。提高人民群众的政治水平和政治觉悟,虽然不能降低到经济主义层次来适应少部分落后群众的不正当的经济物质要求,但是也不能离开广大群众的切身生活问题,必须要把群众政治觉悟的提高同群众的实际利益紧密结合起来。这是因为,思想问题同利益问题总是相生相伴,疏导教育同物质利益关系密切,以增加群众的物质福利为基础,通过疏导教育逐渐提高人民群众的政治觉悟,才能说服、动员最广大人民群众完成各项任务。马克思和恩格斯多次强调:"'思想'一旦离开'利益',就一定会使自己出丑。"①"人们为之奋斗的一切,都同他们的利益有关"②。新社会能"保证一切社会成员有富足的和一天比一天充裕的物质生活"③。列宁还指出,涉及广大人民群众的经济利益的问题是"人民生活中最敏感的神经"④,需要十分注意比群众情绪及其转变更重要得多、深刻得多的群众的基本利益⑤,并且他还强调社会主义"就是如何使全体劳动者过最美好、最幸福的生活"⑥。毛泽东还指出:"一切空话都是无用的,必须给人民以看得见的物质福利。……就是组织人民、领导人民、帮助人民发展生产,增加他们的物质福利,并在这个基础上一步一步地提高他们的政治觉悟与文化程度。"⑦提高人民群众的政治觉悟,容易忽略关乎群众切身利益的实际问题,从而导致"南其辕而北其辙"。然而,"一切事实都证明,只有我们真正细心的了解群众的困难,耐心解决他们的困难,为保护他们的利益而斗争时,说服群众,动员群众工作,才能胜利的进行"⑧。要赢得广大人民群众真心实意的爱戴,

　　① 《马克思恩格斯文集》第1卷,人民出版社2009年版,第286页。
　　② 《马克思恩格斯全集》第1卷,人民出版社1995年版,第187页。
　　③ 《马克思恩格斯选集》第3卷,人民出版社2012年版,第814页。
　　④ 《列宁全集》第16卷,人民出版社2017年版,第136页。
　　⑤ 参见《列宁全集》第32卷,人民出版社2017年版,第100页。
　　⑥ 《列宁全集》第3卷,人民出版社1972年版,第571页。
　　⑦ 《建党以来重要文献选编(1921—1949)》第19册,中央文献出版社2011年版,第629—630页。
　　⑧ 《建党以来重要文献选编(1921—1949)》第10册,中央文献出版社2011年版,第408页。

要动员广大人民群众支持革命、建设和改革的事业，"就得和群众在一起，就得去发动群众的积极性，就得关心群众的痛痒，就得真心实意地为群众谋利益，解决群众的生产和生活的问题，盐的问题，米的问题，房子的问题，衣的问题，生小孩子的问题，解决群众的一切问题"①。邓小平指出："党的组织、党员，都要永远站在人民一边，同人民在一起，了解他们的要求，倾听他们的呼声，采取各种办法保护和争取他们的利益。"②江泽民指出："要把做群众思想工作与帮助群众解决实际问题结合起来，既讲道理又办实事，既以理服人又以情感人，在办实事中贯穿思想教育，通过解决现实问题引导群众提高精神境界、增强群众对党和政府的信任。"③并且，改善人民群众的生活条件、增加人民群众的物质福利、解决人民群众的生活困难，不是为着宣传群众、教育群众、引导群众、提高群众的"临时的突击工作"，而是"我们的经常的中心的工作"。"提高认识是最根本的问题。所谓提高认识，就是解决没有群众观点，不关心群众疾苦和群众利益的思想问题。"④"必须具有高度的对社会主义事业的负责精神，无限关心广大群众的利益，并且关心群众的长远利益与当前利益的结合。"⑤"在发展经济的基础上不断提高人民生活水平，是党和国家一切工作的根本目的。"⑥共产党人开展疏导教育，提高人民群众觉悟，广泛开展社会动员，需要时刻关心群众的切身问题，感觉到群众每一脉搏的跳动。正如张闻天所说："把群众的切身的问题，同党的基本口号密切联系起来，这是布尔什维克动员群众的基本原则之一。我们过去宣传鼓动工作的错误，就在于不知道应用这一原则。我们常常把我们的一些基本政治口号不断的叫喊，而不知道

---

① 《建党以来重要文献选编（1921—1949）》第 11 册，中央文献出版社 2011 年版，第 151 页。

② 《邓小平年谱（一九七五——一九九七）》（上），中央文献出版社 2004 年版，第 685 页。

③ 《江泽民文选》第三卷，人民出版社 2006 年版，第 95 页。

④ 《习仲勋文选》，中央文献出版社 1995 年版，第 247 页。

⑤ 《万里文选》，人民出版社 1995 年版，第 47 页。

⑥ 《习近平关于实现中华民族伟大复兴的中国梦论述摘编》，中央文献出版社 2013 年版，第 13 页。

如何使这些口号变成群众自身的,群众所深刻了解的活跃的有血肉的口号。……要了解这么多问题必须要有最具体的领导,我们必须有非常灵敏的阶级的感觉,感觉到群众每一脉搏的跳动。"①千万遍重复党的基本口号还不够,必须做深入细致的具体工作。思想疏导不是喊喊口号,而是要在满足人民群众利益的基础上,"将适合群众迫切要求、提高群众斗争情绪的口号,均经过群众面目提出,以发动群众"②。"这就要求我们考察、研究、探索、猜摩和熟知各种人群的生活与要求的特点,把我们的总的政治口号与路线同群众这些日常的甚至细小的生活问题密切联系起来。"③"这样,才能使我们的宣传鼓动变为真正群众的宣传鼓动,变为能够说服群众的宣传鼓动。"④正是由于广大人民群众能从革命、建设、改革发展的事实当中体会到共产党人时时处处为着广大人民群众根本利益的实现、为着广大人民群众日常生活的改善而工作,广大人民群众才会对中国共产党产生信任、信赖、信仰,只有这样,中国共产党才能宣传群众、动员群众、说服群众来完成社会主义革命、建设和改革的各项任务。

物质利益是疏导教育的重要内容,同时,疏导教育是物质利益的重要保证。可以说,疏导教育同物质利益密切关联,既不能离开物质利益开展疏导教育,也不能离开疏导教育囿于物质利益。正如张闻天所说:"不能否认,物质利益对群众是一个巨大的推动力量。当然,这要加以思想政治上的解释,才能使群众了解。物质利益和思想教育是分不开的。只给物质利益而不进行思想教育,就不能了解物质利益同政治的关系,同阶级斗争的关系,就不能提高人

---

① 《建党以来重要文献选编(1921—1949)》第10册,中央文献出版社2011年版,第406—407页。
② 《周恩来选集》(上卷),人民出版社1980年版,第270页。
③ 《建党以来重要文献选编(1921—1949)》第10册,中央文献出版社2011年版,第407页。
④ 《建党以来重要文献选编(1921—1949)》第10册,中央文献出版社2011年版,第407页。

民的觉悟水平;只进行思想教育,而不给物质利益,思想教育就没有具体内容,就成为'买空卖空'了。"①疏导教育同物质鼓励不可偏废,既不能以疏导教育代替物质鼓励,又不能以物质鼓励取代疏导教育。疏导教育同物质鼓励是相互促进、相互协调的关系,做好疏导教育,有助于做好物质鼓励;同样,做好物质鼓励,有助于做好疏导教育。

　　思想疏导参与社会治理、调处社会矛盾特别是人民内部矛盾,既要让各方合法合理地维护己方的正当权益,又要让各方具有集体关怀、社会关怀、长远关怀的思想认识,避免拘囿于己方的个体利益、局部利益、短期利益而忽视共同的集体利益、整体利益、长远利益。这样,才能让人们正确认识个体利益同集体利益之间、局部利益同整体利益之间、当前利益同长远利益之间的关系,认识到实现最广大人民群众根本利益同坚持中国特色社会主义政治之间的关系,进而提高人民群众的政治觉悟。

四、正确反映和对待人民群众意见诉求②

　　创造条件让人民群众充分表达意见诉求。正确反映和对待人民群众意见诉求,首先要创造条件让人民群众充分表达意见诉求。正确的领导意见,归根结底,来自对群众意见的正确集中。坚持马克思主义认识论,坚持党的正确领导,就要做到从群众中来、到群众中去。"这就是说,将群众的意见(分散的无系统的意见)集中起来(经过研究,化为集中的系统的意见),又到群众中去作宣传解释,化为群众的意见,使群众坚持下去,见之于行动,并在群众行动中考验这些意见是否正确。然后再从群众中集中起来,再到群众中坚持下去。如此无限循环,一次比一次地更正确、更生动、更丰富。"③可见,坚持党的正确领

---

　　①　《张闻天选集》,人民出版社 1985 年版,第 524—525 页。

　　②　参见魏强、韩梦馨:《邓小平疏导群众思想的基本方法论析》,《西南大学学报(社会科学版)》2018 年第 5 期。

　　③　《建党以来重要文献选编(1921—1949)》第 20 册,中央文献出版社 2011 年版,第 332 页。

导,首先要正确集中群众意见,这是制定正确路线、方针、政策的基本前提。创造条件让人民群众充分表达意见诉求,这是中国共产党正确开展领导工作的基本要求,也是发扬社会主义民主的集中体现。中国共产党历来十分尊重人民群众的意见,高度重视创造条件让人民群众充分表达意见诉求。周恩来指出:"党是人民的先锋队,看得远,但先锋队不能脱离群众,要尊重人民的意见。"① 刘少奇指出:"我们不尊重群众,不信仰群众,就不能和群众打成一片,就不能取得群众对于我们的相信和尊重。……我们党是最尊重群众意见的党,我们的党员将应该是最尊重群众权利的人员。"②"尊重人民民主权利,倾听群众意见和批评,不准欺压人民。"③尊重群众、相信群众、联系群众,就要充分尊重群众意见、尊重群众权利。可以说,尊重人民群众的意见、适应人民群众的要求,对于赢得最广大人民群众的信任、尊重、支持都极其重要,这也是共产党人攻坚克难、取得胜利的重要法宝。这是因为,没有群众意见的充分表达、正确集中,中国共产党就不可能制定出符合客观实际和人民利益的正确政策,即便强制推行主观主义政策,终究会因不能适合群众的要求而行不通。毛泽东同样指出:"总之,要按照群众的要求办事。无论什么办法,只有适合群众的要求,才行得通,否则即使勉强实行,终久是行不通的。"④"尊重群众的意见""按照群众意见办事""适合群众的要求",首先就要创造条件让人民群众充分表达意见诉求,这是社会主义民主的基本要求。要促成"又有集中又有民主,又有纪律又有自由,又有统一意志、又有个人心情舒畅、生动活泼,那样一种政治局面"⑤,既离不开高度民主,又离不开高度集中,并且,实行高度

---

① 《建党以来重要文献选编(1921—1949)》第 24 册,中央文献出版社 2011 年版,第399 页。

② 《建党以来重要文献选编(1921—1949)》第 13 册,中央文献出版社 2011 年版,第327 页。

③ 《建国以来刘少奇文稿》第 2 册,中央文献出版社 2005 年版,第 208 页。

④ 《中共中央文件选集(1949 年 10 月—1966 年 5 月)》第 30 册,人民出版社 2013 年版,第542 页。

⑤ 《邓小平文选》第一卷,人民出版社 1994 年版,第 306 页。

民主是实现高度集中的基础和前提。毛泽东多次强调:"要广开言路,打开窗户。"①"我们要把窗户打开,让空气流通,听听消息,听听舆论,有缺点有错误的改正一下。这一条搞不好就不行。"②这是因为,人民群众的意见和建议是修建"政治房子"、开办"政治工厂"的基本"原料",为此,必须充分发扬社会主义民主,让人民群众充分表达意见建议。离开社会主义民主,要么堵塞民口,或者闭塞耳目,必然不能正确集中各方面的意见,更不能正确总结经验、制定正确策略。③"没有民主,意见不是从群众中来,就不可能制定出好的路线、方针、政策和办法。"④因此,离开高度的民主、离开群众的意见,就不能形成正确的领导意见,结果必然是把领导意见强加于人,这样,必定不能适合群众的要求,从而也难以凝心聚力地推进工作。正确集中意见是高度民主的目的和结果。"大家有意见,有气,就应该打开窗户,让他们把气出完,把意见都说出来。只有这样,才能团结同志,统一意志,集中意志,形成高度的集中。……但是我们要在高度民主的基础上,建立高度的集中。"⑤因此,作为"一个革命政党,就怕听不到人民的声音,最可怕的是鸦雀无声"⑥。作为社会主义中国的执政党,中国共产党发扬社会主义民主、正确集中群众意见,就要让群众经常地、充分地表达意见诉求,而不是把党员干部意见强加于人,甚至打压排挤不同的意见、观点、看法。因此,"不论党内党外,都要有充分的民主生活,就是说,都要认真实行民主集中制。要真正把问题敞开,让群众讲话,哪怕是骂自

---

① 《建党以来重要文献选编(1921—1949)》第 22 册,中央文献出版社 2011 年版,第 509 页。

② 《建党以来重要文献选编(1921—1949)》第 22 册,中央文献出版社 2011 年版,第 235 页。

③ 参见魏强、韩梦馨:《论思想政治工作贯彻党的群众路线的基本要求》,《思想政治教育研究》2016 年第 6 期。

④ 《中共中央文件选集(1949 年 10 月—1966 年 5 月)》第 50 册,人民出版社 2013 年版,第 191 页。

⑤ 《建党以来重要文献选编(1921—1949)》第 22 册,中央文献出版社 2011 年版,第 510 页。

⑥ 《改革开放三十年重要文献选编》(上),人民出版社 2008 年版,第 4 页。

己的话,也要让人家讲"①。"不负责任,怕负责任,不许人讲话,老虎屁股摸不得,凡是采取这种态度的人,十个就有十个要失败。"②"对人民群众的意见,要采取各种办法使他们能够表达出来。我们可以采取各种办法征求大家的意见,总不要把自己的意见强加于人。不管怎样,总要给群众表达意见的机会。我们认真考虑群众的意见,哪些做得通,哪些做不通,做得到的事情就要做,做不到的事情要向群众说清楚,只要做到这一点,问题总是可以获得解决的。"③"群众有气就要出,我们的办法就是使群众有出气的地方,有说话的地方,有申诉的地方。……总之,要让群众能经常表达自己的意见,在人民代表大会上,政协会议上,职工代表大会上,学生代表大会上,或者在各种场合,使他们有意见就能提,有气就能出。"④"应该让群众有充分的权利和机会,表达他们对领导的负责的批评和积极的建议"⑤。"我们要广开言路,广开才路,坚持不抓辫子、不扣帽子、不打棍子的'三不主义',让各方面的意见、要求、批评和建议充分反映出来,以利于政府集中正确的意见,及时发现和纠正工作中的缺点、错误,把我们的各项事业推向前进。"⑥充分尊重人民群众的意见诉求,让人民群众充分表达自己的意见诉求,是社会主义民主的集中体现。只有创造机会让人民群众充分表达意见诉求,才不会形成"鸦雀无声"的局面,才不会出现因不满怨忿被压抑郁积而引发不可控的"总爆发",才能有利于执政党虚心倾听、不断吸收人民群众的意见建议,不断改正工作当中的缺点、错误,进而有力推进社会主义事业健康发展。

真心实意听取并反映人民群众的意见诉求。正确反映和对待人民群众的

① 《中共中央文件选集(1949年10月—1966年5月)》第50册,人民出版社2013年版,第188页。
② 《中共中央文件选集(1949年10月—1966年5月)》第50册,人民出版社2013年版,第193页。
③ 《建国以来重要文献选编》第10册,中央文献出版社1994年版,第148页。
④ 《邓小平文选》第一卷,人民出版社1994年版,第273页。
⑤ 《邓小平文选》第二卷,人民出版社1994年版,第257页。
⑥ 《邓小平文选》第二卷,人民出版社1994年版,第187页。

意见诉求,还要真心实意听取并反映人民群众的意见诉求。"尊重群众的意见""按照群众意见办事""适合群众的要求",就要真心实意听取并反映人民群众的意见诉求。"苏维埃人员应该注意民众的每一要求与每一提议,而不应该忽视这些要求与提议。"①"要切实关心群众的生产生活,凡是涉及群众切身利益的问题都要当作大事来对待,凡是群众提出的意见都要真心实意地去听取。"②"要经常接近群众,倾听群众的呼声,反映群众的意见"③。真心实意地听取并反映人民群众的意见诉求,是无产阶级政党密切联系人民群众的必要环节,是领导人民群众前进的必然要求。保持、巩固无产阶级政党同广大人民群众的密切联系,不断向人民群众学习,必须"善于倾听群众的呼声和了解他们的疾苦"。"工人阶级的党如果不同群众保持广泛的联系,不经常巩固这种联系,不善于倾听群众的呼声和了解他们的疾苦,没有不仅教导群众而且向群众学习的决心,那它就不能成为能够领导千百万工人阶级群众和全体劳动群众的真正群众性的党。"④共产党人坚持历史唯物主义的基本观点,历来相信人民群众是真正的英雄、是历史的创造者,历来坚信人民群众是中国共产党执政的最大底气,因而必然反对革命工作干部脱离群众、忽视群众的意见诉求来开展实际工作。为此,"我们要求同志们:(1)与群众接近和联系,在某种程度上要与他们打成一片;(2)倾听群众意见;(3)向群众学习;(4)教育群众,不做群众的尾巴"⑤。"共产党坚决地反对有些革命工作干部脱离群众的错误倾向,这种人往往把自己看做创造时势的英雄,以为工作的成绩就是自己个人的功劳,遇事独断独行,忽视周围群众的意见和要求。这是历史唯心主义观点

---

① 《建党以来重要文献选编(1921—1949)》第 11 册,中央文献出版社 2011 年版,第 139—140 页。

② 《十六大以来重要文献选编》(中),中央文献出版社 2006 年版,第 363 页。

③ 《习仲勋文选》,中央文献出版社 1995 年版,第 129 页。

④ 《斯大林选集》(下卷),人民出版社 1979 年版,第 623 页。

⑤ 《建党以来重要文献选编(1921—1949)》第 20 册,中央文献出版社 2011 年版,第 297 页。

在实际工作中的表现。"①可见,坚持历史唯物主义基本观点,做好党和国家的一切工作,首先要坚持相信群众、相信党这两条基本原理。这是因为,"共产党及其领导的人民政府,是真正代表大家,为大家'当差'的,是遵循工人、农民和其他人民群众的意见办事的"②。遵循广大人民群众的意见办事,就要密切联系群众,认真倾听群众意见、了解群众疾苦。相信群众并依靠群众,同样要求共产党及其领导的人民政府自觉接受人民群众的监督,并真诚听取来自群众的意见诉求。"我们始终相信和依靠群众,不仅不拒绝来自人民群众的监督,而且真诚欢迎各方面的意见和批评。"③"领导上门走访,可以倾听群众呼声,自觉接受群众监督。……对于人民群众正确的意见,要及时采纳,以推进当前工作;对于不正确意见,要分别情况,进行耐心细致的解释教育。现在,有一些同志听不得一点批评意见,更不愿作自我批评,甚至向提意见的群众'戴高帽'、'穿小鞋'、'揪辫子'、'打棍子',这是党的纪律绝对不允许的。'功成理定何神速?速在推心置人腹。'只要各级领导能够与群众结友交心,赤诚相见,坚持从群众来,到群众中去,我们的工作就会越做越好,我们的事业就会兴旺发达。"④维护党的权威,赢得群众的信任、信仰,需要密切联系群众,需要向群众学习,同样也需要认真聆听、积极反映人民群众的意见诉求。"要使群众信服自己的领导,必须时时刻刻注意倾听群众的情绪与呼声,征求他们的意见,从他们那里学习见识。看不起群众,自命万能的人,是不会取得群众的信服的。"⑤无论是党员干部还是普通党员,都要认真听取并积极反映人民群众的意见诉求。作为党员干部,不能作威作福、称王称霸;作为普通党员,不能隔绝自己与普通群众的沟通,而要真切了解普通群众的要求、思想、情绪、意

---

① 《艾思奇全书》第 6 卷,人民出版社 2006 年版,第 197 页。
② 《陈云文选》第 1 卷,人民出版社 1995 年版,第 380 页。
③ 《十四大以来重要文献选编》(中),人民出版社 1997 年版,第 1694 页。
④ 习近平:《摆脱贫困》,福建人民出版社 1992 年版,第 47 页。
⑤ 《李维汉选集》,人民出版社 1987 年版,第 87 页。

见,并及时向党组织反映,从而建立、保持、巩固党与人民群众良好的"鱼水关系"。"我们的国家是人民当家作主。我们的干部无论职位高低,都是人民的勤务员。干部同群众的关系是勤务员同主人的关系。干部要大公无私,心里时刻想着人民,关心群众疾苦,倾听群众意见,决不能骑在人民头上作威作福,称王称霸。"①共产党员作为人民的公仆,牢固树立群众观点、力戒官僚主义就要旗帜鲜明地反对欺负群众的霸王作风,关心群众疾苦和群众利益,做到谦虚谨慎、戒骄戒躁,不当"官老爷",不能高人一等、自视特殊。这样,才能使我们党成为一个不脱离群众的党,不是高高在上而是同群众血脉相连的党。"一切党员都必须为人民群众服务,使党与人民群众建立很好的关系,认真地了解人民群众的要求和意见并及时地向党反映,把党的政策向人民群众作宣传解释。"②"我们必须常常跳出这个积极分子的小圈子,走到群众的大圈子中去,直接同最普通的群众谈话,倾听他们的意见,从他们那里去了解情况,发现问题。归根到底,我们的一切决策,必须从普通群众(因为他们最普通,因而也是最大多数的)的要求、思想、情绪、意见出发,我们政策之是否正确,也决定于大多数普通群众的实践。"③"应当虚心听取别人的意见,应当听取群众任何一个微小的意见。当然,群众的意见也可能是错误的,要分析,但有时是对的。"④真心实意地听取并反映人民群众的意见诉求,关键是要分析人民群众意见诉求背后的利益关切。正如列宁所说,既要"'注意到'群众情绪的转变,又'注意到'比情绪及其转变更重要得多、深刻得多的东西,即群众的基本利益"⑤。邓小平还指出:"党的组织、党员,都要永远站在人民一边,同人民在一起,了解他们的要求,倾听他们的呼声,采取各种办法保护和争取他们的利益。"⑥轻视

①　《叶剑英选集》,人民出版社1996年版,第496页。
②　《建国以来刘少奇文稿》第3册,中央文献出版社2005年版,第175页。
③　《张闻天文集》第3卷,中共党史出版社1994年版,第380—381页。
④　《艾思奇全书》第8卷,人民出版社2006年版,第522页。
⑤　《列宁全集》第32卷,人民出版社2017年版,第100页。
⑥　《邓小平年谱(一九七五——一九九七)》(上),中央文献出版社2004年版,第685页。

或忽视广大人民群众的意见诉求,对人民群众的意见诉求不闻不问,实质上是对群众切身利益或根本利益的漠视,是脱离群众的集中表现,这既不能使党作出维护群众切身利益的正确决策,也不能防止损害群众利益情形的发生,真正解决关涉群众切身利益的问题,最终必然不能赢得广大人民群众的真正理解、真心支持和热烈拥护。虚心倾听并正确反映群众的思想意见和利益诉求,才能够让人们舒心解气、心情顺畅,有利于扩大党和国家的民主生活。①

总结集中群众意见并领导人民群众前进。正确反映和对待人民群众的意见诉求,最后要总结集中群众意见并领导人民群众前进。邓小平在中国共产党第八次全国代表大会上所作的报告中强调党的工作要贯彻群众路线时指出:"一个党和它的党员,只有认真地总结群众的经验,集中群众的智慧,才能指出正确的方向,领导群众前进。我们不是尾巴主义者,当然懂得,群众的意见一定不会都是正确的和成熟的。我们所谓总结和集中,并不是群众意见的简单堆积,这里必须要有整理、分析、批判和概括。"②中国共产党人深刻洞悉,领导干部要实现正确的领导,就一定离不开群众的经验、群众的意见,同时,集中人民群众的意见诉求并不是简单地堆积群众的意见诉求。"把从群众中来的意见集中起来,不是像把许多火柴装到火柴匣中那样简单的事,要经过选择和判断。"③中国共产党人同样十分清楚,来自人民群众的意见诉求并不总是正确合理、雅致细腻,而要对纷繁复杂的意见诉求进行选择判断、总结集中,不能简单堆积或者盲目处置,但事实上却存在着尾巴主义和官僚主义两种情况。尾巴主义表面来看是尊重群众所有的意见诉求,甚至还打着群众路线的口号,实质上却是否定党的集中领导,机械地认为群众的意见诉求全部正确,不加分析地迁就群众的意见诉求,这种做法没有正确理解党的群众路线的精神实质,

---

① 参见魏强、张学维:《论邓小平的群众意见观》,《思想理论教育导刊》2019 年第 6 期。
② 《中共中央文件选集(1949 年 10 月—1966 年 5 月)》第 24 册,人民出版社 2013 年版,第 134 页。
③ 《胡乔木谈新闻出版(修订版)》,人民出版社 2015 年版,第 197 页。

究其根本是由于没有掌握和运用马克思主义的立场、方法、观点。对群众的思想意见、利益诉求置若罔闻,反映的是官僚主义者思想深处缺乏群众观点;而完全迁就群众所有的思想意见、利益诉求,则会丧失中国共产党作为"指路明灯"的导引作用。毛泽东指出:"错误地强调所谓'群众要怎样办就怎样办',迁就群众中的错误意见。甚至对于并非群众的、而只是少数人的错误意见,也无批判地接受。否定了党的领导作用,助长了尾巴主义。"[1]刘少奇同样指出:"另一种错误,是作群众的尾巴。当着群众拒绝我们的正确意见时,我们就悲观失望,表示没有办法,不去耐心地进行说服工作,解释我们的主张,启发群众的觉悟,反而接受群众的错误思想,作群众的尾巴。"[2]尾巴主义因否定党的领导,不会去耐心地做好说服解释工作,不能自觉提高群众的政治觉悟,甚至还接受群众的错误思想,自然而然就成为群众的尾巴而不是群众的"指路明灯"。对待人民群众的意见诉求,不能采取尾巴主义的错误态度,这是因为群众有时只是考虑近前利益、局部利益、日常利益,而忽略长远利益、整体利益、根本利益。制定符合人民长远利益、整体利益、根本利益的正确政策,就要综合研究、正确集中群众的意见。"不能说'群众要咋办就咋办',因为群众有时只顾近前的利益,忽略长远的利益,只顾局部,而不能照顾全面。我们不能犯尾巴主义的毛病,领导者必须有预见,应当经常了解群众的动向,综合研究群众的意见,使之吻合群众的利益,作为我们政策的根据。"[3]当然,还可能出现多数群众意见诉求不合理、不正确的情形,此时,只能耐心艰苦地向群众做好解释说服工作,帮助群众提高觉悟水平,而不能脱离群众思想觉悟水平的实际来开展工作。然而,官僚主义的态度却是"只凭自己的主观独断一切",不管多数群众的意见诉求正确与否,完全抛开群众的意见诉求,主要表现为"第一

---

① 《毛泽东选集》第四卷,人民出版社 1991 年版,第 1281 页。
② 《刘少奇选集》(上卷),人民出版社 1981 年版,第 60 页。
③ 《叶剑英选集》,人民出版社 1996 年版,第 152—153 页。

是我,第二是群众"①这种严重脱离群众的思想。"有时我们的意见与群众的意见发生矛盾,可能是我们的意见正确,多数群众的意见不正确。这种矛盾的解决办法是服从多数群众的意见,大胆地跟群众一块走,和群众一块做,耐心地等待着群众的觉悟。如果是我们的意见不正确,就更应服从群众。我们不应当以为自己是工作员,是上级,自己的话是'圣旨',认为服从群众意见就是'丢人'、'失掉威信'。我们除了真理与群众外,是没有什么不可丢掉的。"②可见,对待人民群众的意见诉求,既不能采取官僚主义的态度,又不能犯尾巴主义的毛病,而要及时整理分析、选择判断、总结集中。党对于人民群众意见的态度和处理方式,是影响党和群众关系的重要因素。具体来说,对群众的意见要进行全面分析,积极接受正确意见,对不同意见认真考虑,对不合理的意见诉求解释引导,对能够解决的合理意见诉求就及时解决,对不能及时解决的合理意见诉求耐心解释、据实说明并积极创造条件尽快解决。这是中国共产党人总结集中群众意见并领导人民群众前进的基本态度和重要经验。毛泽东指出:"凡属人民群众的正确的意见,党必须依据情况,领导群众,加以实现;而对于人民群众中发生的不正确的意见,则必须教育群众,加以改正。"③"过高的要求和暂时办不到的事情,要向人民公开地反复地解释。"④邓小平同样多次强调:"群众的意见,不外是几种情况。有合理的,合理的就接受,就去做,不做不对,不做就是官僚主义。有一部分基本合理,合理的部分就做,办不到的要解释。有一部分是不合理的,要去做工作,进行说服。"⑤"人民群众提出的意见,当然有对的,也有不对的,要进行分析。党的领导就是要善于集中人民群众的正确意见,对不正确的意见给以适当解释。"⑥《中共中央关于加强

---

① 《邓小平文集(一九四九——一九七四年)》(上卷),人民出版社 2014 年版,第 40 页。
② 《万里文选》,人民出版社 1995 年版,第 4 页。
③ 《毛泽东选集》第四卷,人民出版社 1991 年版,第 1310 页。
④ 《建国以来重要文献选编》第 9 册,中央文献出版社 1994 年版,第 422 页。
⑤ 《邓小平文选》第一卷,人民出版社 1994 年版,第 273 页。
⑥ 《邓小平文选》第二卷,人民出版社 1994 年版,第 145 页。

党同人民群众联系的决定》中又强调："对正确的意见要虚心接受和采纳,能解决的问题要及时解决,对不同的意见要认真考虑,做不到的要据实说明,对不正确的意见也要作出解释并加以引导。不允许对群众的意见采取听而不闻、视而不见、文过饰非、敷衍塞责等错误态度,更不允许压制批评、打击报复。"①总结集中群众意见并领导人民群众前进,是正确反映和对待人民群众意见诉求的归宿。领导者之所以能够实现正确领导,首先在于对群众意见的正确集中。领导者如果缺乏群众观点、脱离群众,就会忽视或者无视群众的意见诉求,必然不能实现正确领导,更不能领导人民群众前进。同样,领导者如果只是盲目听从人民群众的所有意见诉求,并自觉或不自觉地抛弃党的领导作用,同样不能领导人民群众前进。因此,总结集中群众意见并领导人民群众前进,既要创造条件让人民群众充分表达意见诉求,又要真心实意听取并反映人民群众意见诉求,以集中群众的正确意见、认真考虑不同意见、解释引导错误意见,充分体现党的领导、尊重群众、群众实践三者的有机统一。

作为执政党的中国共产党把能否"给人民做好事情"视为自身是否具有存在必要的根本尺度。中国共产党人铿锵有力地指出:"共产党如果能给人民做好事情就有存在的必要,否则,就没有存在的必要。"②这让人们真切、鲜明地感受到,作为马克思主义政党,中国共产党十分重视广大人民群众的利益诉求,并致力于实现满足人民群众美好生活需要的合理利益诉求,对此,就要维护人民群众的日常利益,更为长远的是要实现人民群众的根本利益。

第二节 中国古代关于思想疏导能动 化解社会矛盾的思想智慧

中国古代优秀传统文化涵容着宏阔而又深邃的社会矛盾调处思想,这为

---

① 《十三大以来重要文献选编》(中),人民出版社 1991 年版,第 933 页。
② 《邓小平文集(一九四九——一九七四年)》(上卷),人民出版社 2014 年版,第 62 页。

我国当前正确处理社会矛盾冲突、促进社会治理能力现代化提供了十分丰富的思想资源。无论是推崇"有为而治"还是"无为而治",中国古代主政者、改革家、思想家无不重视国家治理、社会治理,并在思考探索治国理政的实践当中形成通民情、重民意、启民智以及缓和、调控、化解社会矛盾,以实施顺乎民意之政事,达至实现"万世之业"的思想智慧。其中,关于注重对主政者的劝谏,使主政者通晓民意,倾听民众意见、允许民众批评、疏导民众诉求、化解社会矛盾,巩固政治统治的思想论见十分丰富。梳理总结、深度开掘、创造转化中国古代关于思想疏导能动化解社会矛盾的思想结晶,对于继承和吸收中华民族优秀传统文化以促进当代社会治理体系创新发展具有重要意义。

一、"政德既成,又听于民""听采舆颂,谋及庶民"

"开道求谏,尽情而治。"中国古代明君贤臣都十分重视吸取民众的意见诉求。他们希冀通过熟悉各方包括下层的意见诉求来不断推进工作,"求通民情""愿闻己过",以实现"万世帝王保天下",甚至认为,"贤人君子无郁心之言""群黎百姓无腹诽之语",这是"万世帝王保天下之要道"。"庙堂之上,以养正气为先;海宇之内,以养元气为本。能使贤人君子无郁心之言,则正气培矣;能使群黎百姓无腹诽之语,则元气固矣。此万世帝王保天下之要道也。"[①]中国古代明君贤主十分注重通过各种渠道疏通民众意见诉求、接纳批评建议,从而"闻其过失"并改正,"见义而从",这是"永有天下"之"要道"。贾山《至言》"闻忠臣之事君"载:"今人主之威,非特雷霆也;势重,非特万钧也。开道而求谏,和颜色而受之,用其言而显其身,士犹恐惧而不敢自尽,又乃况于纵欲恣行暴虐,恶闻其过乎!震之以威,压之以重,则虽有尧、舜之智,孟贲之勇,岂有不摧折者哉?如此,则人主不得闻其过失矣;弗闻,则社稷危矣。古者圣王之制,史在前书过失,工诵箴谏,瞽诵诗谏,公卿比谏,士传言谏,庶人

---

① (明)吕坤:《呻吟语·治道》,叶玉泉注译,崇文书局2007年版,第227页。

谤于道,商旅议于市,然后君得闻其过失也。闻其过失而改之,见义而从之,所以永有天下也。天子之尊,四海之内,其义莫不为臣。然而养三老于大学,亲执酱而馈,执爵而酳,祝馔在前,祝鲠在后,公卿奉杖,大夫进履,举贤以自辅弼,求修正之士使直谏。故以天子之尊,尊养三老,视孝也;立辅弼之臣者,恐骄也;置直谏之士者,恐不得闻其过也;学问至于匄者,求善无餍也;商人庶人诽谤己而改之,从善无不听也。"①根据许多典籍记载,早在尧、舜、禹、汤治理时期,主政者就十分重视臣民意见诉求的表达。古代圣人明主创设的"进善之旌""诽谤之木""欲谏之鼓"等都是民众反映意见诉求、提出建议批评的重要载体。《淮南子·主术训》载:"古者天子听朝,公卿正谏,博士诵诗,瞽箴师诵,庶人传语,史书其过,宰彻其膳。犹以为未足也。故尧置敢谏之鼓也,舜立诽谤之木,汤有司直之人,武王立戒慎之鞀,过若毫厘,而既已备之也。夫圣人之于善也,无小而不举;其于过也,无微而不改。尧、舜、禹、汤、文、武王,皆坦然天下而南面焉。"②《后汉书·杨震传》载:"臣闻尧舜之世,谏鼓谤木,立之于朝。"③这即是说,古代君主上朝听政,通过各种途径广泛吸收各方意见诉求,既有公卿正面进谏、博士朗诵读歌、乐师规劝告诫、平民百姓的街市议论,又有史官记载天子的过失,宰臣减少天子膳食以示思过。尽管如此,明主对这些仍嫌不足,所以,尧设置供进谏者敲击的鼓,舜树立供人们书写批评意见的木柱,汤有主管纠正过失的官吏,武王有供告诫君主的人所甩的摇鼓,即使出现微小的过失,他们都已做好充分的准备。这些圣人明主,对于善事,无论多小也必定去做;对于过失,不管多小也一定去改。所以,尧、舜、禹、汤、文王、武王都能心胸坦荡而称王天下;相反,君主如果不能自知不足,甚至还掩蔽视听,必然不能正确认识、了解自己的过失,国家的生存和发展就没有依靠。《吕氏春秋·不苟论·自知》载:"欲知平直,则必准绳;欲知方圆,则必规矩;人主欲

---

① (东汉)班固:《汉书》,赵一生点校,浙江古籍出版社2000年版,第749页。
② 《淮南子·主术训》,陈广忠译注,中华书局2012年版,第491—492页。
③ (南朝宋)范晔:《后汉书·杨震传》,太白文艺出版社2006年版,第392页。

自知,则必直士。故天子立辅弼,设师保,所以举过也。夫人故不能自知,人主犹其。存亡安危,勿求于外,务在自知。尧有欲谏之鼓,舜有诽谤之木,汤有司过之士,武王有戒慎之鞀,犹恐不能自知。今贤非尧、舜、汤、武也,而有掩蔽之道,奚繇自知哉?"①这即是说,要知道平直,就要用准绳量一量;要知道方圆,就要用规矩来测一测;君主要想了解自己的过失,就要依靠正直之人。所以天子设立辅弼,设置师保,目的是用来举发天子的过错。人本来就不太能了解自己的过失,这在君王的身上体现得更为明显。国家的生存和发展,不用到外部寻求,关键取决于君王能否认识自己的过失。尧、舜、汤、武已经设置"欲谏之鼓""诽谤之木""司过之士""戒慎之鞀",尽管这样,他们仍担心不能了解自己的过失。当今的君王贤能比不上尧、舜、汤、武,如果再掩蔽视听,就更加不能了解"贤人君子郁心之言""群黎百姓腹诽之语",故而不能了解治国理政出现的过失,就会偏离"万世帝王保天下之要道"。

"政德既成,又听于民。"倾听民众意见、疏导民众诉求,是实现德政仁治的重要前提,同时,即使德政仁治已成,仍然要继续"听于民",做到"有邪而正"。《国语·晋语·赵文子冠》载:赵文子见范文子,"文子曰:'而今可以戒矣,夫贤者宠至而益戒,不足者为宠骄。故兴王赏谏臣,逸王罚之。吾闻古之王者,政德既成,又听于民,于是乎使工诵谏于朝,在列者献诗使勿兜,风听胪言于市,辨妖祥于谣,考百事于朝,问谤誉于路,有邪而正之,尽戒之术也。先王疾是骄也。'"②这是《国语》记载的一个典故,赵文子举行加冠典礼以后去见范文子,范文子告诫赵文子,古代的君主建立仁治德政以后,同时又继续听取民众意见,并且根据民众意见诉求、批评建议来改正过错,这是贤者受到宠爱而警惕戒备的全部方法。明代内阁首辅、大学士张居正编撰《帝鉴图说》上篇"圣哲芳规"时,以典故形式呈现圣主明君的善治之举,其中,第二篇"谏鼓谤木"和第四篇"揭器求言"充分展现尧帝、禹帝治理时期对于民众意见诉求

---

① 《吕氏春秋·自知》,陆玖译注,中华书局2011年版,第894页。
② (战国)左丘明:《国语》,(三国)韦昭注,上海古籍出版社2015年版,第274页。

和建议批评的态度。"谏鼓谤木"篇载:"唐史纪:尧置敢谏之鼓,使天下得尽其言;立诽谤之木,使天下得攻其过。""唐史上记:帝尧在位,虚己受言。常恐政事有差谬,人不敢当面直言,特设一面鼓在门外,但有直言敢谏者,着他就击鼓求见,欲天下之人,皆得以尽其言也。又恐自己有过失,人在背后讥议,己不得闻,特立一木片在门外,使人将过失书写在木上,欲天下之人,皆得以攻其过也。""夫圣如帝尧,所行皆尽善尽美,宜无谏可谤者,而犹惓惓以求言,闻过为务,故下情无所壅而君德日以光。然欲法尧为治,亦不必置鼓立木,徒仿其迹,但能容受直言,不加谴责,言之当理者,时加奖赏以劝励之,则善言日闻,而太平可致矣。"①尽管尧帝治理国家社稷尽心尽力甚至尽善尽美,但仍然害怕治国理政存在差谬、害怕自己存在过失,同时,人们又不能或者不敢当面提出主政者的过失,但尧帝又真切希望得到民众意见批评,所以置鼓谤木让天下人尽其言、攻其过,充分展现出圣人明主对民众意见诉求宽容、渴望的态度。"揭器求言"篇载:"夏史纪:大禹悬钟、鼓、磬、铎、鞀,以待四方之士,曰:'教寡人以道者,击鼓;谕以义者,击钟;告以事者,振铎;语以忧者,击磬;有狱讼者,摇鞀。'""夏史上记:大禹既居帝位,恐自家于道有未明,义有未熟,或事务有不停当处,或有可忧而不知,或狱讼之未断,四方远近的人,无由得尽其言。于是将钟、鼓、磬、铎、鞀五样乐器挂在外面,告谕臣民,说道:'有来告寡人以道者,则击鼓;谕以义者,则撞钟;告以事者,则振铎;语以忧者,则敲磬;有狱讼者,则摇鞀。'禹在里面,听见有哪一件声响,便知是哪一项人到,就令他进见尽言。""夫禹是大圣,聪明固以过人,而又能如此访问,则天下事物岂有一件不知,四方民情岂有一毫壅蔽?此禹之所以为大,而有夏之业所由以兴也。"②可见,古代圣人明主深刻认识到民众意见诉求、建议批评对于治国理政极其重要,要想实现吏治清明、社稷安定、国家繁荣,必然需要疏导民众诉求。

"听采舆颂,谋及庶民。"倾听收集民众的意见,同群臣百姓商量讨论,这

① (明)张居正:《帝鉴图说》,陈生玺等译注,学林出版社2010年版,第6—7页。
② (明)张居正:《帝鉴图说》,陈生玺等译注,学林出版社2010年版,第10—11页。

是畅通沟通渠道、集中众人智力才能、改善社会治理的重要内容。《诗经》载："不闻亦式,不谏亦入。"①这即是说,听到善言就采纳,有人劝谏就倾心听取。对主政者而言,就是要以开放包容的心态察民情、听民意。《尚书》载："天聪明,自我民聪明。天明畏,自我民明威。"②这即是说,"上天"和"下民"并非完全隔离,而是相互通达。"上天"都是从"下民"当中听取意见、观察问题;"上天"惩恶扬善,同样是依循"下民"意见。《淮南子·主术训》(上)载:"夫人主之听治也,清明而不暗,虚心而弱志,是故群臣辐凑并进,无愚智贤不肖,莫不尽其能。于是乃始陈其礼,建以为基,是乘众势以为车,御众智以为马,虽幽野险涂则无由惑矣。人主深居隐处,以避燥湿;闺门重袭,以避奸贼。内不知闾里之情,外不知山泽之形、帷幕之外,目不能见十里之前,耳不能闻百步之外,天下之物无不通者,其灌输之者大,而斟酌之者众也。是故不出户而知天下,不窥牖而知天道。乘众人之智,则天下之不足有也。专用其心,则独身不能保也。"③这即是说,君王单凭个人力量对于世间民情的认知会存在局限,他之所以能够做到对天下事物无所不知、无所不通,这是因为"灌输之者大""斟酌之者众",因此,君王足不出户便能知天下事、眼不窥牖便能知天象。充分聚集、发挥众人的智力才能,君王一个人治理天下就绰绰有余;而只凭借君王个人的力量,就可能连命都难保。作为治国治军者的经典,诸葛亮所著《便宜十六策》"视听"和"纳言"部分同样深刻阐释治国理政需要重视采纳众下之言,谋及庶士。"视听"篇载:"视听之政,谓视微形,听细声。形微而不可见,声细而不可闻,故明君视微之几,听细之大,以内和外,以外和内。故为政之道,务于多闻,是以听察采纳众下之言,谋及庶士,则万物当其目,众音佐其耳。故《经》云:'圣人无常心,以百姓为心。'目为心视,口为心言,耳为心听,身为心安。故身之有心,若国之有君,以内和外,万物昭然。观日月之形,不足以为

---

① 《诗经》(下),王秀梅译注,中华书局2015年版,第600页。
② 《尚书·皋陶谟》,王世舜、王翠叶译注,中华书局2012年版,第39页。
③ 《淮南子·主术训》,陈广忠译注,中华书局2012年版,第442—443页。

明；闻雷霆之声，不足以为聪，故人君以多见为智，多闻为神。夫五音不闻，无以别宫商；五色不见，无以别玄黄。盖闻明君者，常若昼夜，昼则公事行，夜则私事兴。或有吁嗟之怨而不得闻，或有进善之忠而不得信。怨声不闻，则枉者不得伸；进善不纳，则忠者不得信，邪者容其奸。故《书》云：'天视自我民视，天听自我民听。'此之谓也。"①这即是说，主政者要能够深入观察、广泛吸收意见，做到"观微听细"，才能够通过"万物当其目""众音佐其耳"的过程知"下情"、见"民生"，否则，就像没有听过音乐就无法分辨音阶，没有见过多彩颜色就不能区分颜色变化。作为主政者，应广开言路、见微知著，以"闻怨声""纳善言"，否则，便会冷落忠善，导致奸邪肆虐，使得国家面临危险。《图民录》同样强调："当官无他术，祇务合人情，事之顺民情者可行，咈民情者不可行也。""凡地方行一事，博采舆论，舆论可则可行，舆论不可则不可行。若咈众独断，则民必违犯，而事终梗矣。"《便宜十六策》"纳言"篇载："纳言之政，谓为谏诤，所以采众下之谋也。故君有诤臣，父有诤子，当其不义则诤之，将顺其美，匡救其恶。恶不可顺，美不可逆；顺恶逆美，其国必危。夫人君拒谏，则忠臣不敢进其谋，而邪臣专行其政，此为国之害也。故有道之国，危言危行；无道之国，危行言孙，上无所闻，下无所说。……是以屋漏在下，止之在上，上漏不止，下不可居矣。"②这即是说，作为主政者，要广泛吸收民众意见、虚心接受劝谏。为人主者有"谏臣"，为人父者有"诤子"，正是因为有"谏臣""诤子"的存在，才能够在"人主""人父"行不义之事时提出谏诫，这样就能及时避免国家遭受危难。如果主政者专断固执不纳忠臣谏言，势必给奸邪以机会危害政权。国家政治昌明，群臣能言行正直；国家政治昏暗，群臣便惴怯不前，这样，就容易造成"上无所闻，下无所说"的情形。雨水从屋顶漏到地下，要止住漏水就要堵住屋顶的漏洞。屋顶漏洞不堵则漏雨不止，屋内就无法居住。可见，"知屋漏者在宇下，知政失者在草野"。"视听""纳言"篇告诫主政者要见微知著、广

①　（三国）诸葛亮：《便宜十六策》，刘炯解译，中国人民大学出版社 2007 年版，第 28 页。
②　（三国）诸葛亮：《便宜十六策》，刘炯解译，中国人民大学出版社 2007 年版，第 40 页。

开言路、虚心纳谏,从而"下知屋漏""上止屋漏",实现"下可居"。非如此,主政者"下不知屋漏""上不止屋漏",民众"下不可居",必然引发社会抗争,危及政治统治。

二、"言者无罪,闻者足戒""下塞上聋,邦其倾矣"

"言者无罪,闻者足戒。"中国古人十分注重伦理教化,既注重君王对臣民的教化,又注重臣民对君王的劝谏,从而让君王知晓过失,施行顺乎民意的政事。古人甚至将臣民、草野对于君王执政的意见态度通过诗歌表现出来。《诗序》载:"故诗有六义焉:一曰风,二曰赋,三曰比,四曰兴,五曰雅,六曰颂。上以风化下,下以风刺上,主文而谲谏,言之者无罪,闻之者足以戒,故曰风。至于王道衰,礼义废,政教失,国异政,家殊俗,而变风变雅作矣。"[1]这里的"诗"是"志之所之""在心为志""发言为诗",强调"情动于中而形于言"。"诗"有"六义",分别是"风""赋""比""兴""雅""颂"。其中,"风"包括两个方面的内容:君王用"风"来教化百姓,百姓用"风"来讽喻君王,以诗歌的形式并用比喻的手法委婉劝谏,这样,说话的人不会获罪,听取的人亦可引以为戒。"言之者无罪,闻之者足以戒"就是强调采用"风"的形式讽喻君王,劝谏者不会获罪,同时,君王听取以后可以引以为戒。苏洵著《衡论》"远虑"篇载:"圣人之任腹心之臣也,尊之如父师,爱之如兄弟,握手入卧内,同起居寝食,知无不言,言无不尽,百人誉之不加密,百人毁之不加疏,尊其爵,厚其禄,重其权,而后可以议天下之机,虑天下之变。"[2]其中,"知无不言,言无不尽"重在强调只有圣君贤臣之间相互诉说、相互信任,才会共同讨论天下大事。《论语·学而》篇载:"曾子曰:'吾日三省吾身'"。[3] 宋朝理学家朱熹在其《集注》中载:"曾子

---

① (周)卜商:《诗序》,商务印书馆1937年版,第1—2页。
② (北宋)苏洵:《苏洵集》,何新所注译,中州古籍出版社2010年版,第218页。
③ 《论语·大学·中庸》,陈晓芬、徐儒宗译注,中华书局2015年版,第8页。

以此三者日省其身,有则改之,无则加勉,其自治诚切如此,可谓得为学之本矣。"①"有则改之、无则加勉"本意是强调学习者能够通过自我省思改正错误,从而掌握学习的要旨。后来,人们经常将"知无不言、言无不尽""言者无罪、闻者足戒""有则改之、无则加勉"合用,强调消除思想疑虑、畅快表达意见诉求,以促进当事人自我省思、过错者修正过失。"言者无罪、闻者足戒"的对立面即"言者有罪""闻者不闻",结果必是堵塞民口、忽视民意。"文景之治""昭宣中兴"是西汉时期少见的盛世,这同当时君王开言路、重民意、惜民智关系极大。开明君主深知,治国理政必须依靠人才,必须广开言路、招揽人才、闻过而改,而"法有诽谤谣言之罪",让群臣百姓"不敢尽情",这是群臣百姓表达意见诉求的巨大障碍。因此,汉文帝即位以后,不仅废除"全家连坐法",还颁布"除诽谤妖言法诏",以让民众尽情表达意见诉求。"古之治天下,朝有进善之旌,诽谤之木,所以通治道而来谏者。今法有诽谤妖言之罪,是使众臣不敢尽情,而上无由闻过失也。将何以来远方之贤良?其除之。民或祝诅上以相约结而后相谩,吏以为大逆,其有他言,而吏又以为诽谤。此细民之愚无知抵死,朕甚不取。自今以来,有犯此者勿听治。"②"除诽谤妖言法诏"的核心内容即是说,古代君王治理天下,朝廷设置进善言的旌旗和批评朝政的木牌,其目的在于畅通谏言渠道,使得"下言上达"引来进谏的人。而现在法令规定批评朝政和传播妖言的人要治罪,群臣自然不敢尽情表达意见建议,作为君王则不能知晓治国理政的过失,更加不会招徕远方贤良人士。并且,百姓当中有人背后诅咒君王,约定互相隐瞒,后来又负约相互告发,官吏就认为这是犯上作乱,罪大恶极;如果再表达不满情绪,官吏又认为是诽谤朝廷。其实,这只不过是小民们愚昧无知以致犯下死罪。汉文帝认为,这些做法很不可取,如果以后再有此类行为,一律不加审理、不予治罪。汉文帝颁布"除诽谤妖言诏",对犯

① （宋）朱熹编撰:《四书章句集注》(上),浙江大学出版社2012年版,第122页。
② （汉）司马迁:《史记·孝文本纪》,易行、孙嘉镇校订,线装书局2006年版,第66页。

"诽谤妖言罪"者"勿听治"的做法,对于广开言路、纳言去弊、汇集民智作用巨大。

"下塞上聋,邦其倾矣。"中国古代贤者明君深刻认识到,"民为邦本,本固邦宁",民愁国危,国危君丧,因而,巩固国家政权,就要"以百姓为天""以百姓为心",就要"听言进道",以纾解百姓怨气。《荀子》当中说:"国者,天下之大器也,重任也,不可不善为择所而后错之,错险则危;不可不善为择道然后道之,涂嶬则塞,危塞则亡。"①可见,中国古代先贤深刻认识到,主政者治国理政就要选择正确的治国之道并予以实行。如果一条道路污秽遍布、杂草丛生,那么,它就会堵塞;如果一个国家处于危险境地而又堵塞言路,那么,它就会灭亡。因此,要为国择善道,就要清除污秽、避免危塞,这就离不开"听言进道"。《资治通鉴》"唐太宗论止盗"篇载:"上与群臣论止盗。或请重法以禁之。上哂之曰:'民之所以为盗者,由赋繁役重,官吏贪求,饥寒切身,故不暇廉耻耳。朕当去奢省费,轻徭薄赋,选用廉吏,使民衣食有余,则自不为盗,安用重法邪?'自是数年之后,海内升平,路不拾遗,外户不闭,商旅野宿焉。上又尝谓侍臣曰:'君依于国,国依于民。刻民以奉君,犹割肉以充腹,腹饱而身毙,君富而国亡。故人君之患,不自外来,常由身出。夫欲盛则费广,费广则赋重,赋重则民愁,民愁则国危,国危则君丧矣。'"唐太宗认为,国家、百姓、君王三者是相互依存的关系,他深刻地认识到,君主依靠国家、国家依靠百姓。如果通过剥削民众来奉养君主,就像割下身上的肉来填饱肚子一样,肚子填饱之后人却已经死掉,这就是说,君王只求个人的富裕,那么国家就必然灭亡。所以,君王的忧患,不是来自外部,而是源于自身。君王欲望兴盛,费用就会增大;费用增大,赋役就会繁重;赋役繁重,百姓就会愁苦;百姓愁苦,国家就会危急;国家危急,君主就会丧失政权。因此,维护政治统治、巩固国家政权,君王就要以身作则,节省开支,减轻徭役,少收赋税,以不断改善百姓生活,这样,则"民不

---

① 《荀子》,方勇、李波译注,中华书局 2015 年版,第167页。

愁""国不危""君不丧"。"以百姓为天""以百姓为心",就要体察百姓疾苦,做到"听言进道"。《史记·殷本纪》载:"汤征诸侯。葛伯不祀,汤始伐之。汤曰:'予有言:人视水见形,视民知治不。'伊尹曰:'明哉!言能听,道乃进。君国子民,为善者皆在王官。勉哉,勉哉!'汤曰:'汝不能敬命,予大罚殛之,无有攸赦。'作汤征。"①"言能听,道乃进","听言"在于"知情",在于"相通",利于"为政""进道",则"上下和,群臣亲,百姓附",不听言,不知情,不相通,有碍"为政""进道",则"上下乖,群臣怨,百姓乱"。并且,"君漏言也。上泄则下暗,下暗则上聋。且暗且聋,无以相通。"②"下暗上聋"则"无以相通",要做到"听言进道",首先在于畅通言路。"言路者,国之命也,言路芜绝而能不乱者,未之有也。"③言路舆论关乎国家命脉,言路堵塞或者言路芜绝,不察民隐、不通民情、不达民意,国家必会混乱。"听言进道",还在于通情知情。可见,中国古代贤人智者十分强调"善治""贵在求民之隐,达民之情"④,以实现"政通人和"。

"血脉不通,病危立至。""为政通下情为急"成为许多为政者的治理理念。"凡上下之情,通则治,不通则不治。""治民之大者,在上下之交不至于隔阂。"⑤"天下大虑,惟下情不通为可虑。昔人所谓下有危亡之势,而上不知是也。"⑥不少志士仁人认识到,古代等级制度层层相隔,容易导致"下塞上聋""血脉不通""病危立至"。谭嗣同和康有为都曾指出"体制尊隔"是导致官民相隔、下情不通、国家危亡的首要原因。"君与臣隔,大臣与小臣隔,官与绅隔,绅与士隔,士与民隔,而官与官、绅与绅、士与士、民与民又无不自相为

① (汉)司马迁:《史记·殷本纪》,易行、孙嘉镇校订,线装书局2006年版,第9页。
② 《春秋穀梁传》,徐正英、邹皓译注,中华书局2016年版,第344页。
③ (清)王夫之:《读通鉴论》,世界书局1936年版,第268页。
④ (清)王韬:《弢园文录外编》,上海书店出版社2002年版,第19页。
⑤ (清)王韬:《弢园文录外编》,上海书店出版社2002年版,第18页。
⑥ (清)金庸斋撰:《居官必览》,谢景芳译,中国商业出版社2010年版,第190页。

隔。"①在这种隔绝的封建专制体制之下,如果君王不"闻怨声"、不"纳善言"、"民困而主不恤","下怨而上不知",就会导致整个国家成为一盘散沙,最后"乌合兽散"。康有为甚至上书清朝皇帝直言中国败弱的缘由,说"考中国败弱之由,百弊丛积,皆由体制尊隔之故"②。并且,他还直言"体制尊隔"会导致君王"一切壅塞",无法熟识民情、国情、世情,注定无法探求自强之道,如果不改变这种状况,那么,"咽喉上隔,胸膈下滞,血脉不通,病危立至"。"皇上虽天亶聪明,而深居法宫,一切壅塞;既未尝遍阅万国以比较政俗之得失,并未遍见中国而熟知小民之困穷。所见惟宫妾宦官,所遇皆窳败旧物,谄媚日接于耳目,局束自困其心灵,外国宫室、桥梁、道路、器艺,军械之环奇新丽,孰从而知之? 故欲坐一室而知四海,较中外而求自强,其道无由。如浮屠十级,级级难通;广厦千间,重重并隔。譬咽喉上塞,胸膈下滞,血脉不通,病危立至固也。"③这即是说,清王朝主政者即使天资聪慧,但由于获得外界消息的渠道都堵塞了,既没有游历多国以比较各国政治习俗之利弊得失,又不曾亲眼看到中国普通百姓的贫穷困苦,每日所见都是宫妾宦官,每日所遇都是陈旧事物,每日所听都是谄媚奉承,这样狭窄的信息渠道自然会使得主政者视野受限,不可能知道外国新奇的宫室、桥梁、道路、器艺、军械等。因此,如果主政者把自己困囿于一室而想知四海,较中外而求自强,自然不得其法。这就像十级的浮屠,一级比一级难通;房屋不计其数,却彼此阻隔;就像向上阻断咽喉,向下阻断胸膈,血脉就难以通畅,大病就会立刻到来。康有为在此处借"血脉""病危"讽喻清朝主政者所处的"尊隔体制"阻隔言路之道,闭关锁国,终会致民不聊生、民族危亡。因此,只有打破闭关锁国和尊隔体制,广开言路、疏通民意,面向世界、学习先进,才能真正做到"知四海"以"求自强"。

"开天下之口,广箴谏之路。"中国古人深刻认识到箴谏对于治国理政的

---

① 《谭嗣同全集》,中华书局 1981 年版,第 438 页。
② 《康有为全集》第 4 集,中国人民大学出版社 2007 年版,第 29 页。
③ 《康有为全集》第 4 集,中国人民大学出版社 2007 年版,第 30 页。

重要意义。正所谓："多见者博，多闻者知，拒谏者塞，专己者孤。"①"且夫忿数者，官狱所由生也；拒谏者，虑之所以塞也"②。《孔子家语》当中还记载："人君而无谏臣则失正，士而无教友则失听。"③"孔子曰：'良药苦于口而利于病，忠言逆于耳而利于行。汤武以谔谔而昌，桀纣以唯唯而亡。君无争臣，父无争子，兄无争弟，士无争友，无其过者，未之有也。故曰：'君失之，臣得之；父失之，子得之；兄失之，弟得之；己失之，友得之。'是以国无危亡之兆，家无悖乱之恶，父子兄弟无失，而交友无绝也。'"④这即是说，商汤和周武王因为能听取进谏的直言而使国家昌盛，夏桀和商纣因为只听随声附和的话而导致国破身亡。如果国君没有直言敢谏的大臣，父亲没有直言敢谏的儿子，兄长没有直言敢劝的弟弟，世人没有直言敢劝的朋友，他们就必然会犯错误。所以说，国君有失误，臣子来补救；父亲有失误，儿子来补救；哥哥有失误，弟弟来补救；自己有失误，朋友来补救。这样，国家就没有灭亡的危险，家庭就没有悖逆的坏事，父亲兄弟之间就不会失和，朋友也不会断绝来往。可见，箴谏无论是对于国家，还是对于家庭，或者对于亲朋都十分重要。不仅如此，中国古人还十分讲究劝谏的方法。《孔子家语》当中还记载："孔子曰：'忠臣之谏君，有五义焉：一曰谲谏，二曰戆谏，三曰降谏，四曰直谏，五曰讽谏。唯度主而行之，吾从其讽谏乎。'"⑤这即是说，忠臣劝谏君王的方法有这样五种：一是委婉而郑重地规劝；二是刚直地规劝；三是低声下气地规劝；四是直截了当地规劝；五是用婉言隐语来劝谏。至于到底采用何种劝谏方式，需要揣度君王的心意。西汉时期"昭宣中兴"同"除诽谤以招切言""开天下之口""广箴谏之路"也关系极大。作为西汉著名的司法官，路温舒不主张加重刑罚、重用治狱官吏，而是主

---

① 《盐铁论》，陈桐生译注，中华书局2015年版，第264页。
② 《孔子家语》，王国轩、王秀梅译注，中华书局2011年版，第265页。
③ 《孔子家语》，王国轩、王秀梅译注，中华书局2011年版，第243页。
④ 《孔子家语》，王国轩、王秀梅译注，中华书局2011年版，第183页。
⑤ 《孔子家语》，王国轩、王秀梅译注，中华书局2011年版，第171页。

张"省法制,宽刑罚",他在《尚德缓刑书》中提出"除诽谤以招切言""开天下之口""广箴谏之路"。"臣闻秦有十失,其一尚存,治狱之吏是也。秦之时,羞文学,好武勇,贱仁义之士,贵治狱之吏,正言者谓之诽谤,遏过者谓之妖言,故盛服先王不用于世,忠良切言皆郁于胸,誉谀之声日满于耳,虚美熏心,实祸蔽塞。此乃秦之所以亡天下也。……臣闻乌鸢之卵不毁,而后凤凰集;诽谤之罪不诛,而后良言进。故古人有言:'山薮臧疾,川泽纳污,瑾瑜匿恶,国君含诟。'唯陛下除诽谤以招切言,开天下之口,广箴谏之路,扫亡秦之失,尊文、武之德,省法制,宽刑罚,以废治狱,则太平之风可兴于世,永履和乐,与天亡极,天下幸甚。"后人在反思秦朝走向灭亡的原因时,无不提到"秦所以失天下而殒社稷"的重要根由在于"塞士之涂,壅人之口"①。路温舒同样以秦朝灭亡的原因劝谏汉宣帝。他认为,秦朝贬黜儒术,崇尚勇力,轻视主张仁义的人士,尊崇主管刑狱的官吏,正直的话被称为诽谤,阻止错误的话被称为妖言,所以宽衣大冠的儒者不被任用,忠良切实的言论都郁结在胸中,浮夸谄谀的美言充斥着君主的耳朵,虚假的美名陶醉着君主的心,社会的危机也被掩盖。这就是秦王朝之所以覆亡的原因。② 要汲取秦王朝覆灭的教训,避免亡秦的过失,就要"除诽谤以招切言""开天下之口""广箴谏之路",让天下人都敢讲话。路温舒采用讽谏的方式说到,乌鸦老鹰的蛋不被毁弃,然后才有凤凰飞来;犯诽谤的罪不被处死,然后才有人进献良言。因此,古人才说:"深山池薮隐藏毒秽,江河湖泽容纳污垢,美玉隐藏瑕疵,国君应能忍受辱骂。"因此,路温舒希望君王能够通过"除诽谤以招切言""开天下之口""广箴谏之路",扫除亡秦的过失,这样,太平的风气就可以盛兴,人们就会永远生活在和平安乐当中,与苍天一样无限长久。那将是天下人无比的幸运。③《盐铁论》当中还说道:"故有粟不食,无益于饥;睹贤不用,无益于削。纣之时,内有微、箕二子,外有

---

① 《盐铁论》,陈桐生译注,中华书局 2015 年版,第 246 页。
② 参见《古文观止》(上),钟基、李先银、王身钢译注,中华书局 2016 年版,第 483 页。
③ 参见《古文观止》(上),钟基、李先银、王身钢译注,中华书局 2016 年版,第 485 页。

胶鬲、棘子,故其不能存。夫言而不用,谏而不听,虽贤,恶得有益于治也?"①即是十分形象通俗地说,有粮食不吃,就无益于解决饥饿问题;国家有贤能之士而得不到任用,就无益于解决国土削减问题。殷纣王时期,宗亲大臣有微子和箕子,朝廷大臣有胶鬲、棘子,但是殷商王朝最终走向灭亡,这是因为贤臣建言不被君王采用,贤臣劝谏而君王不听,即使国家有贤能,同样无益于国家治理,同样不会改变国家的命运。

三、"人不聊生,怨气充塞""上下相怨,号令不行"

"人不聊生,怨气充塞。"社会积怨往往同民众生活紧密关联。民众生活如果苦不堪言,社会积怨就会累积,社会离心力就会增大,"怨气充塞"则生"离叛之心"。主政者如果能够认真考察社会积怨,并能不断改善民众生活,则能本固邦宁;相反,主政者如果对于社会积怨置若罔闻,对于民众生活漠不关心,则离危亡不远,因为"民愁则国危"。唐朝史学家所著《贞观政要·灾祥第三十九》记载:"贞观十一年,大雨,穀水溢,冲洛城门,入洛阳宫,平地五尺,毁宫寺十九所,漂七百余家。太宗谓侍臣曰:'朕之不德,皇天降灾,将由视听弗明,刑罚失度,遂使阴阳舛谬,雨水乖常。矜物罪己,载怀忧惕,朕又何情独甘滋味?可令尚食断肉料,进蔬食。文武百官各上封事,极言得失。'中书侍郎岑文本上封事曰:臣闻开拨乱之业,其功既难;守已成之基,其道不易。故居安思危,所以定其业也;有始有卒,所以崇其基也。今虽亿兆乂安,方隅宁谧,既承丧乱之后,又接凋弊之余,户口减损尚多,田畴垦辟犹少。覆焘之恩著矣而疮痍未复,德教之风被矣而资产屡空。是以古人譬之种树,年祀绵远,则枝叶扶疏;若种之日浅,根本未固,虽壅之以黑坟,暖之以春日,一人摇之,必致枯槁。今之百姓,颇类于此。常加含养则日就滋息,暂有征役则随日凋耗。凋耗既甚则人不聊生,人不聊生则怨气充塞,怨气充塞则离叛之心生矣。故帝舜

---

① 《盐铁论》,陈桐生译注,中华书局2015年版,第207页。

曰：'可爱非君，可畏非民。'孔安国曰：'人以君为命，故可爱。君失道，人叛之，故可畏。'仲尼曰：'君犹舟也，人犹水也。水所以载舟，亦所以覆舟。'是以古之哲王虽休勿休，日慎一日者，良为此也。"①贞观十一年河水泛滥成灾，唐太宗认为这种灾祸的发生是因为自己没有德行、视听不明、刑罚失当，所以才使阴阳错乱、雨水反常，而当务之急应该抚恤百姓、反省过失，并让官员都上书奏事，畅言政事得失。不久，时任中书侍郎的岑文本呈上一篇奏疏，其中，就论述到要体恤百姓，珍惜爱护民力，否则就会导致民不聊生、怨气充塞。他认为，创建基业十分艰难，守住基业更加艰难。君王只有居安思危，才能巩固基业；只有有始有终，才能将基业发扬光大。因为大唐是在战乱当中创立，民生十分凋敝，要将基业发扬光大，必须体恤百姓，才不致"人不聊生""怨气充塞"，才不致国家危亡。古人把治国比喻为种树，树苗种下时间越长，树木就越枝繁叶茂；如果树苗种下的时间越短，则根基就不稳固，即使为树添上肥沃的黑土，让春天和煦的阳光照耀它，但只要有人摇动，树木就必然会枯萎。而现在的大唐百姓，就像培植不久的树木一样。如果常常体恤百姓，那么他们就会恢复元气；只要有劳役，他们就会气息奄奄；过多消耗民力，就会民不聊生；民不聊生，民众就会怨声载道；民众怨声载道恐怕就会产生背离叛乱的意图。可见，要实现本固邦宁，就要体恤百姓、珍惜民力，重视百姓生活，如果滥用民力导致民不聊生、民怨沸腾，且无视社会积怨，那么，最终必然是"民愁国危"。

"上下相怨，号令不行。"百姓生活苦不堪言，必定怨气充塞，甚至极力抗争。上下相互怨恨，推行号令不能实施，国家就离危亡不远。道家哲学著作《淮南子》推崇"无为而治"，认为盛世的政治同末世的政治不同，"民贫苦而忿争""上下相怨，号令不行"是末世政治的重要征兆，君王为政，"上多故则下多诈，上多事则下多态，上烦扰则下不定，上多求则下交争"，要改变这种情况，就要追本探源推行以"静""俭"为主要内容的"无为而治"。《淮南子·主术

---

① 《贞观政要·灾祥第三十九》，骈宇骞译注，中华书局2011年版，第641—642页。

训》(上)载："末世之政则不然。上好取而无量,下贪狼而无让;民贫苦而忿争,事力劳而无功;智诈萌兴,盗贼滋彰;上下相怨,号令不行;执政有司不务反道,矫拂其本而事修其末;削薄其德,曾累其刑,而欲以为治,无以异于执弹而来鸟,捭棁而狎犬也,乱乃逾甚。夫水浊则鱼唅,政苛则民乱。故夫养虎豹犀象者,为之圈槛,供其嗜欲,适其饥饱,违其怒恚,然而不能终其天年者,刑有所劫也。是以上多故则下多诈,上多事则下多能,上烦扰则下不定,上多求则下交争。不直之于本,而事之于末,譬犹扬堁而弭尘、抱薪以救火也。"①这即是说,如果不正本清源,推行以"静""俭"为主要内容的"无为而治",对于出现的"民贫苦而忿争""上下相怨,号令不行"等问题视若无睹,就像扬起尘土去平息尘土只能让尘土不止,抱着柴草去救火只能让火势更大一样,只能加剧而不能缓解社会矛盾冲突。"君人之道,处静以修身,俭约以率下,静则下不扰矣,俭则民不怨矣。下扰则政乱,民怨则德薄。政乱则贤者不为谋,德薄则勇者不为死。是故人主好鹜鸟猛兽,珍怪奇物,狡躁康荒,不爱民力,驰骋田猎,出入不时,如此,则百官务乱,事勤财匮,万民愁苦,生业不修矣。"②这即是说,君王统治人民,如果"上好取""上多故""上多事""上烦扰""上多求",则会"下扰政乱,民怨德薄""上下相怨,号令不行"。要改变这样的状况,君主就要处静以修养身心,坚持勤俭节约为臣民作出表率。如果君主处静以修身,那么民众就不受到搅扰;如果君主坚持勤俭节约,那么民众就不会抱怨。如果民众受扰不安,政局就会混乱;如果民众怨声载道,君王就会恩德薄浅。如果政局混乱,那么贤能人士就不会替君主出谋献策;如果君主恩德浅薄,那么勇武之士就不会替君主卖命死拼。所以,君主若是喜好收养、观赏猛兽凶禽,收藏怪异奇特之物,性情暴躁、好乐昏乱、不惜民力、驰马打猎、出入不按时节,这样朝政百官必定混乱不堪、事务辛苦、财钱贫乏,结果必是"万民愁苦,生业不修"。《管子·八观》当中还谈到判断一个国家虚实的办法,就是考察灾年饥馑的情

---

① 《淮南子·主术训》,陈广忠译注,中华书局 2012 年版,第 423 页。
② 《淮南子·主术训》,陈广忠译注,中华书局 2012 年版,第 456 页。

况,计算从军服役的人数,看看楼台亭阁的修建,计量财政开支的费用。"天下之所生,生于用力,用力之所生,生于劳身。是故主上用财毋已,是民用力毋休也。故曰:台榭相望者,其上下相怨也。民毋徐积者,其禁不必止。众有遗苞者,其战不必胜。道有损瘵者,其守不必固。故令不必行,禁不必止,战不必胜,守不必固,则危亡随其后矣。故曰:课凶饥,计师役,观台榭,量国费,实虚之国可知也。"①这即是说,天下创造的财富源于民众的劳动,而劳动力又来自劳动人民的身体。因此,君王如果用财无度,就会导致民众劳动无止。所以说,楼台亭阁远近相望,这映现的是君民之间彼此的怨恨。百姓没有储存的粮食,君民之间彼此怨恨,国家禁令不会"必止";百姓当中有遗弃饿莩,对外战争不会"必胜";道路上有消瘦羸弱者,防守就不会"必固"。这样,法令不能"必行",禁令不能"必止",战不能"必胜",守不能"必固",国家危亡必然随后而来。因此,要法令必行,禁令必止,战争必胜,防守必固,就要关心百姓生活,做到上下同心,而不是"上下相怨"。

"蓄怨滋厚,不亡何待。"中国古代思想家历来重视百姓情绪,并把是否有社会积怨作为政治是否清明、治国是否有道的重要标准。《孟子·尽心上》载:"以佚道使民,虽劳不怨。以生道杀民,虽死不怨杀者。"②这即是说,为了使百姓安逸而役使百姓,百姓虽然劳累也不会产生怨气;为了使百姓生存而杀人,被杀的人虽然死去也不会怨恨杀他的人。相反,如果百姓劳苦产生怨气,民众被杀产生怨气,这都是对治国要旨的违背。《礼记·表记》载:"子曰:'虞、夏之道,寡怨于民;殷、周之道,不胜其敝。'"③孔子同样对虞夏治国之道表示肯定,这是因为虞夏治国有道,民众很少有怨愤情绪;而殷周治国之道问题太多,举不胜举,民众怨愤情绪必然堆积。"下怨而上不知",往往导致"蓄怨滋厚",国家危亡临近。西汉历史学家、文学家刘向所著《说苑》当中论及

---

① 《管子·八观》,(唐)房玄龄注,上海古籍出版社 2015 年版,第 82 页。
② 《孟子·尽心上》,方勇译注,中华书局 2015 年版,第 262 页。
③ 《礼记》(下),胡平生、张萌译注,中华书局 2017 年版,第 1058 页。

"百姓为天"记载齐桓公同管仲的对话:"齐桓公问管仲曰:'王者何贵?'曰:'贵天。'桓公仰而视天。管仲曰:'所谓天者,非苍苍莽莽之天也,君人者以百姓为天。百姓与之则安,辅之则强,非之则危,背之则亡。《诗》云:'人而无良,相怨一方。'民怨其上,不遂亡者,未之有也。'"①管仲认为,君王要尊重"天","天"就是百姓,君王要把百姓当作"天"。对于一个国家而言,百姓亲附,就可安宁;百姓辅助,就能强盛;百姓反对,就很危险;百姓背弃,就要灭亡。《诗经》当中提道:一个人品行不良善,就会结怨一方。如果百姓普遍怨恨他们国家的统治者,国家就会很快灭亡。历朝历代的统治者无不希望社稷稳定、国家繁荣、百姓安康,然而,内忧外患总是不可避免,要么"土崩",要么"瓦解",这是历朝历代的最终结局。汉代大臣徐乐向君王奏谏陈词提出"土崩瓦解说",他认为,"土崩""瓦解"这两种情况,是关乎国家安危的要旨,需要贤明君主留心并深察。国家的危亡不在于"瓦解",而在于"土崩",这是古往今来不变的定数,而之所以"天下之患在于土崩",其中重要的原因就是"民困而主不恤,下怨而上不知,俗已乱而政不修"。徐乐说:"天下之患在于土崩,不在瓦解,古今一也。何谓土崩?秦之末世是也。陈涉无千乘之尊、尺土之地,身非王公大人名族之后,无乡曲之誉,非有孔、曾、墨子之贤,陶朱、猗顿之富也。然起穷巷,奋棘矜,偏袒大呼,天下从风,此其故何也?由民困而主不恤,下怨而上不知,俗已乱而政不修,此三者陈涉之所以为资也。此之谓土崩。故曰天下之患在乎土崩。何谓瓦解?吴、楚、齐、赵之兵是也。七国谋为大逆,号皆称万乘之君,带甲数十万,威足以严其境内,财足以劝其士民,然不能西攘尺寸之地,而身为禽于中原者,此其故何也?非权轻于匹夫而兵弱于陈涉也。当是之时,先帝之德未衰,而安土乐俗之民众,故诸侯无竟外之助。此之谓瓦解。故曰天下之患不在瓦解。由此观之,天下诚有土崩之势,虽布衣穷处之士或首难而危海内,陈涉是也,况三晋之君或存乎?天下虽未治也,诚能无土崩之势,

①　(汉)刘向:《说苑全译》,王锳、王天海译注,贵州人民出版社1992年版,第132页。

虽有强国劲兵,不得还踵而身为禽,吴、楚是也,况群臣、百姓,能为乱乎?此二体者,安危之明要,贤主之所留意而深察也。"①徐乐以秦朝末年陈涉起义为例,陈涉只是普通的贫民,既没有尊贵的地位,又没有分封的土地,既不是王公贵族的后代,又没有乡邻称赞的德行,更没有先贤的才能,还没有富足的财产,但是陈涉起义,天下闻风响应,这并不是陈涉个人的原因,而是因为百姓困苦而君主却不体恤,百姓怨愤而君主却不了解,世俗礼仪已经败坏而国家政治却没有教化,因此,天下的忧患在于土崩。徐乐接着以吴、楚、齐、赵的叛乱来说明瓦解,并指出天下如果有土崩的趋势,即使是处于穷困境地的普通百姓,只要他们当中有人领头发难,就会使国家危急,陈涉就是这样。可见,"民困而主不恤""下怨而上不知",必然会导致百姓生活困苦,社会积怨厚增,国家危亡就会到来。《国语·楚语》载:"今子常,先大夫之后也,而相楚君无令名于四方。民之羸馁,日日已甚。四境盈垒,道殣相望,盗贼司目,民无所放。是之不恤,而蓄聚不厌,其速怨于民多矣。积货滋多,蓄怨滋厚,不亡何待。夫民心之愠也,若防大川焉,溃而所犯必大矣。子常其能贤于成、灵乎?成不礼于穆,愿食熊蹯,不获而死。灵王不顾于民,一国弃之如遗迹焉。子常为政,而无礼不顾甚于成、灵,其独何力以待之!期年,乃有柏举之战,子常奔郑,昭王奔随。"②这里记载的是子常辅佐君王执政的时候,百姓瘦弱饥饿现象十分严重,边境四周布满堡垒,道路随处可见饿殍,盗贼张目窥伺,民众无依无靠。而子常对百姓非但不体恤,反而聚敛不厌,招致百姓太多怨恨。这即是说,主政者聚敛财货越多,蓄积的怨恨就会越深,国家灭亡便是自然之事。对待百姓心中的不满、愤怒,要像治理河川一样,如果畅通河道,洪涛就得以有序疏解;如果堵捂出口,洪涛就会冲垮堤坝,进而造成十分严重的破坏。因此,以百姓为"天","民困主恤""下怨上知""俗乱政修",就能及时化解社会戾气、稳固社会秩序;相反,"民困而主不恤""下怨而上不知""俗已乱而政不修",则"蓄怨

---

① (东汉)班固:《汉书》,赵一生点校,浙江古籍出版社 2000 年版,第 864—865 页。
② (战国)左丘明:《国语》,(三国)韦昭注,上海古籍出版社 2015 年版,第 386 页。

滋厚",国家就会离危亡不远了。

四、"决之使导，宣之使言""小决使导，闻而药之"

"决之使导，宣之使言。"中国古代贤者早就认识到，治理河水就要疏浚河道，治理国家就要让百姓表达意见诉求。尧帝统治时期，洪水滔天、浩浩荡荡，给人们的生产生活带来极大的危害，百姓对此十分愁苦，领导与组织洪水治理便成为当时政务的重要内容。鲧"壅土挡水"的治水方案以失败而告终后，禹治水没有袭用"堵""防"的方式，而是通过实地考察提出"决九川距四海，浚畎浍距川"①的治水策略，最终，禹以"疏"治水成功，"大禹治水""禹疏九河"史料多有记载。然而，并不是历朝历代的每位君王都能够做到"以百姓为心""以百姓为天"，或者都能够受到疏浚河道的启发而畅通言路，甚至有些君王无论是对百姓公开或是私下表达的意见诉求、不满情绪都不能容纳。西周厉王时期，周厉王贪好钱财、与民争利、任用奸人、堵塞民口，贤臣多次进谏忠言善道而不听不行，最终导致"流王于彘"的结局。《史记》和《左传》对于周厉王的记载分别是："幽厉昏乱，既丧酆镐。"②"至于厉王，王心戾虐，万民弗忍，居王于彘。"③可见，周厉王治国无方、乖张暴虐，百姓十分痛恨。《史记·周本纪》载："夷王崩，子厉王胡立。厉王即位三十年，好利，近荣夷公。大夫芮良夫谏厉王曰：'王室其将卑乎？夫荣公好专利而不知大难。夫利，百物之所生也，天地之所载也，而有专之，其害多矣。天地百物皆将取焉，何可专也？所怒甚多，而不备大难。以是教王，王其能久乎？夫王人者，将导利而布之上下者也。使神人百物无不得极，犹日怵惕惧怨之来也。故《颂》曰'思文后稷，克配彼天，立我蒸民，莫匪尔极'。《大雅》曰'陈锡载周'。是不布利而惧难乎，故能载周以至于今。今王学专利，其可乎？匹夫专利，犹谓之盗，王而行之，其归

---

① 《尚书·皋陶谟》，王世舜、王翠叶译注，中华书局2012年版，第40页。

② （汉）司马迁：《史记·太史公自序》，易行、孙嘉镇校订，线装书局2006年版，第546页。

③ 《左传》（下），郭丹、程小青、李彬源译注，中华书局2012年版，第2002页。

鲜矣。荣公若用,周必败也。'厉王不听,卒以荣公为卿士,用事。"①这是大臣芮良夫劝谏周厉王不要重用喜好独占财利的荣夷公,如果重用荣夷公,国家必然危亡。芮良夫说,财利是由各种事物生长而来,是天地自然生成并共同拥有的东西,如果有人想独占财利,就会祸患无穷。既然财利是天地百物所生,那么,人人都可以获取占有,而一个人独占财利,必然招致天怒人怨,不去防备大的祸难,却用这种独占财利的思想教唆君王,君王统治必然不会长久。作为天下人的君王,就要引导生产、开发货利,并把财利分配给上上下下所有人。天地神人每一个都适得其所,即使这样,还要每天戒惧,唯恐招来怨恨。普通人独占财利,人们就称他为盗贼,如果君王这样做,归附他的人就会减少。但是,周厉王仍然没有听取、接受芮良夫的劝谏,还是重用荣夷公主理国事。不仅如此,周厉王还"杜塞天下之口",导致民怨沸腾,国家统治危急。《史记·周本纪》载:"王行暴虐侈傲,国人谤王。召公谏曰:'民不堪命矣。'王怒,得卫巫,使监谤者,以告则杀之。其谤鲜矣,诸侯不朝。三十四年,王益严,国人莫敢言,道路以目。厉王喜,告召公曰:'吾能弭谤矣,乃不敢言。'召公曰:'是鄣之也。防民之口,甚于防水。水壅而溃,伤人必多,民亦如之。是故为水者决之使导,为民者宣之使言。故天子听政,使公卿至于列士献诗,瞽献曲,史献书,师箴,瞍赋,矇诵,百工谏,庶人传语,近臣尽规,亲戚补察,瞽史教诲,耆艾修之,而后王斟酌焉,是以事行而不悖。民之有口也,犹土之有山川也,财用于是乎出;犹其有原隰衍沃也,衣食于是乎生。口之宣言也,善败于是乎兴。行善而备败,所以产财用衣食者也。夫民虑之于心而宣之于口,成而行之。若壅其口,其与能几何?'王不听。于是国莫敢出言,三年,乃相与畔,袭厉王。厉王出奔于彘。"②这是召公劝谏厉王要消除百姓对他的不满。周厉王暴虐无道、奢侈傲慢,百姓纷纷公开表达不满情绪。面对百姓的不满言论,厉王不是"宣

---

① (汉)司马迁:《史记·太史公自序》,易行、孙嘉镇校订,线装书局2006年版,第15—16页。

② (汉)司马迁:《史记·太史公自序》,易行、孙嘉镇校订,线装书局2006年版,第16页。

之使言""闻过而改",而是"监谤者""杀谤者",并高兴地告诉召公他能够消除社会怨言,从此民众就不会再有不满的声音。召公通过生动的比喻、深刻的说理、简洁的语言向周厉王谏言,阐发"为川者决之使导;为民者宣之使言"①的深刻论见,提出"防民之口,甚于防川"②这个影响深远的思想观点,其核心内容即是,"监谤者""杀谤者"从而"弭谤"的做法实质是堵捂民口、倒行逆施。平民百姓有口就像大地有高山河流一样,社会的物资财富全靠它生产;又像大地有平洼高低各种不同的地形一样,人类的衣食物品全靠它产生。让人们畅所欲言,政事的成败得失才能显示知晓。人们以为好的就尽力实行,以为坏的就设法预防,这是增加衣食财富的途径。人们心中所想并通过嘴说出来,君王考虑成熟以后采纳推行。如果堵住百姓的嘴不让他们说话,就会违背常理,必然不能长久。筑堤堵塞百姓的口,比筑堤堵塞河流还要厉害。河流堵塞以后如果溃决,伤人一定会很多,如果堵塞百姓的口,后果则会更加严重。治理河道就要通过疏通让河道畅通,治理百姓就要通过引导让百姓敢言。《法言》当中还说道:"或问:'太古涂民耳目,惟其见也,闻也。见则难蔽,闻则难塞。'曰:'天之肇降生民,使其目见耳闻,是以视之礼,听之乐。如视不礼,听不乐,虽有民,焉得而涂诸?'"③这即是说,上天从最初造育百姓,就是使百姓的眼睛可以看见、耳朵可以听见。百姓的眼睛能看见就难以被蒙蔽,百姓的耳朵能听见就难以被阻塞,又怎能遮蔽百姓的眼睛、堵塞百姓的耳朵呢?因此,君王处理政事正确的做法,就应该通过各种途径听取、吸收各个方面的意见诉求,上至三公九卿,下至平民百姓,乃至士人进献讽谏诗篇,乐官通过演唱乐曲以表达自己对政事的意见,史官通过上书表达自己对政事的意见,乐官进献寓有劝诫意义的韵文,瞍者朗诵暗含讽刺的诗篇,矇者诵读寓有劝谏意义的文辞,掌管营建事务的百工纷纷进谏,平民则将自己对国事的意见转达给君王,君王身边的

---

① （战国）左丘明:《国语》,（三国）韦昭注,上海古籍出版社 2015 年版,第 7 页。
② （战国）左丘明:《国语》,（三国）韦昭注,上海古籍出版社 2015 年版,第 7 页。
③ 《法言》,韩敬译注,中华书局 2012 年版,第 100 页。

侍从官员尽力规谏，君王的同宗都能补其过失、察其是非，乐师用歌曲、史官用礼法对君王进行教诲，君王的老师和元老重臣归纳、总结前述诸人的意见，然后由君王斟酌取舍，这样政事施行起来才不致违背常理。纵然召公苦口婆心劝谏，周厉王依旧没有从善如流，仍然"杜塞天下之口"，导致社会积怨加深，统治危机最终到来。可见，主政者治国安邦，面对民众意见诉求，肆意滥用权力神器，阻止民众表达不满，必然违背治国理政的基本规律。施行符合民意的政事，就要畅通民意表达渠道，倾听各方面的意见诉求并顺应民意而为。

"小决使导，闻而药之。"纵观历朝历代，主政者凡是"杜塞天下之口"、漠视百姓意见诉求，都会产生社会积怨，引起民众反抗，最终导致政治统治危机。只有畅通意见诉求渠道、重视民众意见诉求、有序释放社会不满情绪，并依循民众意见诉求不断总结过失以改善社会治理，才能赢得广大民众的真心支持，这对于长久稳固政权同样具有重要作用。中华优秀传统文化典籍当中关于这样的典故不胜枚举，包括"子产不毁乡校""邹忌讽齐王纳谏""贾山以秦谏汉文帝""谏太宗十思疏"等。《左传·襄公三十一年》"子产不毁乡校"篇载："郑人游于乡校，以论执政。然明谓子产曰：'毁乡校何如？'子产曰：'何为？夫人朝夕退而游焉，以议执政之善否。其所善者，吾则行之；其所恶者，吾则改之；是吾师也。若之何毁之？我闻忠善以损怨，不闻作威以防怨。岂不遽止？然犹防川。大决所犯，伤人必多，吾不克救也。不如小决使道，不如吾闻而药之也。① 然明曰：'蔑也今而后知吾子之信可事也。小人实不才，若果行此，其郑国实赖之，岂唯二三臣？'仲尼闻是语也，曰：'以是观之，人谓子产不仁，吾不信也。'"②郑子产③是

---

① 释义：我听说凭借衷善可以减少怨言，没听说用威势可以防止怨恨。用强硬办法难道不能立刻把人们的口堵住？但就如预防河水决口一样。如果大决口，伤害人必定很多，我没办法解救。不如开小口加以引导，不如让我听到批评后作为药石来改正。

② 《左传》（中），郭丹、程小青、李彬源译注，中华书局 2012 年版，第 1526 页。

③ 郑子产（？—公元前 522 年），姓公孙，名侨，子产是他的字，又字子美，人们又称他为公孙侨、郑子产，春秋时期郑国（今河南新郑）人。郑穆公的孙子，郑国司马公子国的儿子。公元前554 年郑简公杀子孔后被立为卿，公元前 543 年到 522 年执掌郑国国政，是春秋时期著名的政治家和思想家。

春秋末期著名的政治家、改革家、思想家,执政郑国期间施行关乎土地、政治、法律等方面的系列改革——不毁"乡校"、广开言路、不杜民口、择善而行、知害而戒,让郑国国势由弱变强,国人称颂、诸侯宾服,被后人称为"春秋第一人"①。明代桂林人、河南按察使佥事包裕有《公孙大夫庙》,诗云:"当时豪杰事纵横,独有先贤治尚平。四善见称君子道,一宽无愧惠人名。""四善"即指子产执政时期的"四大善政":一作封洫,改革田制;二作丘赋,将军赋改由新土地主负担;三铸刑鼎,使人知法守法;四不毁乡校,广开言路。② "子产不毁乡校"这个典故记载的内容是:郑国乡民到乡校这样的公共场所休闲聚会,并且经常议论执政者实行政事的好坏。郑国大臣然明建议毁掉乡校,避免乡民公开发表对执政的意见看法,子产不赞成毁掉乡校,原因在于,乡民可以通过到乡校发表对政事的意见、看法,执政者就能够从中知晓执政过失,这样,就可以将民众的情感态度作为施行政事的重要标准。具体来说,就是"行其所善""改其所恶",实质就是通过尽力做好事来减少怨恨,而不是依权仗势来防止怨恨。毁掉乡校以堵捂民口就像堵住河水一样危险:河水大决口必然造成大量民众伤亡,还不如开小口导流,听取乡校议论并将它当作治病良方。郑子产提出"小决使导,闻而药之"的重要思想,阐发"其所善者,吾则行之;其所恶者,吾则改之"③的重要观点,对于尊重民意、疏导民怨、固国安邦具有重要启发意义。这即是说,化解社会矛盾,消除社会戾气,治国理政者就要"行民所善""改民所恶"。"子产之碑"同样提道:"夫国之存续在人心、生机、秩序、国力四项。不禁乡校,人畅其言,宣泄有道,则民心顺;善善恶恶,以民为师,则民心凝。"④后来,唐代韩愈还专门作《子产不毁乡校颂》称赞郑子产是他最崇敬的古人。同是对待民众的意见诉求,韩愈通过同周厉王"监谤者""杀谤者"从

---

① 清初著名史学家王源将子产推为"春秋第一人":"子产当国,内则制服强宗,外则接应大国,二者乃其治国大端⋯⋯子产为春秋第一人。"

② 参见《春秋第一人　功德耀古今》,《郑州晚报》2015 年 9 月 11 日。

③ 《左传》(中),郭丹、程小青、李彬源译注,中华书局 2012 年版,第 1526 页。

④ 李铁城:《子产之碑》,《郑州日报》2013 年 10 月 24 日。

而"弭谤"的对比,再次阐发"川不可防,言不可弭""下塞上聋,邦其倾矣"的重要思想。"邹忌讽齐王纳谏"同样是阐发广开言路、纳言去弊对于"下情上达"、政通人和的重要作用。邹忌"入朝见威王曰:'臣诚知不如徐公美,臣之妻私臣,臣之妾畏臣,臣之客欲有求于臣,皆以美于徐公。今齐地方千里,百二十城。宫妇左右,莫不私王;朝廷之臣,莫不畏王;四境之内,莫不有求于王。由此观之,王之蔽甚矣!'王曰:'善。'乃下令:'群臣吏民能面刺寡人之过者,受上赏!上书谏寡人者,受中赏!能谤议于市朝,闻寡人之耳者,受下赏!'令初下,群臣进谏,门庭若市;数月之后,时时而间进;期年之后,虽欲言,无可进者。燕、赵、韩、魏闻之,皆朝于齐。此所谓战胜于朝廷。"①邹忌从比美的生活经验当中认识到,妻、妾、客三人都谬赞自己比城北徐公还美,是因为"妻私臣""妾畏臣""客求臣",接着,邹忌"因小见大,自容貌之微,推及于朝廷大事",那么,作为齐国君王,更会有许多人对君王有偏私、有畏惧、有企求,如果不开言纳谏,必然受到严重蒙蔽,这即是说,主政者越是掩蔽视听,越会积弊如山,那么,革除弊病就要"下言上听""下情上达"。齐国君王深以为然,于是"开张圣听",以"上赏""中赏""下赏"的形式鼓励"群臣吏民"积极表达意见诉求,或者当面批评劝谏,或者上书直言规劝,或者公共场所指责议论,这样,民众的意见诉求非但不会遭到堵捂、压制,人们还会得到各种奖励。随着齐威王广开言路、采纳群言、从谏如流、革除弊病,齐国国势日益强盛,威震诸侯。燕、赵、韩、魏听说这件事以后,都到齐国朝拜齐威王。可见,同样是面对民众意见诉求,主政者刚愎自用、闭目塞听、偏听偏信,必然会"失道寡助",导致天怒人怨、国破身亡;开明君主如果能够通过广开言路、下情上达、纳言去弊,既让民众有序宣泄不满情绪,同时又容纳、吸收民众意见诉求,并将民意见诉求作为判别治国理政成败得失的重要标准,最后回应民众意见诉求、施行符合民意的政事,这样,便能凝聚士气人心,使得"同心以救弊"②,进而促进社会凝聚、巩固政治统治。

---

① 《战国策》,缪文远、缪伟、罗永莲译注,中华书局2012年版,第252—253页。
② 《劝学篇》,冯天瑜、姜海龙译注,中华书局2016年版,第23页。

第三章 思想疏导能动化解社会
矛盾的目标与内容

　　思想疏导能动化解社会矛盾的目标,规约着思想疏导能动化解社会矛盾的内容,而且影响着整个思想疏导能动化解社会矛盾的过程。同时,思想疏导能动化解社会矛盾的内容同样体现着思想疏导参与社会矛盾化解的治理目标,并为其目标的实现提供要素支撑,避免出现"虽有国之良马,不以其道服乘之,不可以取道里"①的窘境。思想疏导能动化解社会矛盾是否具有科学的目标、能否把准核心的内容,直接关系着思想疏导能否达到有效化解社会矛盾的预期效果。总而言之,只有明晰思想疏导能动化解社会矛盾的目标,准确把握思想疏导能动化解社会矛盾的内容,才能卓有成效地推进思想疏导融入社会矛盾化解工作,不断提升社会治理现代化水平。

第一节　思想疏导能动化解社会矛盾的目标

　　纵观古今,化解社会矛盾从而稳固社会秩序是历代统治者的政治追求。思想疏导不仅是贯穿古今的社会治理手段,更是主政者希冀以柔性、缓和的方

---

① 《孔子家语》,王国轩、王秀梅译注,中华书局 2011 年版,第 24 页。

式通至"大同社会"思想智慧的生动体现。孔子倡导"王者致其道"则会"无夺无伐,无爆无盗",最终使得"万民皆治""天下顺之"①。"中国共产党人历来十分重视思想疏导工作,并把善于做群众思想工作视为'党的传家宝',强调'任何时候都不能丢'。"②缓和紧张社会关系、涵育积极社会心态、凝聚社会价值共识,进而固筑社会精神家园则是思想疏导能动化解社会矛盾的进阶性目标。

一、缓和紧张社会关系

经济发展水平迅速提高并不必然带来社会关系融洽和谐。经济社会发展水平同社会矛盾冲突存在着复杂关系,这当中既包裹着利益关系,又夹杂着精神因素。当中国经济社会发展水平低下的时候,存在着由此带来的社会矛盾和社会问题。改革开放以来,中国经济社会发展水平迅速提高,取得巨大成就,然而,因发展带来的社会矛盾和社会问题非但没有减少,反而有所增加,新型矛盾纠纷也不断显现。并且,这些社会矛盾和社会问题还出现许多新变化、新特点、新趋向。简言之,"在实际生活中,经济发展得快,往往社会矛盾也就多"③。中国共产党人对此有着深刻预见和认识,即经济社会发展并不必然促使社会矛盾和社会问题减少。20 世纪 90 年代初,邓小平就指出:"少部分人获得那么多财富,大多数人没有,这样发展下去总有一天会出问题。分配不公,会导致两极分化,到一定时候问题就会出来。这个问题要解决。过去我们讲先发展起来。现在看,发展起来以后的问题不比不发展时少。"④习近平同样强调:"过去有一种看法认为,一些矛盾和问题是由于经济发展水平低、老百姓收入少造成的,等经济发展水平提高了、老百姓生活好起来了,社会矛盾和问题就会减

---

① 《孔子家语》,王国轩、王秀梅译注,中华书局 2011 年版,第 79 页。
② 魏强、韩梦馨:《邓小平疏导群众思想的基本方法论析》,《西南大学学报(社会科学版)》2018 年第 5 期。
③ 景天魁:《时空压缩与中国社会建设》,《兰州大学学报(社会科学版)》2015 年第 5 期。
④ 《邓小平年谱(一九七五——一九九七)》(下),中央文献出版社 2004 年版,第 1364 页。

少。现在看来,不发展有不发展的问题,发展起来有发展起来的问题,而发展起来后出现的问题并不比发展起来前少,甚至更多更复杂了。"①随着中国特色社会主义进入新时代,我国社会主要矛盾已经转化为人民日益增长的美好生活需要和不平衡不充分的发展之间的矛盾。社会主要矛盾的深刻转化意味着,当下的社会问题不仅与改革开放以前的社会问题有着根本不同,而且与改革开放之后至中国特色社会主义进入新时代之前这一阶段的问题也有着不同。随着社会结构的变化、社会阶层的分化,往往会带来由利益分化造成的更强烈的社会不满情绪、社会受挫感和社会剥夺感,进而造成不同社会阶层沟通与合作愈加困难,导致社会关系愈加紧张。这些都说明,单兵突进的经济发展并不必然会促使社会矛盾和社会问题减少,甚至还可能衍生出许多新矛盾、新问题。

利益关系愈发复杂紧张往往引发社会关系也会随之愈发复杂紧张。利益关系同社会关系紧密关联、相互影响。利益问题往往是"人民生活中最敏感的神经"②,"人们为之奋斗的一切,都同他们的利益有关"③,而"社会不是由个人构成,而是表示这些个人彼此发生的那些联系和关系的总和"④。这就是说,社会成员之间的联系和关系的总和构成社会,而社会成员之间的联系和关系,归根结底是由生产关系、经济关系所决定的。触动人民生活中"最敏感的神经",必然会引发社会关系的变化,这是因为,利益关系的变化必然会引发社会关系的变化。"利益关系是一切社会关系产生、发展和变化的根源,一定的社会关系就是一定利益关系的体现,而一定的利益关系是由一定的生产关系、经济关系所决定的。一定的经济关系决定一定的利益关系,一定的利益关系又决定一定的社会政治、文化等更为广泛的社会关系。"⑤随着社会利益结

① 《习近平总书记系列重要讲话读本(2016年版)》,学习出版社、人民出版社2016年版,第64页。
② 《列宁全集》第16卷,人民出版社2017年版,第136页。
③ 《马克思恩格斯全集》第1卷,人民出版社1995年版,第187页。
④ 《马克思恩格斯全集》第30卷,人民出版社1995年版,第221页。
⑤ 王伟光:《利益论》,中国社会科学出版社2010年版,第147—148页。

构的深刻调整,利益关系日趋复杂,利益差别愈加明显,社会关系也会随之愈发复杂紧张。"由于社会利益竞争的结果,使得不同的利益群体之间不断地产生分化,并使这种分化逐渐固定化,这样便使不同利益群体之间的利益差异通过积累而逐渐转化为利益的矛盾和对立。特别是那些有着直接利害关系的群体之间利益的矛盾和对立更是在不断地加深,所有这些便使社会利益冲突有越来越尖锐之势。"①随着社会生产力的发展和所有制关系发生着深刻变化,许多具有独立地位的经济利益主体和新兴利益群体接续产生。这些经济利益主体也逐渐由以纵向联系为主转向以横向联系为主,各种利益群体关系逐渐暴露出来并呈现出复杂局面。总的来说,无论是社会转型期还是改革关键期,都会涉及利益关系的深刻变化,从利益契合到利益差别,从利益差别到利益分化,从利益分化到利益摩擦甚至利益冲突,社会关系同样会从"熟人社会"走向"陌生人社会",甚至在"陌生人社会"变得更加复杂紧张。

思想疏导能动化解社会矛盾的首要目标在于缓和社会关系。协调利益关系对缓和社会关系具有积极作用。利益关系复杂紧张会导致社会关系复杂紧张甚至愈发绷紧、脆弱,为避免社会冲突导致社会解体,既需要协调利益关系,又需要缓和社会关系。复杂紧张的社会关系主要体现在以下三个方面:其一,人们利益神经较敏感。随着人们自我利益意识的增强,利益各方敏感神经易被触动,人们一旦遭遇同自我利益相关的社会事件的刺激,就十分容易情绪激动、情感失控乃至爆发,甚至出现极端的社会失范行为,从而导致社会矛盾冲突易发、频发、多发。其二,社会信任整体降低。《中国社会心态研究报告(2017)》指出:"目前,社会信任长期处于较低水平,社会信任困境依然没有出现扭转的迹象。"②可见,尽管后来社会信任情况有所好转,但仍然保持在较低度的水平。其三,社会联接弱化易断。"在现代化过程中,人与人之间虽然在

---

① 李景鹏:《转型时期社会矛盾的治理——专访北京大学政府管理学院李景鹏教授》,《信访与社会矛盾研究》2015年第3期。
② 王俊秀主编:《中国社会心态研究报告(2017)》,社会科学文献出版社2017年版,第22页。

空间上越来越接近,但有机的组织性联系却在日益疏远。换句话说,在现代化过程中,传统以村落和血缘为基础的社会中层组织被打破了,但能填补其功能的现代型的社会中层组织尚未发展起来,从而造成人与人之间缺乏有机联系,为大众社会的产生创造了条件。"①由于物质利益的强力驱动、反复刺激,传统的血缘、地缘、业缘等社会关系日渐式微,如果遇到特殊的利益矛盾和利益冲突,这些弱化的社会关系还会趋于紧张甚至中断。通过协调利益关系达到利益均衡,这是缓和社会关系的基础性内容。同时,还要从情绪疏解、诉求倾听、认知引导、心理调适等诸多方面来缓和社会关系,这就是思想疏导能动化解社会矛盾的首要目标。

二、涵育积极社会心态

积极社会心态是构建良好社会秩序的精神底石。社会行进过程中总会遇到或大或小的内部阻滞因素或者外部阻滞因素。如果缺乏克服内外阻滞因素的良好心态,就无法攻坚克难、取得胜利。在革命、建设和改革的任何时期,无论是处于暂时得利还是暂时失利的状态,保持积极的斗争心态都极为重要。革命战争时期,毛泽东提到的"看敌人如神物,看自己如草芥"②"看敌人如草芥,看自己如神物"③,二者均是消极群体心态的体现。前者是极度自卑心态,持有这种心态同敌人开展生死斗争时,不可能生发抗战到底、敢胜勇胜的士气;后者是极度自负心态,持有这种心态同敌人开展生死斗争时,往往会过度看轻对手,极易导致骄兵必败的结局。为遏止革命战争当中极度自卑和极度自负两种消极心态的生发甚至蔓延,毛泽东对这两种错误的革命斗争心态进行剖析和批驳,这对于涵育积极斗争的社会心态、赢得革命战争的胜利意义重大。在和平建设年代,面对强权国家的威胁恐吓,如果有着示弱恐慌的心态,

---

① 转引自赵鼎新:《社会与政治运动讲义》,社会科学文献出版社2012年版,第89页。
② 《毛泽东选集》第二卷,人民出版社1991年版,第514页。
③ 《毛泽东选集》第二卷,人民出版社1991年版,第515页。

就极易成为强国附庸并尾随其后亦步亦趋。邓小平明确指出："要维护我们独立自主、不信邪、不怕鬼的形象。我们绝不能示弱。你越怕，越示弱，人家劲头就越大。"①特别是20世纪80年代末90年代初，随着东欧剧变、苏联解体，世界社会主义运动遭受严重挫折，实行社会主义制度的国家由15个减少为5个，陆地面积由占全球面积的24%缩小为7%，共产党数量由180多个减少为130多个。② "社会主义已经进入历史博物馆""马克思主义已经破产""历史已经终结"等国际舆论甚嚣尘上，在国际范围内，很长一段时间，以马克思主义为指导思想的社会主义国家民众心理受到重创，人们的社会心态特别是政治心态发生着复杂变化。尽管如此，中国共产党人仍然能够以正确认识和把握人类社会发展规律为基础，将这些社会主义国家遇到的挫败视为规律性现象，且能够引导人们从中接受锻炼、吸取教训，以不断涵育积极社会心态，从而让人们满怀信心地沿着社会主义道路的正确方向不断前进。邓小平还指出："到下个世纪五十年，如果我们基本上实现现代化，那就可以进一步断言社会主义成功。当然我们不要吹，越发展越要谦虚。"③从改革开放十年到改革开放四十多年取得的举世瞩目成就，从基本实现社会主义现代化到将要实现的社会主义现代化强国目标，中国道路的成功必将引发世界各国的关注与思考，这意味着中国道路的世界意义不断彰显。即便如此，我们同样要克服骄傲自满的膨胀心态，深刻认识到"船到中流浪更急、人到半山路更陡"的道理，以积极敢为的心态奋力向前。

积极消除社会积怨、调节社会心态，是解决社会矛盾、增进社会团结、巩固社会秩序的重要内容。作为一种对社会正常运行有着深刻影响的心理因素，社会心态不仅折射出社会运行的状况，而且还能在一定程度上凸显社会的价

---

① 《邓小平文选》第三卷，人民出版社1993年版，第320页。

② 参见贾宇、王琎：《科学社会主义的中国活力——写在马克思诞辰200周年之际》，《光明日报》2018年5月4日。

③ 《改革开放三十年重要文献选编》（上），人民出版社2008年版，第537页。

值取向。如果不能引导社会心态往积极的方向发展,社会秩序必定紊乱失控。从心理层面整合差异性的现代社会来看,一个社会的良性发展既离不开积极合理的社会期待,又需要凝聚正向的社会精神力量。社会心态反映着社会群体发展着的精神状态与社会性因素的互动融合状况。涵育积极的社会心态,不仅有助于凝聚、激励分散的个体,还能够强化积极的社会性因素与情感性因素,从而不断增强社会的正向力量。"对一个健康的社会而言,社会心态应该是基本社会需求得到满足,社会具有普遍共识,社会具有共享的价值观念和社会情绪,才能使得社会从整体上是团结的、合作的,具有很高的社会凝聚力,社会才能不断成长和进步。"①积极向上的社会心态是衡量社会健康状况的重要尺度,对于社会群体的行为具有重大影响。健康的社会心态可以积极引导群众的合理社会期待,促使人们为着实现美好生活不断奋进。群众的合理期待是社会心态稳定的重要前提,健康的社会心态可以整合不同社会群体的价值观,增强社会的向心力和凝聚力,从而巩固和加强社会团结。尤其是随着社会阶层的不断流动,不同社会阶层对社会发展的主观期待不同,得到满足的程度也不尽相同。如果社会成员对社会发展抱着超前的心理期待,而社会发展现实又不能满足这种心理期待,那么,社会成员的主观幸福感就会降低。总而言之,社会成员的主观期待与社会满足这种期待的客观实际差距越大,社会成员的主观差距感就会越强,也就必然会影响社会成员的幸福感受。

人们的社会行为同社会心态往往相互影响,社会民众对社会发展的认可度与满意度高,则有助于凝聚社会力量、建构良好的社会秩序。因此,研究各个社会阶层因社会发展变革而出现的心态变化,避免阶层心理的畸化、社会心态的恶化,这对有效化解社会矛盾、疏解不良社会情绪,从而凝心聚力促进社会建设具有重要作用。与此同时,需要正视社会各个阶层对于社会发展变革的需求与期待之间存在的差距,这就"应关注不同社会阶层的差异化需求,通

---

①　王俊秀、杨宜音主编:《中国社会心态研究报告(2015)》,社会科学文献出版社 2015 年版,第 14 页。

过社会保障和社会网络建设来满足中层、中下层的基本生活需求,加强社会支持体系建设,不断改善他们的生活条件,提高获得感,降低不公平感;也要关注中上和上层群体对更高生活水平的追求,尊重他们更高的获得需求,为他们提供合法努力可以实现更高目标的条件,引导他们积极的社会动机,为社会建设和社会整体状况改善而努力"①。不同阶层需求的差异性正是社会发展差异性的体现。关注不同社会阶层的差异化需求,积极创造条件满足不同群体的合理意见诉求,以实现社会均衡发展,才能为社会发展增添积极的情感性因素,涵育同向同行的积极社会心态。

社会心态嬗变是转型时期社会心态的突出特点。社会转型时期同社会常态时期的社会心态往往不同。当前,中国社会正处于全面深化改革的加速转型期,社会矛盾和社会问题仍然复杂、特殊。党的十九大报告明确指出:"必须清醒看到,我们的工作还存在许多不足,也面临不少困难和挑战。"②改革开放已经跨过第40个年头,中国社会正处在利益关系复杂、社会结构多样的改革攻坚期和深水区,社会矛盾和社会问题交织叠加,具体表现为"发展中的问题和发展后的问题、一般矛盾和深层次矛盾、有待完成的任务和新提出的任务越交织叠加、错综复杂"③,因此,必须"加强预防和化解社会矛盾机制建设,正确处理人民内部矛盾"④。社会矛盾的交织叠加迫切要求有效引导和调适社会心态。《2011年中国社会心态研究报告》认为,社会心态的发展态势和存在的问题包括:(一)生活压力加大与社会支持不足;(二)安全焦虑与风险漠视的矛盾;(三)社会信任困境;(四)经济增长与幸福感提升不同步;(五)底层

---

① 王俊秀主编:《中国社会心态研究报告(2017)》,社会科学文献出版社2017年版,第20—21页。

② 习近平:《决胜全面建成小康社会 夺取新时代中国特色社会主义伟大胜利——在中国共产党第十九次全国代表大会上的报告》,人民出版社2017年版,第9页。

③ 《习近平关于全面深化改革论述摘编》,中央文献出版社2014年版,第4页。

④ 习近平:《决胜全面建成小康社会 夺取新时代中国特色社会主义伟大胜利——在中国共产党第十九次全国代表大会上的报告》,人民出版社2017年版,第49页。

认同可能导致群体极化;(六)警惕群体性怨恨成为社会情绪;(七)利他行为的主动性、习惯性不足;(八)社会矛盾和冲突解决渠道低效。① 通常而言,社会心态的变化必然存在着表征变化的拐点,但这种转变并不会一蹴而就,而是一个缓慢改变、逐渐积淀的过程。这就意味着社会心态的引导和调适也不可能一蹴而就,它同样是一个持续渐进的过程。

当前,社会民众的国家认同感处于高位,社会心态也是以正向基调为主,这是社会凝聚力高的重要表征。《中国社会心态研究报告(2017)》调查显示:"民众的主观幸福感现状并不乐观,而幸福感与获得感是两个相关性很高的因素,十九大报告重申了幸福发展观,如何引导积极的幸福观,避免消费主义、物质主义倾向下'虚假需求'导致的外在目标无限不满足是值得研究的问题。食品安全、信息安全、环境安全依然是安全感最低的几个方面,这是人们美好生活需求的基本方面,衣食住行的基本生活需求需要在新形势下得到满足。""民众的国家认同程度很高,这是社会心态的积极力量,也是社会凝聚力的重要内容。"②同时,改革开放以来,随着社会结构深刻调整、阶层分化更加凸显,社会心态也随之出现阶层分化的特点。不少研究发现:"个人主观社会阶层认同显著影响社会心态。社会心态调查显示,主观社会阶层认同由趋于自我更低层级的归类(也就是底层认同)逐渐上移,为社会带来了积极意义。……主观社会阶层的中层和中上层成为积极社会心态的核心,他们的幸福感、安全感、公平感、社会支持感、社会信任感、积极情绪和社会参与程度更高,消极情绪更低……也就是主观认同的中间阶层各项社会心态指标更优,是社会建设和治理需要依靠的核心力量,也成为社会团结和社会凝聚的核心,起着引导和引领的作用。同时,更要关注下层、中

---

① 参见王俊秀、杨宜音主编:《2011 年中国社会心态研究报告》,社会科学文献出版社 2011年版,第 12—20 页。

② 王俊秀主编:《中国社会心态研究报告(2017)》,社会科学文献出版社 2017 年版,第21 页。

下层的社会心态，了解当前社会的主要矛盾和问题。解决社会矛盾的关键是解决好下层、中下层问题。"①

思想疏导能动化解社会矛盾的重要目标在于涵育积极社会心态。社会存在影响和制约着社会心态，但是，社会心态具有相对独立性，对社会存在具有能动的反作用。社会的整体变迁会引起社会心态的变化。社会心态向着积极、良性方向变化会助推社会的发展进步；社会心态往着消极、恶性方向变化则会阻滞乃至破坏社会的发展进步。而思想疏导可以影响甚至改变社会心态的走向。思想疏导积极主动融入社会矛盾冲突，能够让整个社会肌体释放压抑、充满活力，从而促进社会心态朝着顺应社会进步的方向发展。"一方面，顺乎历史发展趋势、积极向上的社会心态，对社会的稳定和谐协调发展起着建设性的促进作用；另一方面，无序的、消极落后的甚至和社会历史发展趋势背道而驰的社会心态，则对社会发展和进步起着破坏性的阻碍作用。这类心态，如果听任发展，不仅会严重地污染社会心态环境，也会严重地扭曲人格，造成各种病态心态和病态行为，并使整个社会在很大程度上沦陷于浮躁化、物欲化、冷漠化等社会意识非理性化倾向的恶果之中，从而成为社会全面发展和进步的巨大绊脚石。"②思想疏导有助于消弭畸形的社会心态。亨廷顿通过考察过渡型国家和现代国家的差别得出一个重要结论，即"现代性意味着稳定而现代化则意味着动乱"③。处在转型时期的社会，人们的社会心态往往发生重大变化，也更容易诱发社会发展的不确定因素。畸形社会心态的衍生则会加重社会戾气，对社会稳定发展产生负面影响。正是由于着力于思想价值观念层面的社会引导能够影响甚至改变社会心态的走向，思想疏导才可能通过思想层面的沟通来调节社会情绪、通过改变人们不合理的意义理解来调整社会

---

① 王俊秀主编：《中国社会心态研究报告（2017）》，社会科学文献出版社 2017 年版，第20 页。

② 胡红生：《社会心态论》，中国社会科学出版社 2011 年版，第 274 页。

③ ［美］塞缪尔·P.亨廷顿：《变化社会中的政治秩序》，王冠华、刘为等译，上海人民出版社 2008 年版，第 34 页。

认知、通过引导负面情绪的有序宣泄来疏解社会情绪,以达到逆转不良社会心态、不断优化社会心态的目的。

　　处在极速转型期的社会,人们的社会心态也会随着社会变革而发生剧烈变化。《中国社会心态研究报告(2018)》指出,社会的快速变化在不同的时期带来不同的社会心态,中国民众在社会需要、社会认知、社会情绪、社会价值观等社会心态各方面都发生了显著变化。[①] 如果社会成员能够积极适应社会现代化发展过程,理性有序地表达、护持自己的利益诉求,且他们的利益诉求能够得到积极回应、公正对待,他们也就不会蓄积对现实社会的不满,同样也不会发生群体心理极化的问题。"社会不满情绪的长期蓄积,往往会'储存'社会矛盾的爆发能量,对社会安全造成十分不利的影响。特别是转型期的社会,民众的利益护持与增进过程中的不满情绪容易转为社会负面能量。"[②]不良社会情绪的长期蓄积极易转化为消极社会心态。伴随着转型期社会矛盾的激化,不良社会情绪相互强化,社会戾气不断集聚发酵,不良社会情绪对社会心态的影响便会增大。为此,必须加强对社会矛盾的疏导治理,使得消极的社会情绪得到有效疏解,否则,不良情绪便会在社会群体中广泛传播、相互感染、叠加强化,甚至成为社会大众的情绪基调,进而沉淀为难以移易的消极社会心态。

三、凝聚社会价值共识

　　整合利益关系以实现利益均衡是凝聚社会共识的重要基础。人们的价值认知和价值取向存在差异、对抗甚至冲突,这往往根源于不同价值主体在利益方面的差别、差距甚至极端分化。利益是人们相互联系的纽带,这是马克思主义的一个重要观点。1845 年,恩格斯《在爱北斐特的演说》中指出,利益把人

---

　　① 参见王俊秀主编:《中国社会心态研究报告(2018)》,社会科学文献出版社 2018 年版,第 2 页。

　　② 吴忠民:《社会矛盾倒逼改革发展的机制分析》,《中国社会科学》2015 年第 5 期。

们联系起来,这是一个真理。① 国家与国家之间的联合,同样需要有一致的利益。1847 年,马克思在关于波兰的演说同样指出:"要使各国真正联合起来,它们就必须有一致的利益。"②并且,"同样的意志"往往源于"同样的利益、同样的生活状况、同样的生存条件"③。1849 年,马克思在《柏林"国民报"致初选人》一文中再次指出:"可见,要有同样的意志,这些多数人就要有同样的利益、同样的生活状况、同样的生存条件,或者他们至少必须在自己的利益上、在自己的生活状况上、在自己的生存条件上,暂时互相密切地结合在一起。"④1851 年,恩格斯在《德国的革命和反革命》中更是直接说道:"没有共同的利益,也就不会有统一的目的,更谈不上统一的行动。"⑤可见,具有共同利益是人们思想统一、行动统一的根由。马克思在《雇佣劳动与资本》当中形象地指出:"一座房子不管怎样小,在周围的房屋都是这样小的时候,它是能满足社会对住房的一切要求的。但是,一旦在这座小房子近旁耸立起一座宫殿,这座小房子就缩成茅舍模样了。这时,狭小的房子证明它的居住者不能讲究或者只能有很低的要求;并且,不管小房子的规模怎样随着文明的进步而扩大起来,只要近旁的宫殿以同样的或更大的程度扩大起来,那座较小房子的居住者就会在那四壁之内越发觉得不舒适,越发不满意,越发感到受压抑。"⑥可见,

---

① 恩格斯公开指出:"这种困难处境的真正原因究竟在哪里呢? 小资产阶级的破产、贫富之间的鲜明的对照、商业的不景气和由此而产生的资本浪费的现象是由什么引起的呢? 就是人们的利益彼此背离。我们大家辛勤劳动的目的只是为了追求一己之利,根本不关心别人的福利。可是,每一个人的利益、福利和幸福同其他人的福利有不可分割的联系,这一事实却是一个显而易见的不言而喻的真理。虽然我们大家都应该承认,没有自己的伙伴我们就寸步难行,应该承认仅仅是利益把我们大家联系起来,但是我们却以我们的行动来践踏这一真理,我们把我们的社会安排得好像我们的利益不但不能一致,而且还是直接对立的。我们已经看到,这种严重的错误带来了什么样的后果。要消除这种悲惨的后果,就必须消灭这种错误。而共产主义就抱着这样的目的。"(参见《马克思恩格斯全集》第 2 卷,人民出版社 1957 年版,第 605 页)
② 《马克思恩格斯文集》第 1 卷,人民出版社 2009 年版,第 694 页。
③ 《马克思恩格斯全集》第 6 卷,人民出版社 1961 年版,第 235 页。
④ 《马克思恩格斯全集》第 6 卷,人民出版社 1961 年版,第 235 页。
⑤ 《马克思恩格斯文集》第 2 卷,人民出版社 2009 年版,第 359 页。
⑥ 《马克思恩格斯文集》第 1 卷,人民出版社 2009 年版,第 729 页。

如果社会成员的利益出现过度分化,就会引起人们思想情绪的变化,甚至会因这种利益分化产生负向社会情感。要根除利益过度分化带来的价值情感方面的压抑和心理失衡问题,凝聚社会价值共识,进而形成"同样的意志""统一的目的",就既要让人们清楚地认识到"共同的利益",又要整合利益关系、缩小利益差距,从而实现利益的差异化均衡。

贫富差距扩大、社会秩序失衡极不利于凝聚社会价值共识。中国社会的收入差距并不仅仅表现在城乡居民收入差距这一个维度上,行业差距、地区差距以及社会成员之间的差距都对总体的收入差距有重要影响。① 从发展路径来看,改革开放以来,我国依靠让一部分人、一部分地区先富起来的"大政策",打破了"吃大锅饭"的现象,实现梯度增长,可以说这个大政策功不可没。但现在发展起来以后,不平衡问题凸显出来,城乡、区域和社会成员之间的发展差距、收入差距和财富差距,都较大。② 近些年的系列调研数据显示,中国的基尼系数③仍在较高位徘徊,居民收入差距、家庭财产差距过大等问题并没有得到根本解决,贫富差距扩大仍是改革发展亟须正视和解决的重大问题。如果任由贫富差距扩大、放任社会秩序失衡,那么,凝聚社会价值共识包括关于社会发展道路、方向的共识,都将变得更为困难。

思想疏导能动化解社会矛盾的重要目标还在于凝聚社会价值共识。简单来说,思想疏导能动参与社会矛盾调处,初级目标是缓和紧张的社会关系、松弛紧绷的社会神经,中级目标是涵育积极的社会心态、优化社会心理环境,高级目标则是凝聚社会价值共识、筑牢社会精神堤坝。

---

① 参见李培林、陈光金、张翼主编:《2017 年中国社会形势分析与预测》,社会科学文献出版社 2016 年版,第 6—7 页。

② 参见李培林、陈光金、张翼主编:《2018 年中国社会形势分析与预测》,社会科学文献出版社 2018 年版,序言第 3—4 页。

③ 通常认为,基尼系数低于 0.2 表示收入过于公平;而 0.4 是社会分配不平均的警戒线。故基尼系数应保持在 0.2—0.4 之间,低于 0.2,社会动力不足;高于 0.4,社会不安定。0.4 被国际公认为收入差距的警戒线。

其一,凝聚社会价值共识是促进社会稳定发展的思想前提。"社会成员之间的价值共识是社会稳定和社会发展的前提条件。如果社会成员之间缺乏价值共识,那么不同的社会成员就会相互猜疑甚至相互仇视,他们之间的沟通和合作就难以实现,各种各样的价值冲突就会愈演愈烈,并导致相应的社会矛盾和社会冲突日益尖锐化,严重破坏社会稳定。"①社会矛盾冲突虽然有负向的影响,但也有正向的功能。它往往是利益诉求压抑而最终爆发的外在表现。通过引导人们理性表达利益诉求、正确看待利益关系,进而有效协调矛盾各方利益关系来能动化解矛盾冲突,这是"富有弹性的社会结构"的重要特征。"在富有弹性的社会结构里,大量的冲突相互交叉进行,因此阻止了沿一个轴心发生的根本分裂。""通过对冲突的宽容和制度化,这些社会系统为自己找到了一个重要的稳定机制。"②无论是"冲突的宽容和制度化",还是形成"富有弹性的社会结构",由于利益主体多元,必定存在多样的利益期待,这些利益期待当中既有共通性期待又有差异性期待,甚至还会有矛盾冲突在利益期待方面的反映。思想疏导能动化解社会矛盾就是允许而不是压制利益诉求的表达,通过诉求表达、情绪疏解、利益协调,从而实现规则共守、情感共通、共识互增。处在社会矛盾冲突当中,当事方如果拘囿于各自的利益藩篱,缺乏对增进共识以求化解矛盾冲突的意愿,那么,整个社会同样可能会因为欠缺由价值共识生发的凝聚力而缺乏前进动力。

其二,凝聚社会价值共识要正视当前社会意识分化的事实。恩格斯曾经深刻指出:"人们自觉地或不自觉地,归根到底总是从他们阶级地位所依据的实际关系中——从他们进行生产和交换的经济关系中,获得自己的伦理观念。"③改革开放以来,随着经济关系的复杂变革、利益关系的深刻调整、分配方式的重大变化,必然会出现多元的利益群体、多样的利益诉求,甚至还会出

---

① 任红杰:《社会稳定问题前沿探索》,中国人民公安大学出版社 2005 年版,第 213 页。
② [美]L·科塞:《社会冲突的功能》,孙立平等译,华夏出版社 1989 年版,第 137 页。
③ 《马克思恩格斯文集》第 9 卷,人民出版社 2009 年版,第 99 页。

现社会意识的多向分化。"每个社会成员(包括每个社会群体)越来越自觉地根据自己的特殊境遇和特殊需求来设计自身的发展模式,选择自身的发展道路,社会意识在情感意志、价值评价、理想信念等各方面都呈现了复杂的分化。社会发展的联系性和统一性本来要求指导它的社会意识高度整合,而当今社会意识却出现广泛的分化趋势,使当代社会发展面临着难以摆脱的矛盾冲突。解决这种矛盾冲突的有效途径是:正视社会意识分化事实,寻求分化后社会意识的整合,即建立社会共识。"[1]"在社会发展进入快速期,社会结构重新安排了人们的相对位置,价值观出现多元化或碎片化,社会群体之间的竞争、妥协、博弈无可避免。"[2]改革开放以来,实现改革成果共享和共同富裕是社会主义中国推进社会主义现代化建设的价值旨向,然而,由于社会分化问题的逐渐显现,给社会价值共识的凝聚带来挑战。"近年来,社会两极分化状况越来越突出,这种两极分化体现在社会、经济地位的差异上。人出现的底层认同和弱势群体认同反映为自认为'底层'或'弱势群体'的人们感受到很大的经济贫富悬殊和权力距离,也产生了不平等的不满情绪,这种对于权力距离的不满会使得社会更加认同缩小权力距离的观念。"[3]只有正视社会意识多向分化的趋势,才能认识到凝聚社会价值共识的极端重要性,避免整个社会因各种矛盾冲突而出现沿价值轴心层的深度分裂。

其三,凝聚社会价值共识要探找反映全社会意愿的最大公约数。价值共识一定是以一致的根本利益为基础的,没有根本利益的一致,就不可能会有价值共识。整合利益关系以及确立鲜明的价值导向是凝聚社会价值共识的重要前提。社会价值共识对于一个处在改革转型时期的社会来说,集中体现为一种共识性期待。这种共识性期待能够成为改革事业继续推进和改革目标得以

---

① 刘少杰:《发展的社会意识前提——社会共识初探》,《天津社会科学》1991年第6期。

② 王俊秀、杨宜音主编:《中国社会心态研究报告(2014)》,社会科学文献出版社2014年版,前言第2页。

③ 王俊秀、杨宜音主编:《中国社会心态研究报告(2014)》,社会科学文献出版社2014年版,第9—10页。

实现的强大而持久的精神动力。统计数据显示,1978 年中国人均 GDP 是 156 美元。同年,一直被认为是全球最贫穷的撒哈拉沙漠以南的非洲国家,人均 GDP 是 490 美元。1978 年,中国 82% 人口居住在农村,农村人口中大多数是贫困人口,处于国际贫困线以下。农业生产落后,工业结构失衡,物资匮乏,居民的粮食、食用油、肉蛋奶和棉布等必需品长期按人定量凭票证供应。① 40 多年前启动的是中国还处在贫穷落后时(人均国内生产总值仅有 385 元、城镇居民可支配收入 343.4 元)②的改革,正是基于人们对经济快速发展和生活水平不断改善的共识性期待,才能给中国改革开放事业持续推进以强大的精神牵引力。邓小平反复强调:"不坚持社会主义,不改革开放,不发展经济,不改善人民生活,只能是死路一条。"③"道理很简单,不搞改革开放就不能继续发展,经济要滑坡。走回头路,人民生活要下降。"④20 世纪七八十年代,中国甚至一度是世界上最为贫穷的国家之一,当时,中国城市、农村还有十分庞大的贫困群体,"穷则思变",人民急切地渴望摆脱生存困境、国家迫切地需要发展强盛,这些内在诉求融聚成共识性期待进而汇聚成改革的巨大内在动力,改革开放事业在此背景下顺利启动、行进。当前,中国改革开放已跨过 40 多个年头,全面深化改革进入攻坚期和深水区,我们已处在一个矛盾多、难度大且"愈进愈难、愈进愈险而又不进则退、非进不可的时候"⑤。愈是在这样的时候愈要重视改革动力的再激发,愈要重视共识性期待,这是因为,由于中国社会主要矛盾发生转化,以至于 40 多年前改革的动力同 40 多年后改革的动力必然有所不同。当前改革触及的社会问题越多、需要解决的社会矛盾越深、涉及的利益冲突越复杂,面临的风险和挑战也就更大。40 多年前改革的目标是让国家发展起来、人民富裕起来,改革目标只有得到上下认可,改革事业才能得以顺

---

① 参见林兆木:《穿越风雨,中国信心更足》,《人民日报(海外版)》2019 年 1 月 24 日。
② 数据来源于中华人民共和国国家统计局。
③ 《邓小平文选》第三卷,人民出版社 1993 年版,第 370 页。
④ 《邓小平文选》第三卷,人民出版社 1993 年版,第 332 页。
⑤ 习近平:《在庆祝改革开放 40 周年大会上的讲话》,人民出版社 2018 年版,第 42 页。

利进行。当前,虽然我国的改革已取得系列重大成就,但是同时显现出的改革成果共享问题、社会结构分化问题等都在耗损改革动力,改革动力也因此出现衰减迹象。将改革事业进行到底,进一步激发改革动力,是当前全面深化改革需要重视、回答的重大课题。"长期以来的社会问题消耗了部分人民群众对改革的信心和政府的公信力,使改革越来越难获得社会一致的支持;社会上的急躁情绪,导致人们希望改革一蹴而就,而现实是改革需要长时间的试错与纠错才能发挥成效,因而易受到公众的指责。"[①]这样,"以不同的利益基点为前提,各社会群体的动机不尽相同,但多数社会群体如能对未来前景这个'目标交集'形成较为广泛的共识性期待,改革发展就能够获得具有利益诉求最大公约数的社会群体支持和拥护,从而最大限度地壮大改革发展的社会推动力量"[②]。人们对改善物质文化生活的共识性期待,可以说是 40 多年前激活改革的强大动力。新时代我国社会的主要矛盾已经转化为人民日益增长的美好生活需要和不平衡不充分的发展之间的矛盾,这意味着,随着物质幸福期待在中国社会得到总体性实现,人们对物质文化有更高水平的要求且不再局限于物质文化生活层面,而是更加注重民主、法治、公平、正义、安全等方面的需求。关注、实现人民群众多方面、多层次的需求,不断提高人民群众对改革的满意度,这是精准激活、全面深化改革的新生动力。正因如此,人们对经济文明建设诉求的经济改革、对政治文明建设诉求的政治改革、对先进文化建设诉求的文化改革、对和谐社会构建诉求的社会改革、对生态文明建设诉求的生态改革等,这些反映新时代人民对美好生活需要的丰富内容才能成为推动全面深化改革的内生动力。当前,随着改革深入推进,尤其需要重视改革动力激活问题,以求进一步激发改革动力,不断汇聚推进改革深化发展的共识性期待。中国共产党人深刻认识到,"只要使人民能够看到远景和前途,思想一致,就能

---

① 北京师范大学政府管理学院:《2018 中国民生发展报告:改革是民生发展动力之源》,北京师范大学出版社 2019 年版,第 9—10 页。

② 吴忠民:《社会矛盾倒逼改革发展的机制分析》,《中国社会科学》2015 年第 5 期。

坚持下去,而且没有不能克服的困难"①。"凝聚共识工作不容易做,大家要共同努力。为了实现我们的目标,网上网下要形成同心圆。什么是同心圆?就是在党的领导下,动员全国各族人民,调动各方面积极性,共同为实现中华民族伟大复兴的中国梦而奋斗。"②只有充分吸纳符合最大多数社会成员价值诉求的价值愿景,才能形成具有"最大公约数"的共同愿景。与此同时,如果广大社会成员能够确立与整个社会正确价值导向相符的价值目标,并将其顺利转化为自己的自觉行动,他们才能更好地推动社会实践的发展。思想疏导主动参与化解社会矛盾的过程,就是探找矛盾关涉方"最大公约数"、致力于形成社会"同心圆"的体现社会主义民主的过程。

四、固筑社会精神家园

处于现实社会生活中的人们,既呼吸着特定生活场景当中的"物质的空气",又呼吸着特定文化背景当中的"精神的空气",尽管"'精神'从一开始就很倒霉,受到物质的'纠缠'"③,但是精神因素对于固筑社会秩序起着极其重要的作用。"人类行动不能被还原成社会结构和非人格的社会力量。从出生到死亡,人们就一直嵌入在文化的背景当中,这种文化背景为他们提供了信仰体系,帮助指导他们的行动,并向他们灌输意义和提供领悟力。"④精神家园"通过人们的安全感、信任感、和谐感、希望感、理想感、幸福感等得到寄托,并在人们的生活、行动和规范中得到具体的表现和实现,使不同的个体和群体能够凝聚起来"⑤。人心是否稳定、精神家园是否固筑,直接关系到社会能否长治久安。中国古人同样深刻认识到,凝聚民心是治国理政的重要内容。《商

---

① 《邓小平文集(一九四九——一九七四年)》(上卷),人民出版社2014年版,第56页。
② 《习近平谈治国理政》第二卷,外文出版社2017年版,第335页。
③ 《马克思恩格斯文集》第1卷,人民出版社2009年版,第533页。
④ [美]艾尔东·莫里斯、卡洛尔·麦克拉吉·缪勒主编:《社会运动理论的前沿领域》,刘能译,北京大学出版社2002年版,第399页。
⑤ 欧阳康:《中华民族共有精神家园如何构建》,《光明日报》2012年2月28日。

君书》载:"凡治国者,患民之散而不可抟也。"①"圣君之治人也,必得其心,故能用其力。"②即是说,主政者为避免民心涣散就要凝聚民心。思想疏导能动化解社会矛盾的目标还在于柔性化解社会矛盾,减少乃至消除社会戾气、避免民心涣散,从而为建设美好家园增添"精神凝合剂"。

社会成员之间存在着思想情感互动为实现社会协调提供可能。社会秩序表现为显性秩序和隐性秩序。当人们路过繁忙的十字路口,道路交通井然有序,这是显性秩序;道路交通参与者对于交通规则的内心遵守,这是隐性秩序。当人们乘坐公共交通工具时,依次排队、从容上下,这是显性秩序;乘坐公共交通工具者对于乘车规则的内心遵守,这是隐性秩序。道路交通参与者如果不遵守交通规则,繁忙的十字路口必定会混乱不堪;乘坐公共交通工具者如果不遵守乘坐规则,上下公共交通工具时必定会拥挤争抢。事实一次又一次证明,无论是不遵守交通规则还是不遵守乘坐规则,都易引发严重的交通事故甚至危及社会公共安全。这是因为,如果隐性秩序失守,那么,显性秩序必定失范。可见,良好的显性秩序背后一定是以良好隐性秩序为有力支撑的,而隐性秩序的本质就是社会精神秩序。在一定程度上可以说,社会隐性秩序的形成正是社会成员思想情绪互动的结果。"人与人之间不仅存在行为互动,也存在着情绪和理智上的互动关系。互动是人的社会化的条件,也是一定社会关系的外在形式。行为的社会性及其互动关系,客观上要求人们的行为必须协调一致。人们只有在社会协调的基础上,才能开展活动,并实现社会目标。但人们由于在社会利益、价值判断乃至情感取向诸方面存在着一系列差异和对立,其行为过程必然产生各种矛盾、摩擦和碰撞。"③大量激烈程度不同的人民内部矛盾,是在根本利益一致基础上的非对抗性的矛盾。人们的思想认识问题,本质上就是因这种利益方面非根本性的差别和对立引起的人民内部矛盾在人们

---

① 《商君书》,石磊译注,中华书局 2011 年版,第 33 页。
② 《商君书》,石磊译注,中华书局 2011 年版,第 103 页。
③ 邢建国、汪清松、吴鹏森编:《秩序论》,人民出版社 1993 年版,第 4 页。

思想观念上的集中反映。"人们利益上的非根本性的差别和对立必然在思想上表现出来,只有划清思想上的是非界限,用正确的思想统一人们的认识和行动,才能整合和协调人们的相互利益关系。"①正是由于人们存在思想互动,因此就可以通过思想疏导解开思想疙瘩、澄清误会隔阂、促进共识达成,进而整合协调人们的利益关系,成功化解社会矛盾。社会失范在隐性层面表现为价值观的混乱甚至颠覆,而精神因素作为维持社会稳定的深层因素一旦受到重大干扰就必然会以社会秩序的波动显现出来。社会精神家园并非自发产生,而需自觉建构。因此,思想疏导主动融入社会治理、能动化解社会矛盾,就能够发挥其固筑社会精神家园的"凝合剂"作用,一定程度上弥补社会裂痕,而不是强硬、粗暴管控社会矛盾从而导致社会裂痕增多、变大。

固筑社会精神秩序并不是要限制社会成员往着自由而全面发展的方向行进,恰恰相反,社会秩序良性发展为人的自由而全面的发展创设条件。正如美国社会心理学家库利(Charles Horton Cooley)所说:"从目前流行的看待事物的个人主义观点出发,社会秩序不仅被看作是背离个人自然发展的,而且是这种发展的障碍。有一种观点认为个人在大多数方面是可以自我完善的,如果他不受限制,他就可以得到很好的发展。然而,没有限制的自由肯定是不存在的;脱离了社会秩序就没有人的存在,人只能通过社会秩序来发展自己的个性,并且随着社会的发展而发展。没有限制性条件的自由是不可想象的。"②这就是说,个人的自由离不开一定的社会秩序,并且,人们只有在良好的社会秩序条件下才能实现个人的自由。因此,库利还深刻指出:"只有糟糕的社会秩序才是和自由对立的。自由只有通过社会秩序或在社会秩序中才能存在,而且只有当社会秩序得到健康的发展,自由才可能增长。只有在构造较为全

---

① 郑永廷主编:《毛泽东思想政治教育的理论与实践》,武汉大学出版社1993年版,第107页。

② [美]查尔斯·霍顿·库利:《人类本性与社会秩序》,包凡一、王源译,华夏出版社1999年版,第297—298页。

面和较为复杂的社会秩序中,较高层次的自由才有可能实现,因为没有别的途径为众多的人提供选择有利于自己和谐发展的机会。"①固筑社会精神家园是思想疏导能动化解社会矛盾的根本目标。如果能够适时做好思想疏导工作、认真倾听群众的思想意见和利益诉求、及时采取恰当方式化解利益矛盾和利益冲突,那么,就可以对群众的不满情绪因势利导,避免负向社会情绪轰然爆发以致严重破坏经济社会秩序。

思想疏导能动化解社会矛盾的目标还在于有效固筑社会精神家园。社会精神家园的建设,需要引导人们增强自信心和自尊感,合理地表达自我的诉求、合法地维护自身的权益、和谐地处理人际关系,这样,才能为"顺心"的幸福生活创造现实条件。② 其一,释解社会群体的精神生活困惑可以有效固筑社会精神家园。"精神家园好像是看不见、摸不着的,却又是无处不在、无处不有的。它最重要的特点是人们的高度共鸣和自觉认同。"③面对社会成员的利益诉求和精神困惑,如果疲乏应付、消极处理,那么,人们的精神生活困惑也就难以得到有效释解、正确导引,这极易造成群体信任危机,使整个社会的精神信任体系遭遇挑战。社会精神家园因遭受外力挤压、破坏销蚀,势必会受到重创甚至出现裂痕。中国革命伟大的先行者孙中山讲道:"夫国者,人之积也。人者,心之器也。国家政治者,一人群心理之现象也。是以建国之基,当发端于心理。"④"对抗的情绪、被冤枉虐待的情绪也经常出现在社会底层人士之中,而且可以很容易地同更为精致的意识形态和世界观相联系……常常有足够的不满,'能够对某个社会运动提供草根式的支持',而且怨恨和不满很可能是由问题策划者和运动组织来定义、创

① ［美］查尔斯·霍顿·库利:《人类本性与社会秩序》,包凡一、王源译,华夏出版社 1999 年版,第 300—301 页。

② 参见孙正聿:《人的精神家园》,江苏人民出版社 2014 年版,第 4 页。

③ 欧阳康:《融入精神家园——马克思主义的当代价值与当代命运》,《华中科技大学学报》2010 年第 1 期。

④ 《孙中山选集》(上卷),人民出版社 2011 年版,第 184 页。

造并操纵。"①这就要善于发现社会群体内心的诉求,并对社会裂痕进行"黏合修补",从而"在人的思想深处构筑意义世界,在人的内心中产生共鸣,为人的精神世界确定秩序,使人获得安全感、存在感、幸福感、确定感"②。固筑社会精神家园的过程实质上是不断给社会成员精神动力以正强化的过程。"正强化主要是指对与社会、组织发展的目标相一致的实践活动产生积极推动作用的精神动力给予肯定性的评价与刺激,促使人们进一步认可、选择这些精神因素作为动力,以巩固和增强这种精神动力的过程。"③只有不断释解社会群体的精神生活困惑,及时开展精神生活诊疗、积极疏解社会成员各类诉求矛盾,以减少乃至避免不满、怨忿等负向社会情绪在社会民众心底滋生、积压,这样才能不断提升精神动力的正强化作用。其二,不断满足人们对美好精神生活的需要,同样是有效固筑社会精神家园的支撑要素。"我们所栖居的家园不仅是物质的,而且也是精神的。物质的家园是由砖块、水泥砌成的物质空间,并充实以各种各样的生活用品,其基本功能是庇护我们的身躯;而精神的家园是由文字或文化搭配的精神空间,并充实以民族独有的价值观念、思维方式、行为习惯等,其基本功能是安顿我们的心灵。"④可见,对人们来说,物质家园必不可少,精神家园也同样重要。但是,物化倾向却是当代社会的弊病之一,甚至还有学者认为,当今我们正迎来一个"物化的时代"。可以说,当前精神生活水平同物质生活水平不能比肩并起,精神生活建设滞后于物质生活建设。然而,要促进中国经济社会又稳、又好、又快地发展,促进人们物质生活良性发展,离不开对人们精神生活的关注,离不开精神生活的建设,其核心是固筑社会精神家园。"精神动力的彰显与缺失的矛盾导致社会发展的严重失

① [美]艾尔东·莫里斯、卡洛尔·麦克拉吉·缪勒主编:《社会运动理论的前沿领域》,刘能译,北京大学出版社 2002 年版,第 59—60 页。

② 万光侠、夏锋:《人的文化存在与精神家园价值探析》,《山东社会科学》2013 年第 10 期。

③ 骆郁廷:《精神动力论》,武汉大学出版社 2003 年版,第 241—242 页。

④ 欧阳康:《融入精神家园——马克思主义的当代价值与当代命运》,《华中科技大学学报》2010 年第 1 期。

衡:物质文明与精神文明的发展不平衡,精神文明滞后于物质文明的发展;物质生活水平的提高与精神生活的发展不协调,精神生活质量没有与物质生活质量同步提高,影响了人的全面发展,造成人的生命质量和社会文明程度不高。"①要满足人们对美好精神生活的需要,首先,需要丰富人们的精神文化世界。"精神文化是人的精神食粮,孕育人的精神家园,决定人的精神状态、精神生活、精神本质,是人的本质属性体现;精神文化又是社会旗帜、'社会水泥'、社会规范,具有价值导向、精神源泉、民族凝聚的功能属性。"②通过民主的疏导方式,使群众保持着积极乐观的精神状态,提升群众的精神境界和精神品质,使其拥有丰富多样的精神生活,才能更加有效地缓释群众内心积郁情绪,从而缓和、减少社会矛盾冲突。其次,需要积极关注人们对于美好生活的需求,并及时予以回应和满足。"美好精神生活需要,是人的精神生活的高级阶段。物质生活需要是人的第一需要,人们一般都要在满足物质生活需要的前提下,再满足精神生活需要……没有美好精神生活,即使物质生活再丰裕,这种生活也是残缺不全的,也很难称得上是美好生活。"③思想疏导能动化解社会矛盾是新时代思想政治工作的重要内容。思想疏导工作虽不能直接触及人们物质生活层面的内容,却能解开人们的思想扭结、释解人们的思想困惑、引导人们的价值取向、振奋人们的精神状态,从而让人们具备良好的精神面貌以克服社会前进发展道路当中遇到的困难和障碍。"我们在充分注意满足人民需要,逐步提高人民生活水平的同时,还要注意政治思想工作,其中心就是建设社会主义精神文明。……我们现代化建设的目标是建立一个具有高度民主、高度文明的社会主义国家。为此就要使人们具有良好的精神面貌。只要我们的精神状态

---

① 骆郁廷:《精神动力论》,武汉大学出版社 2003 年版,第 2 页。

② 郑永廷、罗姗:《当代社会精神文化的发展与价值彰显——努力建设健康的精神文化环境与精神家园》,《思想政治教育研究》2010 年第 1 期。

③ 颜晓峰:《人民日益增长的美好精神生活需要对思想政治教育提出的新课题》,《思想教育研究》2018 年第 3 期。

好,不管有什么困难,都能够克服。"①因此,针对当前满足人民物质文化需要同满足人民精神文化需要不平衡的情形,就要有效释解群众的不满和消极情绪,积极关注并不断满足人民群众的精神文化需要,使得人们具有良好的精神面貌,从而协力齐绘推进中华民族复兴伟大历史进程的精神图景。

第二节　思想疏导能动化解社会矛盾的内容

针对社会矛盾出现的新情况、新特点、新趋向,需要积极关注人们思想层面的问题,从精神层面着力,依靠思想疏导助益社会矛盾的化解。思想疏导因此要从社会情绪、诉求关切、社会认知、社会心理、社会适应等多个维度融入社会治理,及时减少乃至消除社会戾气,以创造人们向往的安定有序、祥和安乐的幸福家园。

一、疏解社会情绪

从一定程度上讲,"情感是社会建构的"②。社会矛盾冲突产生、发展、消解的各个过程都伴随着情绪情感因素。人们的情绪情感受到来自社会经济、政治、文化等多方面的影响,并受到社会矛盾冲突的"纠缠",从而导致"精神堵塞""情感堵塞"等诸方面的社会问题。这就意味着化解社会矛盾冲突需要从情绪情感层面关注人的精神世界。疏解社会情绪是思想疏导能动化解社会矛盾的前置性内容。"社会情绪无处不在,它弥散在社会结构、社会行为及一切社会生活之中,它既是社会生活产生的基础和条件,又深刻地为社会生活所型构。"③社

---

① 《邓小平年谱(一九七五——一九九七)》(下),中央文献出版社2004年版,第743—744页。
② [美]特纳、斯戴兹:《情感社会学》,孙俊才、文军译,上海人民出版社2007年版,第2页。
③ 夏军:《直面"社会情绪"——"社会情绪"的定位及战略选择》,《探索与争鸣》2013年第9期。

会情绪是社会肌体的重要组成部分,是利益博弈、对话协商、矛盾化解需要充分考虑的前置条件、过程内容。化解社会矛盾的过程不只是单一的、理性的利益博弈过程,同时还是情绪融入疏解的过程,社会情绪能否得到及时疏解对于能否有效化解社会矛盾有着重要影响。《中国社会心态研究报告(2017)》调查发现,积极的社会情绪是主流,但也表现出一定的消极社会情绪。从历史发展的角度看,任何时期都不可避免地会有消极情绪,应该关注的是消极情绪的表现和消极情感的走向,以及如何合理疏解消极情绪,避免出现一味强调正能量而压制消极情绪释放的情况。……关注社会阶层中不同群体的社会情绪,特别是要关注阶层之间消极情感的产生,要避免阶层间消极情绪扩大或升级为消极情感,如贫富之间的不满上升为敌意或仇恨。①

有序释放社会情绪。每个真实的社会行为往往都会夹杂着情感因素,并且每个社会共同体成员同样会自觉或不自觉地受到情感因素的影响乃至左右。正如特纳和科廉所说:"一个人如果能在他的行动中不带情感,那一定是冷血动物。一个真实的社会行为总是伴随着一定的认知决策过程,无论这一行为在局外人看来是多么不合理。但与此同时,任何一个真实的社会行为也总是受到某种由神经系统和内分泌系统控制的情感的影响。"②影响共同体的正向社会情绪或者负向社会情绪是由社会成员的情感基调所构成的。社会矛盾冲突的发生及其化解往往同特定的社会情绪紧密关联,甚至在一定程度上可以说,社会矛盾冲突本身就是遵从情绪驱动行动逻辑的社会泄愤事件。从社会矛盾领域来看,"情绪社会"愈发成为当前社会的真实写照。具体而言,即使双方或者多方的矛盾冲突极小甚至微不足道,如果负向情绪强烈爆发,就易将极小的矛盾冲突推向较大的矛盾冲突,甚至卷入更多负面社会情绪从而引发更大的矛盾冲突。然而,即便矛盾冲突较大,但只要矛盾冲突关涉方能够

---

① 参见王俊秀主编:《中国社会心态研究报告(2017)》,社会科学文献出版社 2017 年版,第 21—22 页。

② 转引自赵鼎新:《社会与政治运动讲义》,社会科学文献出版社 2012 年版,第 68 页。

理性克制情绪,那么,较大的矛盾冲突也同样会经疏导得以平和处理。个体的情绪如果汇集、裹织成为群体情绪或者社会情绪,往往就会相互强化甚至最终爆发。思想疏导能动参与社会矛盾化解,首先就要疏解社会情绪,激励其中的正向社会情绪、消解其中的负向社会情绪,避免负向社会情绪汇集、裹织、强化乃至爆发。正如有学者所说:"说到人们的感情,它们分开来时是温和的,就像一块点燃了的木块的热度;汇集一处就像很多木块,互相燃烧,特别是他们用言辞互相攻击的时候。"①"事实上,一个群体的密度如不减少它的生命力是不可能降低的。集体的感情之所以有一种特殊的力量,是因为使每个人的意识体验到这种感情的力量在所有的人当中互相引起反应。因此,这种感情所达到的强度取决于共同感受到这种感情的个人意识的数量。这就是群体越大,群体中爆发出来的激情就可能越强烈的原因。"②这就是说,基于特定社会情感的一个群体,情感卷入者越多,群体成员之间情感互动愈加频繁、深入,集体情感爆发也就愈加强烈。如果社会群体的情绪消极恶变,强烈的负向社会情绪指向特定的社会秩序,则极易诱发社会震荡。"从最根本的意义上来说,国家是由人们指向社会结构和文化的正性情感凝聚而成;与之相反,正性情感和负性情感的唤醒也能够使得国家灭亡或改变。"③可见,情绪情感的唤醒对于社会矛盾的调处进而稳定政治秩序起着十分重要的作用。实际上,社会情绪折射出的往往是人们的诉求关切,疏解社会情绪既为社会矛盾的化解提供条件,同时也能够在一定程度上熟识矛盾关涉方的诉求关切,为从根源上解决矛盾创造条件。正如毛泽东所说:"如果能够真实、全面、深刻地把群众情绪反映出来,作用就很大。"④这是因为,只有真实、全面、深刻地反映群众情绪,

---

① 转引自蔡志强:《石首失守后,危机如何变良机?》,《学习时报》2009 年 8 月 3 日。

② [法]埃米尔·迪尔凯姆:《自杀论》,冯韵文译,商务印书馆 1996 年版,第 206 页。

③ [美]乔纳森·H.特纳:《人类情感——社会学的理论》,孙俊才、文军译,东方出版社 2009 年版,第 159 页。

④ 中共中央办公厅调研室编:《毛泽东　周恩来　刘少奇　朱德　邓小平　陈云论党的群众工作》,人民出版社 1990 年版,第 243 页。

才能感知群众的诉求关切。如果"不深知或不求深知群众的情感、情绪和需要,而以自己的情感、情绪和需要去代替他"①,便不能把准人们真实的情绪症结,不能了解人们真切的意见诉求,非但无益于社会矛盾的调处,反而还会加剧社会矛盾冲突。"社会转型中社会矛盾和冲突发生之时,往往都是社会情绪首先受到冲击,进而影响人的行动,引发精神焦虑、恐慌,甚至是'精神堵塞',使得人长期处于一种紧张状态。"②在社会转型时期,思想疏导能动化解社会矛盾,就是要让人们有序释放情绪,通过倾听反映人们的意见诉求,充分地沟通、协调,进而疏解、引导人们的思想情绪。

消解负向社会情绪。无论是对个人而言,还是对社会而言,负向社会情绪量的积累的过程,往往也就是负向情绪强度增加的过程。哈佛大学心理学家沙哈(Tal Ben-Shahar)表示,经过研究发现,情绪有一些特征,当你把某个想法、情绪保留在头脑里,不讲出来也不写出来的时候,只是运用自己的大脑去反复想它们,它们会变得越来越强烈;但是,一旦把这些想法和情绪从你的大脑里拿出来,不管是诉说还是笔头写出来,同时还对这个情绪进行分析式的探讨,它们的强度就会下降。③ 因此,有序释放社会情绪、消解负向社会情绪,对于避免负向社会情绪累积、恶变极其重要。"思想情绪是人类对外界事物与自身利益关系的反映。"④人们负性情感的产生往往是因其直接利益被侵犯或者相对利益被剥夺,而相对剥夺感的产生以及相互感染的负性情感又会使得负性情感累积、增强。因此,要消解负性社会情感,既要阻断负向社会情绪的传播感染,又要注重"堤外损失堤内补"。把准负向社会情绪产生的利益根由,是有效疏解社会情绪、调处社会矛盾的基础性内容。正如研究情感社会学的美国学者乔纳森·特纳(Jonathan H.Turner)所说:"无论累积了什么水平的

---

① 《谢觉哉文集》,人民出版社 1989 年版,第 548 页。

② 何海兵、沈志莉:《核心价值观视域下人的精神生活建设》,《中国特色社会主义研究》2016 年第 3 期。

③ 参见徐锦丽、赵新刚主编:《心理疏导实务与应用》,学林出版社 2015 年版,第 175 页。

④ 陶德麟主编:《社会稳定论》,山东人民出版社 1999 年版,第 74 页。

负性情感,这些负性情感在一定程度上,能够因为在其他领域获得的奖励和满足期望而产生的正性情感而减轻。当然,如果某人在资源分配领域的失败没有得到其他领域的奖励的补偿,那么,将会生成更为强烈的负性情感。……这些负性情感能量将间接地成为引发社会变革的因素。"①负性情感能量的积聚有时并不是因为社会行动者自己的直接利益受到侵犯,而是因为感受到相对剥夺,从而产生负性情感并且呈现集群式爆发。《中国社会心态研究报告(2018)》显示,民众获得感程度较高,但民众对于获得的预期也很高。②因此,消解负向社会情感,还要增强民众的获得感、幸福感,降低民众的失落感、剥夺感。如若不然,"当人们曾经同时体验过悲伤、恐惧、愤怒时,他们将更有可能体验到羞愧和内疚,并且,这些痛苦的情感将被抑制。这些情感一旦被抑制,强度将会增加,并转换为新的情感。如果对关键体制领域的失败进行外部归因,这些负性情感特别容易转换为增强的愤怒。如果羞愧、内疚或者疏离感的愤怒成分从这些复合情感之中再次喷发出来,通常情况下会导致情感的指向对象退缩和无力而为——比如恐惧、悲伤、羞愧和疏离这些情感可以转换为引发攻击的情感,以成功地获得资源,从而能够部分地补偿因资源分配体制领域中的失败所带来的羞愧"③。负性情感的影响并不局限于情感领域,负性情感持有者一旦将其进行外部归因并转化为具有攻击性的行为,就会引发、加剧社会矛盾冲突,从而导致不可预见的社会后果。随着中国网民人数的不断增多,跨空间的网络动员愈加方便快捷,这对于负向社会情绪的传播、扩散、感染同样起着推波助澜的作用。因此,激励正向社会情绪、消解负向社会情绪,是思想疏导能动化解社会矛盾的应有之义。

---

① [美]乔纳森·H.特纳:《人类情感——社会学的理论》,孙俊才、文军译,东方出版社2009年版,第166页。

② 参见王俊秀主编:《中国社会心态研究报告(2018)》,社会科学文献出版社2018年版,第17页。

③ [美]乔纳森·H.特纳:《人类情感——社会学的理论》,孙俊才、文军译,东方出版社2009年版,第166页。

激励正向社会情绪。正向社会情绪是适应社会生活变化的积极健康、乐观向上的社会情绪。调处社会矛盾、疏解社会情绪，既要消解负向社会情绪，又要激励正向社会情绪。一个社会如果负向情绪强化弥漫，而正向社会情绪却匮乏乃至消逝，则社会矛盾必将加剧甚至爆发。对于个体而言，正向社会情绪是促进个体身心健康的良好情感体验；对于社会而言，正向社会情绪是促进社会进步发展的情绪情感底色。如果一个社会利益诉求压积，矛盾冲突不断，人们牢骚满腹，负向社会情绪情感相互感染，就必然会导致矛盾冲突的加剧乃至爆发。相反，对于特定的社会矛盾冲突，如果矛盾各方情绪情感积极向上，并都为求得矛盾的妥善解决而努力，这就能在很大程度上引导社会矛盾化解往向上向好的方向发展。"积极社会情绪是在社会公众积极情绪良性互动和协调发展中产生的社会情绪机制，因其可以凝聚社会共识、促进社会团结、激发社会活力，往往在社会发展中发挥着润滑剂和强心针的作用。"①思想疏导能动化解社会矛盾的过程同样是情绪疏解的过程，其中，激励正向社会情绪对转变乃至消解负向社会情绪极为重要。"社会情绪是'正能量'和'负能量'相互博弈的过程，特别是在当今中国社会，转型时期的'阵痛'时刻考验着社会情绪，积极社会情绪越是不足，消极社会情绪越会过度。面对这样的社会环境，消减消极社会情绪留下的'空白'不会有积极社会情绪自动前来填补。"②正向社会情绪往往不会自动生成并填补负向社会情绪留下的空白，需要注意，"堤外损失"既要"堤内补"，也要"堤外补"。这是因为，社会情绪归根结底是社会生活现实的反映。消解这种负向的社会情绪要依靠对正向情绪的激励，自然要靠切实解决弱势群体的民生问题，建立公平有序的社会秩序，提高社会满意度。社会责任的培养是建立在对人的尊重、情感支持基础

---

① 唐颖、李龙:《培育积极社会情绪:一个提升社会公众幸福感的新策略》,《宁夏社会科学》2013 年第 4 期。

② 唐颖、李龙:《培育积极社会情绪:一个提升社会公众幸福感的新策略》,《宁夏社会科学》2013 年第 4 期。

上的。没有正向情感能量的感受也就不会有正向情感能量的释放,也就没有良心的刺痛,社会责任也就无从谈起,社会就会逐渐失去底线。① 在释放的社会情绪当中,无论正向社会情绪或多或少、或大或小,都要强化正向激励,主动引导正向的社会情绪来渲染更加广阔的社会场域,以缩小负向社会情绪的存在范围、辐射空间。否则,如果放任由于大量矛盾冲突诱发的负向情绪占满社会空间,就会导致负向社会情绪之间相互缠绕、强化以致"情感互撕",必然会对社会秩序造成破坏。因此,激励正向社会情绪,培育社会情感正能量,就要通过选树正面典型、强化正向引导、弘扬主流价值,使积极健康、乐观向上的社会情绪成为社会情感的主基调,以助力正向社会情绪之间相互强化,从而实现"情感共振"。激励正向社会情绪往往伴随着与负向社会情绪"对撞"的过程,激励正向社会情绪并非对负向社会情绪视而不见,而是要对其持理解、包容的态度。实现正向社会情绪和负向社会情绪的互通、交流,就要在两者的"对撞"中剖析负向社会情绪产生的根源,同时强化正面引导和正向激励,进而达到消融负向社会情绪的目的,以助益社会矛盾的有效调处。

二、真诚倾听诉求

社会情绪同民众诉求往往紧密关联。社会情绪隐含着民众诉求,而民众诉求也会以社会情绪的形式展现出来。在思想疏导能动化解社会矛盾的过程中,倾听、反映群众诉求是一个重要关节点。"以往政府花了大量精力来提高自身表达能力,可事实上倾听作为一种能力,也同样需要培养。"②经过长期努力,当前,我国已进入中国特色社会主义新时代,社会转型加快和全面深化改

---

① 参见王俊秀、杨宜音主编:《社会心态蓝皮书:中国社会心态研究报告(2012—2013)》,社会科学文献出版社 2013 年版,第 24 页。

② 杨道:《倾听:当前中国政治沟通的薄弱环节——以 140 个诉求表达事件为例》,《国际新闻界》2017 年第 2 期。

革势必会引发多方利益关系的调整,各种诉求关切还会继续涌现,量大面广的群众诉求关切以及与此关联的社会矛盾同样日益凸显。面对大量关涉群众诉求关切的社会矛盾,需要真诚倾听群众的诉求关切,扣准群众反映的诉求关切问题进行协商沟通,从而助力于社会矛盾化解。当前,随着社会转型逐步深入、人民内部矛盾日渐凸显,社会民众的思想意见和利益诉求日益繁多,如果民众的诉求关切没得到及时倾听、反映、回应,势必会引发利益诉求危机,加剧社会矛盾冲突,影响社会安定团结。可见,真诚倾听诉求是思想疏导能动化解社会矛盾的关键内容。

（一）　真诚倾听群众诉求关切的因由

古今中外,不论任何时代,人们总会以各种各样的方式表达诉求关切。党的十九大报告指出:"中国特色社会主义进入新时代,我国社会主要矛盾已经转化为人民日益增长的美好生活需要和不平衡不充分的发展之间的矛盾。"①我国社会主要矛盾发生转化,意味着人们诉求关切的领域更加广泛、内容更加丰富。具休来说,人们的诉求关切已超越物质生活层面,对涉及经济生活、政治生活、文化生活、社会生活、生态环境等多方面的内容有着更高的期待。

以往,群众表达自己诉求关切的渠道单一,但随着科学技术的迅速发展,以及人们权利意识的不断增强,群众诉求表达方式也日趋多样。现在,群众在各方面的诉求意识越来越强、诉求层次不断提升,表达诉求关切的主动性也日益增强。如果忽视群众的诉求关切、诉求表达,那么,非对抗性的社会矛盾则会累积恶变,甚至可能转化为难控的社会对抗,影响社会安定团结的政治局面。"事实上,倾听作为一种沟通和参与行为,天然具有政治属性。有效的政治倾听有助于密切官民关系,解决社会冲突,提高决策的科学性,建立政治沟

---

① 习近平:《决胜全面建成小康社会　夺取新时代中国特色社会主义伟大胜利——在中国共产党第十九次全国代表大会上的报告》,人民出版社 2017 年版,第 11 页。

通的良性循环。"①"天地交而万物通,上下交而其志同"。即是说,"万物通"在于"天"与"地"互通有无、相互助益,"其志同"在于"上"与"下"相互倾听、协商沟通。中国共产党人更是深刻认识到倾听群众呼声的重要意义,反复强调要"经常深入群众,了解群众真实的思想感情,倾听群众的呼声,关心群众的痛痒,把群众的'小事'当大事办"②,"经常深入群众,了解群众情绪,倾听群众呼声,反映群众的意愿和要求"③。因此,认真倾听群众诉求,是建立良性社会沟通、能动化解社会矛盾的重要内容。

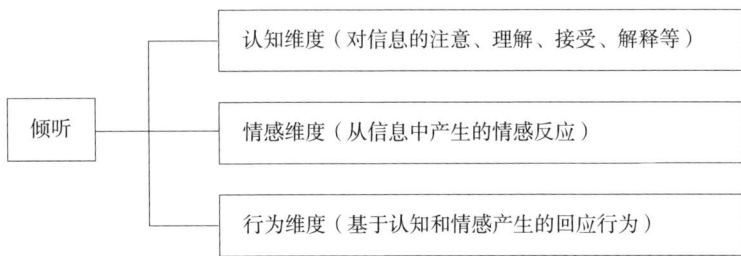

图1　倾听的三个维度④

（二）　真诚倾听群众诉求关切的要求

其一,真诚倾听就意味着不能拒绝倾听、被动倾听,而要主动倾听。"主动倾听者会'主动询问和允许他人在任何想要反对我们时都能对我们说出来',而被动倾听者仅仅是听到对方说了什么而已。"⑤思想疏导能动化解社会

---

① 杨逍:《倾听:当前中国政治沟通的薄弱环节——以140个诉求表达事件为例》,《国际新闻界》2017年第2期。
② 《中共中央文件选集(1949年10月—1966年5月)》第42册,人民出版社2013年版,第335页。
③ 《十六大以来重要文献选编》(下),中央文献出版社2008年版,第504页。
④ 参见杨逍:《倾听:当前中国政治沟通的薄弱环节——以140个诉求表达事件为例》,《国际新闻界》2017年第2期。
⑤ 杨逍:《倾听:当前中国政治沟通的薄弱环节——以140个诉求表达事件为例》,《国际新闻界》2017年第2期。

矛盾,意味着在化解社会矛盾冲突的过程中,需要矛盾关涉方特别是其中的弱势方充分有序地表达诉求信息并进行诉求沟通。然而,诉求信息的发出并不意味着诉求信息的接收,倾听就是影响诉求信息是否被接收以及最终能否被接受的一个关键因素。被动倾听同主动倾听反映的是面对诉求关切的两种截然不同的态度。思想疏导参与化解社会矛盾,就是要重倾听、对话、解释,忌强制、忽视、压制。矛盾关涉方如果要提升倾听能力,就要改变只从自身利益出发的思维惯性,并且主动倾听他者的利益诉求,从而达致矛盾关涉方的情感共通、利益共鸣与思想共识。

其二,真诚倾听就意味着不能假装倾听、程序性倾听,而要共情性倾听。共情性倾听意味着诉求倾听者既要从自身利益和立场出发,同时也需要考虑矛盾关涉方的利益和立场。就政府同民众之间的沟通而言,政府方面要倾听群众诉求就必须基于群众立场并切实维护群众利益,离开群众观点、群众立场、群众利益,就无所谓共情性倾听。"要真正做到共情看起来过于理想化,但是有很多时候人们的确不仅需要用耳朵去听,更需要用心和感情去听,也就是说暂时忘掉自身作为一级政府的立场、形象、专长,尝试从民众的处境、经历、情感和生活方式等角度去换位思考,准确理解民众真实意思,不做过度解读和延伸。"①思想疏导能动化解社会矛盾,其中涵括的诉求内容的表达、诉求信息的倾听并不是"例行程序",而是基于对矛盾关涉方的尊重从而做到"知人所感,感人所感"。因此,共情性倾听需要从群众的诉求信息着手、情感维度出发,通过倾听来感受了解诉求信息当中的情感温度和价值态度,由此产生情感共鸣,助力矛盾化解。

其三,真诚倾听就意味着不能漠视诉求、选择性倾听,而要包容性倾听。真诚倾听矛盾关涉方的诉求是对矛盾关涉方利益的基本尊重。就政府同群众之间而言,政府真诚倾听群众诉求是对群众利益的基本尊重。"把倾听当作

---

① 杨逍:《倾听:当前中国政治沟通的薄弱环节——以 140 个诉求表达事件为例》,《国际新闻界》2017 年第 2 期。

促进表达的因素,认为认真的倾听可以使对方感受到尊重和鼓励,从而理性表达;反之拒绝倾听或假性倾听只会使对方闭嘴并在接下来的沟通中拒绝倾听政府的表达,从而使政治参与和政治信任受到损害,政治沟通陷于恶性循环。"[1]群众的意见诉求是群众利益关切的反映,诉求关切背后实质上是群众的利益,但这并不意味着群众反映的诉求就一定合法、合规、合情、合理。包容性倾听强调,对于群众合法、合规、合情、合理的诉求一定要真诚倾听并积极回应;同时,对于群众不合法、不合规、不合情、不合理的诉求关切,也要真诚倾听并对其进行科学研判、及时回应,以求"扎扎实实解决好群众最关心最直接最现实的利益问题、最困难最忧虑最急迫的实际问题"[2]。

三、引导社会认知

引导社会认知同样是思想疏导能动化解社会矛盾的重要内容。大量社会学、心理学、政治学的研究成果表明,人们错误的或不合理的认知都会引发矛盾或者加剧矛盾冲突,甚至还有学者认为,事件本身并不影响人,人们只受自己对事件认知的影响。被誉为"理性情感行为疗法之父""认知行为疗法鼻祖"的美国心理学家阿尔伯特·艾利斯(Albert Ellis)曾经指出:"一切错误的认知方式或不合理的信念是心理障碍、情绪和行为问题的症结。"这是他提出的"情绪 ABC 理论"的基本结论。

其中,A 是激发事件,B 是个体对诱发事件的信念、看法、解释和评价,C 是个体的情绪和行为的反应。通常,人们认为情绪及行为反应是直接由诱发性事件引起,即 A 引发 C,但 ABC 理论指出,诱发性事件(A)只是引起情绪及行为反应(C)的间接原因,而人们对诱发性事件所持的信念、看法和解释(B)才是引起人们的情绪及行为反应(C)的更直接原因。所以,只要改变 B,就能

---

① 杨道:《倾听:当前中国政治沟通的薄弱环节——以 140 个诉求表达事件为例》,《国际新闻界》2017 年第 2 期。

② 《习近平谈治国理政》第二卷,外文出版社 2017 年版,第 364 页。

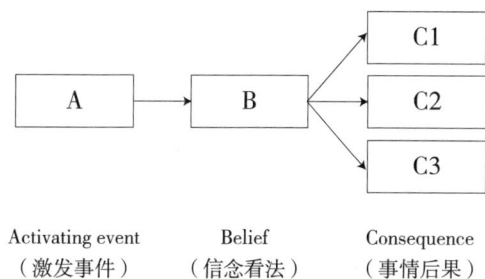

图 2　"情绪 ABC"理论示意图

改变 C。这就是说,对同样的激发事件而言,只要人们改变不合理甚至错误的认知,就可以改变由它所产生的不良情绪反应和消极社会后果。

　　心理学上的"情绪 ABC 理论"同样给调处社会矛盾以深刻启发,人们的认知评价是影响社会矛盾冲突的重要变量。无论是社会矛盾当中的个人还是群体,社会认知的变化往往都会引发社会行为的变化,为此,思想疏导参与社会矛盾化解,就要主动引导社会认知以减少乃至消除其中的认知偏见、认知偏执。正如法国社会学家涂尔干所说:"如果一个人感到自己是一种无法挽回的敌意的目标,他就会拒绝使这种敌意平息,而是更加固执地坚持那些最受排斥的习俗。"①对于群体行动而言,认知因素同样起着举足轻重的作用。美国社会学家斯梅尔塞(Neil J.Smelser)认为,仅有结构性诱因和结构性怨恨不足以产生集体行为。在集体行为发生之前,人们的结构性怨恨必须转化为某种一般化信念,即人们对某个特定问题产生的症结及其解决途径形成一个共同的认识。在他眼里,这种一般化信念很可能是出于愚昧和无知而产生的神话,但是对一个集体行为的发生来说,重要的并不是真实而是认知。一般化信念从某种意义上说是再造了、深化了甚至是夸大了人们的怨恨、剥夺感或压迫感……许多人正是带着一股强烈的怨恨和不公正感而卷入骚乱。② 社会认知

---

① ［法］埃米尔·迪尔凯姆:《自杀论》,冯韵文译,商务印书馆 2017 年版,第 154 页。
② 参见赵鼎新:《社会与政治运动讲义》,社会科学文献出版社 2012 年版,第 65 页。

只有被正确引导,才能有助于社会矛盾冲突的化解;相反,如果社会认知被错误诱导,人们总是持有不信任甚至敌视的态度,社会矛盾冲突发展的态势势必难以估量。对于政府和民众而言,"政治文化在几个方面对利益表达都是重要的。……认为政府会关心公民的要求,还是相信政府对公民持敌视态度,这会影响人们的行动方式的渠道和频率。"①对于矛盾和解当中的各方而言,"只要说话者和听众共享着同一个集体信仰,说话者就有成功说服听众的机会。如果说话者和听众并没有共享的信仰,劝说将变成一个相当无望的任务,……换句话说,除非听众认同说话者的世界观,否则听众将赋予说话者的论点以不同的意义"②。在现实生活当中,各个社会主体往往会从自己的利益、立场、角度出发来认识世界,由于人们处于不同的立场、角度,难免存在认知偏差、心理偏向的问题,这同样难以反映社会生活的真实全貌和本质内容。如果民众认知被错误诱导,以致出现认知偏见甚至认知偏执,便会产生负向对抗的思想情绪,激化社会矛盾,有碍社会稳定;相反,如果民众认知得以正确引导,人们能够客观、冷静地认知,便会产生正向思想情绪,从而有助于化解社会矛盾、维持社会安定。

明法析理。社会矛盾冲突的产生、拖延甚至激化,既有情绪因素、又有诉求因素和认知因素,疏解社会情绪、倾听反映诉求是思想疏导参与社会矛盾化解的应有之义。由于存在着矛盾关涉方对国家法律法规不了解、不熟悉、不明白,以致无限夸大个体利益诉求甚至突破法律法规底线的问题,这样,就无法实现诉求内容的协调,突破法律法规的诉求内容也自然无法得到满足,从而导致社会矛盾冲突的拖延甚至激化。因此,要公正地化解社会矛盾冲突,一是要引导人们明法。"治民无常,唯法为治"。实现依法而治,就要引导人们树立

---

① [美]加布里埃尔·A.阿尔蒙德、小 G.宾厄姆·鲍威尔:《比较政治学——体系、过程和政策》,曹沛霖等译,东方出版社 2007 年版,第 206 页。

② [美]艾尔东·莫里斯、卡洛尔·麦克拉吉·缪勒主编:《社会运动理论的前沿领域》,刘能译,北京大学出版社 2002 年版,第 98—99 页。

法治思维、做到知法守法,在法治框架内合法、有序地表达、维护、实现自己的利益诉求,这也是依法治国在社会治理领域的生动体现。具体来说,"对各类社会矛盾,要引导群众通过法律程序、运用法律手段解决,推动形成办事依法、遇事找法、解决问题用法、化解矛盾靠法的良好环境"①。二是要引导人们析理。"法安天下,德润人心。"社会矛盾的调处,既要维护法律法规的刚性权威,保证人们在法治框架内合法、有序地表达自己的利益诉求,又要引导人们讲道理、明事理、有情理。要把道理讲清、讲透、讲实,就要做到因人而异、因时而进、因事而化,不断相互启发,提高认识觉悟,只有这样,社会矛盾冲突才能迎刃而解。

宣介情况。如果矛盾关涉方当中任何一方缺乏对事件真实情况比较全面的了解,就会导致其在认识方面存在或大或小的偏差,由此造成关于诉求关切方面的信息不对称问题,因此,需要通过宣介情况来改变由于信息不对称造成的错误认知。并且,由于信息劣势方极可能将缺乏充分的诉求信息沟通归因为信息优势方缺乏沟通诚意,从而导致前者对涉及自身切实利益的事件与后者产生积怨,进而导致矛盾搁置激化。思想疏导能动参与社会矛盾化解,就要围绕矛盾关涉方的诉求内容,及时、充分宣介关于诉求内容的法律法规、政策办法,坚持诉求协调、矛盾调处过程的公开化、透明化,引导矛盾关涉方充分掌握、深入理解关于解决利益诉求的权威信息,从而引导矛盾关涉方由抵触、排斥矛盾化解转向理解、支持矛盾化解。通过充分宣介情况,使得诉求表达者充分掌握关于化解矛盾的诉求内容信息,这就为引导诉求表达者在法律法规的框架内合法、合理、有序地争取和实现自己的利益诉求,而不是盲目表达、随意索求,进而为化解社会矛盾冲突创造平等对话和正常沟通的条件,从而避免矛盾关涉方因对冲突本身的情况缺乏清晰、完整的认识而导致矛盾各方不断内耗。

---

① 《习近平关于全面建成小康社会论述摘编》,中央文献出版社 2016 年版,第 145 页。

廓清认识。由于认知方面的问题而导致矛盾冲突搁置、激化,既可能是因为矛盾关涉方对情况不了解、不熟悉,也可能是因为矛盾关涉方虽然掌握一定情况但存在着模糊认识、错误认识,这同样不利于矛盾冲突的化解。当前,在社会矛盾冲突化解的过程当中,不时会发现矛盾关涉方拘囿于个人利益而不顾整体利益的情况,不时会发现矛盾关涉方对矛盾冲突当中的社会公职人员存在不同程度偏见甚至抵触的情况,不时会发现矛盾关涉方总是存在思想认识方面的疑虑而不能围绕诉求内容敞开心扉沟通交流的情况……凡此种种,都是在矛盾化解过程当中需要廓清的思想认识问题。为此,就要针对人们的错误认知和不恰当的看法进行沟通引导、合理纠正,帮助人们摒弃错误思想认识,放下认识偏见,提高思想觉悟。思想疏导参与到社会矛盾化解过程当中,就能够及时廓清人们的模糊认识、错误认识,其中包括向矛盾关涉方详细解读应当熟悉而实际不熟悉的法律法规、主动宣传应当清楚而实际不清楚的党和国家有关方面的方针政策、及时说明应当知晓而实际不知晓的整体情况和实际问题。因此,引导社会认知,需要及时廓清矛盾关涉方存在的模糊认识、片面认识和错误认识,通过讨论、交流和沟通,分清思想是非、消除思想疑虑、拨开思想迷雾,进一步提高思想认识,形成思想共识,从而促进社会矛盾冲突的妥善解决。

引导舆论。舆论力量是影响社会认知的重要推手。因此,舆论导向是否正确,直接关系着一个社会的安定团结。"放眼当今世界,无论任何一个国家,任何一个政治集团都运用媒体这个舆论工具,把实际的国家权力部分地转化为舆论权力,并使舆论权力成为国家权力的有效组成部分。"[1]基于对舆论力量的深刻感知,中国共产党人认识到,"舆论引导正确,利党利国利民;舆论引导错误,误党误国误民"[2]。当前,矛盾冲突燃点降低,矛盾冲突事件经由网上网下扩散更易被放大。同时,人们敏感的利益神经也更加容易加剧社会矛

---

① 廖永亮:《舆论调控学——引导舆论与舆论引导艺术》,新华出版社 2003 年版,第 56 页。

② 胡锦涛:《在人民日报社考察工作时的讲话》,人民出版社 2008 年版,第 4 页。

盾冲突,如果人们的认知受到错误的舆论误导,矛盾便会不断发酵升级,冲突也将不断激化加剧。在现实生活当中,不少社会矛盾产生、激化的原因或者是受到别有用心的舆论诱导,或者是受到严重失实的错误舆论误导,或者是受到不当的舆论应对方式的刺激影响,或者是受到利益关涉方制造的舆论裹挟引导……因此,面对复杂多样的舆论生态,正确引导社会认知,就需要充分发挥舆论的引导作用,着力于及时疏通怨气怨言、化解对立情绪、把控不良风向、引导社会热点,从而把错误、偏颇的认知引导到正确、健康的轨道上来。

四、调适社会心理

社会心理指的是生活在特定的社会生活条件下,具有独特的文化和完整的人格结构的人对各种社会刺激所作的反映。[①] 作为对社会复合刺激的心理反映,社会心理具有相对独立性,能够在一定程度上影响人们的社会行为。积极健康的社会心理能够助推社会情境当中积极的"行为从众",不断壮大社会主体良好心理氛围,从而实现社会心理与经济社会的和谐发展。思想疏导能动化解社会矛盾的重要内容,还在于通过主动调适社会心理,增强人们对美好生活的心理体验,实现社会生活的良性建构。调适社会心理之所以是思想疏导能动化解社会矛盾的内容,这是因为:

其一,调适社会心理是实现社会心理与经济社会和谐发展的迫切需要。社会心理是一种群体性心理现象,由于整个社会存在着许多亚群体,因此,不同的社会群体就会有不同的社会心理。并且,伴随着社会群体的分化,社会心理的分化同样明显。即使处在同一个社会群体当中,不同的社会群体成员同样存在着个体心理的差别。随着经济社会快速发展,影响人们心理的不确定因素也日益增多,如果人们不能适应时空压缩式的发展节奏,就容易出现因经济社会发展同社会心理发展不协调所带来的"心理断代"问题。"特别是社会

---

① 参见欧立寿、韩立敏:《全面建设小康社会必须加强民众心理调适》,《湖湘论坛》2004年第5期。

发展迅速时,社会对既得利益阶层的约束力会减弱,而大众则会对这些既得利益者产生强烈的嫉妒;与此同时,人们的预期和欲望大大膨胀,对各种社会控制不胜其烦。本来此时社会更需要规范和稳定,但人及其欲望却在变化迅速的社会中变得越来越不容易得到约束和控制,于是导致了社会的失范。"①随着思想价值观念日益多元、多样、多变,人们的价值选择更加丰富、价值心理更加复杂、价值冲突更加明显,当原有价值秩序受到冲击,就极易出现社会心理失范问题。因此,调适社会心理是解决社会发展"失衡"与"失范"问题的迫切需要。

其二,调适社会心理是缓和社会矛盾、减少群体对立的重要举措。当前社会发展在给个人提供更为广阔施展才能空间的同时,又使个体产生空前的心理压力。而比较与竞争是社会施加给个体心理压力的重要来源。比较与竞争是在一定社会条件下,一定社会主体在与他者进行比较时产生的、自己处于弱势的、对自己生活满意程度较低的、渴望得到改变的一种心理态式、行动取向。斯梅尔塞认为,在一定的结构性因素下,人们就会产生相应的结构性怨恨、剥夺感或压迫感。改革开放以后,中国民众的生活水平普遍得到提高,但整个社会的收入差距也在不断扩大。由此带来的相对剥夺感就造成"拿起筷子吃肉放下筷子骂娘",甚至是"拿起筷子吃山珍海味放下筷子骂娘"的现象,并导致许多与之相应的集体行为。② 当个人价值期望与社会价值期望之间产生巨大落差,群体相对剥夺感就会不断增强,并极易导致群体行为失范。

其三,调适社会心理是缓解个体认知失调的有效举措。英格尔斯(Alex Inkeles)在论及个人调适与现代化问题时提道:"一个世纪后,亨利·亚当斯认为,纽约市是个已经爆炸的大圆柱体,把大量的石头和蒸汽抛进天空,形成了一种'运动和歇斯底里'的空气,结果,'以前想象不到的繁荣,人类以前从未行使过的权力,除了流星以外什么也不能达到的速度等,所有这些都致使全

---

① 赵鼎新:《社会与政治运动讲义》,社会科学文献出版社 2012 年版,第 75 页。
② 参见赵鼎新:《社会与政治运动讲义》,社会科学文献出版社 2012 年版,第 65 页。

世界烦躁不安,神经紧张,牢骚满腹,毫无理智,担惊受怕。'"①通过引导人们宣泄情绪、表达诉求、协调认知,可以让人们正确地认识自己遇到的思想困扰、心理压力、精神危机,提高正确认知能力、缓释认知失调,从而使人们能够更加有效地适应社会环境的变化以及社会整体的变迁。当前,在中国社会转型过程中,社会成员的心理调适对缓解认知失调十分重要。"中国社会急速的转型、变革,意味着社会整体利益结构的调整,大批社会成员、社会群体的社会地位和经济地位被重新洗牌。人们有时觉得无章可循,不确定性因素增加。这使得社会成员产生一种人生的不确定感,对前景的不确定性让人心里不踏实,人们对于未来不可预期。这自然就会形成社会焦虑现象。"②社会转型加快、社会竞争加剧以及社会压力加大引发的社会心理不适问题愈加突出。面对突出的社会心理不适问题,要能动化解社会矛盾,就需要通过思想沟通、对话交流来引导社会成员不断进行自我调适,使得他们能够冷静、客观、辩证地分析社会变迁带来的社会变化,选择科学方式应对利益矛盾冲突,增强自身的环境适应能力和心理承受能力,从而缓解由于个体认知失调带来的心理问题,以积极健康的社会心理促进社会有序发展。

调适社会心理要阻断恶性心理的相互强化。个体的心理往往会影响个人的行为,群体的心理则会影响群体的共同行为,而恶性共同心理是导致群体冲突甚至引发严重社会对抗的心理诱因。美国社会学家特纳认为,"集体行为的产生需要某种共同的心理,包括共同的意识形态和思想,或共同的愤恨。这种共同心理形成的关键,是聚众中某个共同规范的产生。……聚众中的共同规范往往产生于一个不确定的环境中。在规范产生的过程中,一个符号性事件以及与之相伴的谣言往往会起到关键作用。……不过,并不是所有的符号性事件和谣言都会导致集体行为规范的产生。只有当一个符号性事件以及相

---

① [美]阿历克斯·英克尔斯:《人的现代化素质探索》,曹中德等译,天津社会科学院出版社 1995 年版,第 297 页。

② 夏学銮:《转型期的社会心理失衡与调适》,《中国党政干部论坛》2015 年第 5 期。

伴的谣言能够引起大众的一致反感时,才会围绕着这一符号产生某个共同看法或规范,并引发一场针对那个符号的反感或仇恨以及相应的聚众行动。"①因此,为避免恶性社会矛盾冲突的发生,就要阻断恶性共同心理的形成,这就需要积极回应、处理可能引发大众"一致反感"的诱发事件,以此消除大众对诱发事件可能存在的心理郁结、无端猜测。

调适社会心理要避免相对剥夺感不断增强。相对剥夺感是一种引发社会抗争的心理因素,特别是在社会快速发展而均衡发展不足之时,极容易产生发展型相对剥夺感。美国学者格尔(Ted Robert Gurr)较早提出"相对剥夺感"概念,他认为,每个人都有某种价值期望,而社会则有某种价值能力。当社会变迁导致社会的价值能力小于个人的价值期望时,人们就会产生相对剥夺感。相对剥夺感越大,人们造反的可能性就越大,破坏性也越强。他把这个过程称为"挫折—反抗机制"。② 当一个社会的价值能力和人们的价值期望均在提高,但社会的价值能力由于某种原因而有所跌落,从而导致价值期望和价值能力之间的落差扩大时,就会产生发展型相对剥夺感。③ 由于发展型相对剥夺感当中社会的价值能力曲线呈"J"形,该理论又被称为"J"曲线理论。"发展型相对剥夺感常见于发展中的或处于改革中的社会。"④长期以来,人们对生活质量的评价都主要基于物质生活条件和相关福利指标,而现在人们对获得感、幸福感、安全感、满意度前所未有的重视。⑤ 尽管中国经济社会发展过程迅速,但仍不可能立即满足人们对社会生活方方面面的价值期待,这就需要引导人们以平和理性的心态面对中国处于变革期的社会调整。中国改革开放的历程是涵容着社会心理变化的历程,其中,社会心理转型的一个重要向度就

① 转引自赵鼎新:《社会与政治运动讲义》,社会科学文献出版社 2012 年版,第 63—64 页。
② 转引自赵鼎新:《社会与政治运动讲义》,社会科学文献出版社 2012 年版,第 28 页。
③ 参见赵鼎新:《社会与政治运动讲义》,社会科学文献出版社 2012 年版,第 80 页。
④ 赵鼎新:《社会与政治运动讲义》,社会科学文献出版社 2012 年版,第 80 页。
⑤ 参见李培林、陈光金、张翼主编:《2019 年中国社会形势分析与预测》,社会科学文献出版社 2019 年版,序言第 3 页。

是相对剥夺感不断增强。"各种因社会预期得不到满足或者受到挫折而产生的负面社会情绪、社会焦虑、社会心态往往通过网络酝酿、发酵而成为影响人们社会行为的社会热点问题甚至事件,催发社会戾气。"①调适社会心理既要不断创造满足人们对美好生活需要的条件,又要积极引导人们的合理生活预期,疏解人们的心理郁结,帮助人们树立正确的公平观,鼓励公平、合理竞争,从而克服不良社会心理对民众的影响,增强民众自身对美好生活的心理体验,由此实现社会生活的良性建构。

五、促进社会适应

促进社会适应是思想疏导能动化解社会矛盾的观念性内容。当前,我国正处在社会主义现代化建设新的历史阶段,正处在全面深化改革和对外开放的关键期,比任何时候都需要能够适应现代社会变迁和现代文明发展的社会心理、价值观念和思想精神。"一个发展中国家有越来越多的现代人,它的社会改革步伐就会越来越快,当现代性深入到大多数国民性格中去时,现代的态度、舆论、行为就会变成一种巨大的内在推动力,这对于国家发展的任何计划的全面成功,都是必不可少的基本因素。"②推动社会改革,需要积极的社会适应。然而,积极的社会适应并不会自发形成,只有通过包括思想疏导在内的价值引导活动以促进人的思想观念现代化,才能助推人们积极适应社会现代化的发展进程,最终实现人的现代化和社会现代化。

社会生存不等同于社会适应,实现积极的社会适应需要思想疏导。生活在社会中的每一个体都需要积极主动地适应社会。然而,"毋庸讳言,并非每个人都会必然地形成适应社会的良好人格。有些人在社会适应过程中能够形成

---

① 李培林、陈光金、张翼主编:《2019年中国社会形势分析与预测》,社会科学文献出版社2019年版,第23页。

② [美]阿列克斯·英格尔斯:《人的现代化——心理·思想·态度·行为》,殷陆君编译,四川人民出版社1985年版,第281页。

适应性的人格特征,从而能够解决社会适应问题,达到心理健康;而有些人却不能形成适应性人格特征,反而形成了一些非适应性人格特征,不能及时有效地解决自己所面临的社会适应问题,从而导致心理问题"①。人的社会适应不等于生存适应,被誉为"社会达尔文主义之父"的英国哲学家、社会学家的赫伯特·斯宾塞(Herbert Spencer)提出了"社会适应"的概念。人们通过日常生活经验能够感知到,无论人们的生命历程多么迥异、社会适应的内容不尽相同,但每个人都要经历生命的诞生、生命的成长直至生命的消逝这样的过程。这样的生存适应尽管是社会适应的重要内容,但并不是社会适应的全部内容,这是因为,社会生存并不完全等同于社会适应。社会适应是包括观念、规则、身份、习惯在内的交流融合。甚至,即使身份、利益的融入也不意味着观念、心态的适应。可以说,思想观念的适应是社会适应的核心内容,促进社会适应就要促进思想观念的适应,这样的社会适应对个体才有着重要的意义。因为,只有在社会适应的前提下,物质和精神的需要才能都得到更好的满足。当人们还处在特定社会的矛盾冲突当中时,通过思想疏导来实现积极社会适应,便能够促进矛盾关涉方采取适当的调整策略,使得自身的价值观念与行为选择主动适应社会发展的要求。那些社会适应不良的个休,观念和行为往往不能为社会所接受,久而久之便可能产生思想价值观念危机,进而导致社会适应障碍。即使社会成员能够在社会变迁当中"活下来",但并不意味着人们在思想观念、政治观点、价值认识方面主动接纳、适应特定社会的规范要求。当人们还不具备适应社会的法律意识、规则意识、平等意识、沟通意识等思想观念时,则会因困厄于传统落后观念意识而"陷入焦虑"。随着社会的快速变革、时空的高度压缩、社会流动的愈加频繁,社会成员思想观念方面的适应显得更为重要。因此,促进社会成员积极适应社会,需要通过思想观念的疏通和导引,摒弃阻碍实现人的现代化的落

---

① 陈建文、王滔:《社会适应与心理健康》,《西南师范大学学报(人文社会科学版)》2004年第3期。

后观念,播种符合社会发展趋向的现代化观念。

促进人的思想观念现代化是社会适应的核心。社会适应不只是适应器物、制度层面的社会革新,其核心是思想意识、观念心态也要适应社会现代化的转型,这样才能真正实现人的现代化及社会现代化。可以说,人的观念现代化是社会现代化的重要前提和核心内容。"一个国家,只有当它的人民是现代人,它的国民从心理和行为上都转变为现代的人格,它的现代政治、经济和文化管理机构中的工作人员都获得了某种与现代化发展相适应的现代性,这样的国家才可真正被称为现代化的国家。否则,高速稳定的经济发展和有效的管理,都不会得以实现。即使经济已经开始起飞,也不会持续长久。"①促进人的思想观念现代化是社会适应的核心,也是实现社会现代化的关键。如果忽视或摒弃对人的思想观念现代化的引导,不仅不利于人适应社会,而且会加剧社会矛盾冲突,甚至阻碍社会现代化进程。英格尔斯十分重视人的思想观念现代化在整个社会现代化进程中的重要性。他认为,任何一个国家如果不经历国民心态和行为向现代化的转变,仅仅依靠引进先进技术、经济体制甚至社会制度,都不可能真正实现现代化。英格尔斯关于人的现代性的研究结果充分表明:"个人心理态度、价值观朝现代化改变同时会伴随着行为方面朝现代化转变。这些行为的改变,能给导致国家现代化的政治、经济制度赋予真正的意义和生命,并持久地支持住国家朝现代化方面的转变。离开了执行那些能促使国家现代化的经济、政治、法律制度的人本身的现代化,这些制度便会成为有名无实的无灵魂的躯壳,或者被扭曲变形,弊病百出,背离这些制度原所预期达到的目的。"②"现代化就是工业化,这确是现代化的主要动力,也是现代化的经济

---

① [美]阿列克斯·英格尔斯:《人的现代化——心理·思想·态度·行为》,殷陆君编译,四川人民出版社 1985 年版,第 8 页。

② [美]阿列克斯·英格尔斯:《人的现代化——心理·思想·态度·行为》,殷陆君编译,四川人民出版社 1985 年版,第 273—274 页。

层面的中心内容,但仅此是不够的,现代化还将包括从基础到上层建筑、价值观念等的全面变革。"①人是社会生活的主体,是促进社会现代化的主体力量。一个国家要实现从传统向现代的跨越、一个社会要完成由传统向现代的转型,都需要促进人的思想观念现代化。只有人的思想观念与社会发展保持一致或者符合社会发展趋势,这样适应社会发展需要的现代化观念才能促进经济基础的巩固和完善。从社会矛盾领域来看,社会矛盾冲突的发生与人的思想观念是否适应社会现代化发展密切相关。个体的思想观念如果与社会现代化进程不相适应,则容易导致因各种社会矛盾纠纷而引发的认知偏颇、思想怨懑、情感郁结、心理失衡、困惑迷茫等思想认识问题愈加严重。正如马克斯·舍勒(Max Scheler)所认为的,社会的转型绝不能仅仅理解为社会的经济—政治结构的转变,更应该理解为一种深层的"价值秩序"的位移和重构,理解为一种体现了某种价值秩序结构改变的社会心态的根本转变。② 这样的根本转变也就是要荡涤落后、陈旧的思想观念,通过思想疏导使得社会成员具备良好的现代化观念,实现个体思维方式和观念心态的现代化转变。

思想疏导通过促进人的观念现代化实现社会适应。人的思想观念现代化是推动社会现代化的前提条件。研究社会现代化问题的美国学者英格尔斯反复强调:"我们也完全懂得,妨碍一个国家的现代化的客观力量有许多方面,但是,我们相信,心理、态度、价值观、思想的改变,是现代化机构和制度产生实质性后果和作用的最基本的先决条件之一。"③"人的现代化是国家现代化必不可少的因素。它并不是现代化过程结束后的副产品,而是现代化制度与经

① 罗荣渠:《现代化新论——世界与中国的现代化进程》,北京大学出版社1993年版,第93页。
② 参见[德]马克斯·舍勒:《资本主义的未来》,罗悌伦等译,生活·读书·新知三联书店1997年版,中译本导言第6页。
③ [美]阿列克斯·英格尔斯:《人的现代化——心理·思想·态度·行为》,殷陆君编译,四川人民出版社1985年版,第277页。

146

济赖以长期发展并取得成功的先决条件。"①可见，促进人的思想观念现代化并不是社会改革的"附属物"，而是助推社会改革的先导性思想因素。"人的转变，并不是社会改革的附属产品或结果，他们本身参与到社会改革中，在这个过程中，同环境和制度相互作用着共同产生了社会改变，而且，在大的急促的社会改变后，还特别需要有人们的心理和态度的长久支持来巩固社会的改变。"②可见，人的观念现代化是社会现代化的内在动力和思想前提。因此，促进人们在思想观念上适应社会、实现人的观念现代化，在社会现代化步伐越发加快的进程中就显得日益紧迫和必要。社会现代化进程必然带来各方面的重大调整和变革，如果思想意识、观念心态无法紧跟社会前进的步伐，就会造成因不能承受社会变迁引发的心理冲击，势必会形成消极、悲观的社会适应。随着社会发生因器物、制度等方面的革新而带来的变迁，这就要求人们的思想观念发生同社会发展方向相契合的转变。"在现代化的潮流之中，中国人以自己的创造实践活动推进着中国社会的现代化，同时，在现代化所带来的社会震荡和文化观念的变迁中，旧的传统观念又时时使人们面对变革中的心理冲击和利益调整，作出脱离现代化轨道的情绪反应和思想表现。"③人们在现代化过程中主要的心理矛盾表现为：第一，对变革的渴望与稳定的追求；第二，精神上的失落感与物欲的膨胀；第三，道德困惑与失范；第四，权威人格与主体人格的冲突。④"社会地位的改变，利益关系的调整，使人们不适应、不认同。实质还是传统、现代与后现代之间没能找到一个恰当的结合点，习惯传统的，或者崇尚现代的、后现代的各种理念在新的时空结构中，还是处于游荡甚至冲撞的

---

① ［美］阿列克斯·英格尔斯：《人的现代化——心理·思想·态度·行为》，殷陆君编译，四川人民出版社 1985 年版，第 8 页。
② ［美］阿列克斯·英格尔斯：《人的现代化——心理·思想·态度·行为》，殷陆君编译，四川人民出版社 1985 年版，第 280 页。
③ 郑永廷等：《人的现代化理论与实践》，人民出版社 2006 年版，第 443 页。
④ 参见郑永廷等：《人的现代化理论与实践》，人民出版社 2006 年版，第 445—452 页。

状态,没有完全实现融合。"①并且,过高的社会预期与相对滞后的社会现实之间的差距也会引发人们产生较大的心理落差,进而使得人们对社会感到失望和不满,这同样会造成消极悲观的社会适应。随着改革开放纵深推进,社会思潮大量产生,社会结构转型加快,各方利益深刻调整,如果人们的思想观念、心理态度不能真正适应社会的快速变迁,那么,人们就更易因社会适应不良而产生思想困扰乃至精神危机。要疏解社会现代化变迁当中人们产生的思想困扰或者精神危机,就需要从思想观念和社会心态入手,促进人们积极适应社会变迁以实现人的观念现代化,使人的观念现代化进程同社会现代化进程"同频共振"。

---

① 景天魁:《时空压缩与中国社会建设》,《兰州大学学报(社会科学版)》2015 年第 5 期。

第四章　思想疏导能动化解社会矛盾的运行机制

　　深入考察已经发生的、影响社会稳定的社会矛盾冲突事件,不难发现,这些群体性事件大多发生在社会治理的环节,其源头和过程常常伴随着社会问题的累积恶变,即是因经济社会发展过程中的社会矛盾没有得到及时疏导解决而长期积累导致民怨厚积。中国古代先贤早就深刻认识到民心、民意关乎政权危亡。当鲁哀公向孔子叙说"未尝知危"时,孔子说:"君者舟也,庶人者水也。水则载舟,水则覆舟,君以此思危,则危将焉而不至矣?"①中国共产党人深刻懂得人民群众同执政党是"水"和"舟"的关系,作为执政者就要消除民怨,否则就会因为"长期积累的矛盾导致民怨载道、社会动荡、政权垮台"②。作为化解社会矛盾纠纷综合系统的重要支撑,思想疏导能动参与社会矛盾纠纷的化解存在着独特的运作逻辑。循序着调处矛盾纠纷当中诉求的表达、诉求的沟通、诉求的实现、诉求的保障,这个运行机制发挥着不可替代的重要作用。党的十八届三中全会提出:"创新有效预防和化解社会矛盾体制……建立畅通有序的诉求表达、心理干预、矛盾调处、权益保障机制,使群众问题能反

---

①　《荀子·哀公》,方勇、李波译注,中华书局 2015 年版,第 499—500 页。
②　《十八大以来重要文献选编》(上),中央文献出版社 2014 年版,第 81 页。

映、矛盾能化解、权益有保障。"①党的十八届四中全会再次提出："构建对维护群众利益具有重大作用的制度体系,建立健全社会矛盾预警机制、利益表达机制、协商沟通机制、救济救助机制,畅通群众利益协调、权益保障法律渠道。把信访纳入法治化轨道,保障合理合法诉求依照法律规定和程序就能得到合理合法的结果。"②思想疏导能动化解社会矛盾的运行机制,包括预警管理机制、诉求疏通机制、沟通协调机制、联动协同机制。这同样是维护群众利益不可或缺的重要制度体系。

第一节　思想疏导能动化解社会矛盾的预警管理机制

　　预警管理是预防和化解社会矛盾的重要内容。《礼记·中庸》篇载："凡事豫则立,不豫则废。言前定则不跲,事前定则不困,行前定则不疚,道前定则不穷。"③这启发人们,凡是做事,如果预先准备就能成功,没有预先准备就会失败。思想疏导能动化解社会矛盾的预警管理机制,就是当社会矛盾纠纷正处于潜伏时期或刚出现苗头时,它能够及时摸排矛盾纠纷和了解人们思想的综合状况,把准矛盾纠纷的发展态势和群众的思想动向,评估矛盾纠纷的潜在社会风险,从而提早对矛盾纠纷实施干预处置,做到及时发现、及时介入、及时疏导、及时调处。建立预警管理机制对于预防和化解潜隐的社会矛盾冲突具有重要意义。如果缺乏矛盾纠纷事前预防思维,且当矛盾纠纷出现苗头时未能及时有效处置,就会导致矛盾纠纷扩大失控,甚至会为此付出不可估量的社会代价。思想疏导融入社会矛盾化解体系,能够强化社会矛盾预防、预判、预警思维,进而及时、有效调处矛盾纠纷。预防预警管理

---

① 《十八大以来重要文献选编》(上),中央文献出版社 2014 年版,第 540 页。
② 《十八大以来重要文献选编》(中),中央文献出版社 2016 年版,第 174 页。
③ 《礼记》(下),胡平生、张萌译注,中华书局 2017 年版,第 1025 页。

机制实质上是坚持"预防为主、防治结合"的矛盾纠纷调处方针,将矛盾纠纷调处的关口前移、重心下移,其目的就在于避免矛盾纠纷产生积累、层层递交,从而提高矛盾纠纷预防化解工作能力。预警管理机制是思想疏导能动化解社会矛盾运行机制的首要内容,同时也是思想疏导能动参与化解社会矛盾纠纷的重要环节。

一、矛盾纠纷静动摸排

矛盾纠纷静动摸排,即矛盾纠纷的静态摸排和动态摸排,是预警管理机制的首要环节。要实现矛盾化解的成功预警管理,首先需要掌握大量关于矛盾纠纷的信息和资料。矛盾纠纷信息是否摸排准确、到位,直接影响着矛盾纠纷综合研判、预警处置的成效。只有主动搜集摸排,才能及时获得矛盾纠纷的苗头信息,把握矛盾纠纷发展态势,掌握预防化解矛盾的工作主动权,增强思想疏导能动化解矛盾纠纷的前瞻性、预见性和实效性。

构织矛盾纠纷排查网。随着经济社会改革不断深化,社会利益格局不断调整,现实利益驱动效应愈加突出,从而导致社会心态躁动不安,社会矛盾纠纷明显增多,呈现出量大面广、触发点多、燃烧点低、恶化迅速的特征。与此同时,由于纠纷主体多元、诉求内容复杂、纠纷牵扯广泛,因此,"矛盾纠纷潜隐→矛盾纠纷激化→矛盾纠纷调处"这种被动应处方式已经不能适应新形势下矛盾纠纷发展的新特点。为最大限度摸排收集正处于潜伏时期或已显露苗头的矛盾纠纷信息,让矛盾纠纷排查工作常态化、规范化、制度化,实现矛盾纠纷排查"无死角",这就急切需要构织全方位、宽领域、广覆盖的矛盾纠纷排查网络,为及时阻断"矛盾纠纷潜隐→矛盾纠纷激化"过程提供预警信息,最大限度将矛盾纠纷排查在萌芽时期、化解在源头阶段。构织矛盾纠纷排查网络,既要做到快捷高效,又要做到全域覆盖、全员覆盖。其一,全域覆盖的重点是地方基层。习近平反复强调,基础不牢,地动山摇。基层是疏导社会矛盾的"茬口",疏导社会矛盾重心在基层。"基层处于承上启下的节点、各种矛盾的焦点和工作落实的重点。"①"大量的信息在基层交流,多种思潮在基层激荡,各种矛盾在基层汇集,甚至一些矛盾纠纷与冲突也在基层酝酿、爆发。可以说,基层既是产生利益冲突和社会矛盾的'源头',也是协调利益关系和疏导社会矛盾的'茬口'。"②当前,矛盾纠纷网格化排查是构织矛盾纠纷排查网络基层格局的有益探索。矛盾纠纷网格化排查以微型网格为单位,因地制宜开展网格化治理,基本能够形成"横向到边、纵向到底、直接到户、覆盖全员"的矛盾纠纷排查化解网络。③ 其二,全员覆盖的焦点是重点人群。矛盾纠纷排查要做到全员覆盖,是因为思想问题和利益问题紧密关联,只要存在人群就存在利益问题,就可能产生矛盾纠纷。处于特殊境遇当中的人群则是矛盾纠纷排查的重点人群,包括征地拆迁纠纷、企业改制纠纷、物业管理纠纷、医患矛盾纠纷、劳资矛盾纠纷、环境污染纠纷等在内的关涉群体。其三,排查网络还要快捷高效。预警管理机制坚持预防为主的原则,这就要求构织的矛盾纠纷排查网必须快捷高效,能够做到第一时间发现、第一时间报告、第一时间预警,做到急事急报、特事特报、大事快报。如果构织的矛盾纠纷排查网反应迟钝、预警失灵,将会导致正处潜伏期或已显露苗头的社会矛盾纠纷摸排失灵,进而错失矛盾纠纷预警调处的最佳时机。社会矛盾纠纷激化往往以特定社会事件为"导火索",通过矛盾纠纷摸排及时发现"导火索"事件,做到及时报告、及时预警,就能为化解社会矛盾纠纷、消除社会积怨提供先机,从而避免社会矛盾纠纷失控、激化。

建立矛盾纠纷数据库。矛盾纠纷数据库是基于矛盾纠纷排查网收集的正

---

① 习近平:《之江新语》,浙江人民出版社 2007 年版,第 110 页。
② 习近平:《之江新语》,浙江人民出版社 2007 年版,第 239 页。
③ 现有的"矛盾纠纷排查化解网格化管理"工作格局:以网格为基本管理单元,因地制宜划分成三级网格,有效整合现有资源和力量,形成以村(居)调委会为一级网格、自然村调解小组为二级网格、村民小组调解小组为三级网格,依托村(居)调委会,实施以村(居)调委会主任为具体联络指导、调委会副主任为骨干,专(兼)职调解员为基础的区块化、网格式的组织管理模式,真正形成"横向到边、纵向到底、直接到户、覆盖全员"的矛盾纠纷排查化解网络和社会服务管理格局。

处潜伏期,或已显露苗头并可能激化和已经发生的矛盾纠纷的基础信息库。建立矛盾纠纷数据库,其主要目的在于实现存储、监测和预测的功能。第一,存储功能。矛盾纠纷数据库的存储功能主要是依托矛盾纠纷排查网收集矛盾纠纷的实时信息加以利用。如果矛盾纠纷已经发生,不论大小,都要及时将矛盾纠纷的具体起因、时间地点、关涉各方、纠纷程度等信息及时录入矛盾纠纷数据库,力争实现矛盾纠纷信息的"全存储",为做好社会预警处置工作提供基础资料。第二,监测功能。矛盾纠纷数据库作为"全存储"信息平台,对于纳入的矛盾纠纷信息实施编号并动态关注,全程记录矛盾纠纷潜隐、发生、调处、反馈的各个环节,实时观察矛盾纠纷的发生发展及干预处置情况,从而为了解、掌握矛盾纠纷实际情况,及时跟踪化解各种矛盾纠纷隐患,进而为做好矛盾纠纷综合研判、预警处置提供信息支持。第三,预测功能。"大数据是人们获得新的认知,创造新的价值的源泉;大数据还是改变市场、组织机构,以及政府与公民关系的方法。"[1]"大数据的核心就是预测。"[2]建立矛盾纠纷数据库以适应大数据时代的发展,就要形成关于矛盾纠纷的大数据挖掘、大数据分析、大数据预测思维,探索以大数据为基础的矛盾纠纷"预测—解决"方案。通常而言,预测都需要数据资料的大量积累,并且数据资料掌握得越全面、充分,对于科学预测就越有价值。随着"数据时代的来临、智能手机等移动终端的普及,使得社会上各种数据流在海量增加同时日益显形化而可以记录分析,决策的基础由此从少量的'样本数据'转变为海量的'全体数据'。随着'样本等于或接近总体',大数据的应用将促使政府判断从关注宏观数据转变为在意微观数据,按照数据'收集—存储—分析—输出'的流程进行网格化管理,保证输出证据的科学性和精确性,精准把握相关事件发

---

① 〔英〕维克托·迈尔-舍恩伯格、肯尼斯·库克耶:《大数据时代——生活、工作与思维的大变革》,盛杨燕、周涛译,浙江人民出版社 2013 年版,第 9 页。
② 〔英〕维克托·迈尔-舍恩伯格、肯尼斯·库克耶:《大数据时代——生活、工作与思维的大变革》,盛杨燕、周涛译,浙江人民出版社 2013 年版,第 16 页。

生的规律和倾向,预判事件发生的概率,从而改变传统政府管理中注重宏观数据、把握主流偏好的模式。"①现有研究已经出现关于社会矛盾预警的大数据分析云平台整体架构的设想(见图3)。

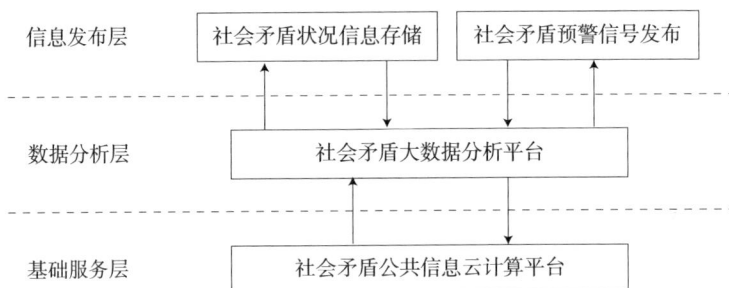

图3 社会矛盾预警大数据分析云平台整体架构图②

如果矛盾纠纷信息网能够实现矛盾纠纷信息的"全存储",并基于矛盾纠纷信息的大量数据样本让矛盾纠纷数据"发声",就可以及时从矛盾纠纷的数量、结构、分布及其变化趋势中发现带有普遍性、倾向性的问题,进一步分析预测当前矛盾纠纷发展态势以及后续矛盾纠纷出现的诱发因素、涉及内容、热点难点,为解决矛盾纠纷提供十分有益的参考。

开展矛盾纠纷常态摸排。开展矛盾纠纷常态摸排是矛盾纠纷静动摸排的具体实施。正式启动矛盾纠纷常态摸排工作,要依托构织的矛盾纠纷排查网,准确排查各类矛盾纠纷信息,不断充实矛盾纠纷数据库,把握正处于潜伏期或已显露苗头的矛盾纠纷总体情况。"及时发现社会矛盾发展迹象,准确掌握影响矛盾发展隐患,积极采取应对方案;建立灵敏高效的社会矛盾预警系统,将预警的'触角'延伸到社会矛盾的各个环节和各个区域,真正做到早预警、早防控,掌握维护社会稳定的主动权。"③开展矛盾纠纷常态摸排工作,需要做

① 李林、田禾主编:《中国法治发展报告(2016)》,社会科学文献出版社2016年版,第349页。
② 参见石森昌:《社会矛盾预警及其大数据分析云平台建设》,《社会工作》2015年第4期。
③ 朱力、邵燕:《社会预防:一种化解社会矛盾的理论探索》,《社会科学研究》2016年第2期。

到以下三点:第一,全面排查和重点排查相结合。全面排查,即依托全面铺开的矛盾纠纷排查网络,实时摸查处于潜伏期或已显露苗头的矛盾纠纷信息,做到横向到边、纵向到底、全域覆盖、全员覆盖。重点排查,即对关注的可能引发矛盾纠纷的重点人群、重大决策、重大事件、重大诉求、重点区域实施全面、详细、缜密的排查工作。第二,定期排查和突击排查相结合。定期排查,即依托矛盾纠纷排查网,根据管理的不同层级按照一定排查周期实施的矛盾纠纷排查工作。突击排查,即对极可能导致严重突发社会事件的正处于潜伏期或已显露苗头的矛盾纠纷信息开展即时、迅速、有力的排查工作。第三,常规排查和专项排查相结合。常规排查,即依托矛盾纠纷排查网,根据排查制度,对管辖区域开展的正常排查。专项排查,即对于特别时段、特别地域、特别事件可能发生矛盾纠纷的集中点开展针对排查。将全面排查和重点排查相结合、定期排查和突击排查相结合、常规排查和专项排查相结合,旨在及时、全面、准确地收集各种正处于潜伏期或已显露苗头甚至可能导致矛盾纠纷激化的信息,实现矛盾纠纷全方位排查、全过程跟踪,最大限度避免因矛盾纠纷摸排疏漏而导致矛盾纠纷趁势扩大、激化的情况,从而抓住矛盾纠纷预警调处的先机。以全国法治"试验田"浙江省杭州市余杭区推进政府大数据应用以促进基层治理创新为例,既往的"事件发生—分析因果—采取应对"管理流程,逐渐被"量化数据—关联分析—预判趋势—预防措施"所取代,将决策、执行和监督关口普遍前移,使得防患于未然成为可能,传统"惩前毖后"的治疗型、管理型政府得以向预防型、服务型政府转变。①

二、矛盾纠纷综合研判

思想疏导能动化解社会矛盾的预警管理机制以静动摸排为基础、以事前研判为重点、以预警处置为归口。作为预警管理机制承前启后的重要内容,矛

---

① 参见李林、田禾主编:《中国法治发展报告(2016)》,社会科学文献出版社 2016 年版,第349 页。

盾纠纷的综合研判环节将在对正处于潜伏期或已显露苗头的矛盾纠纷信息收集以后,对其进行鉴别、筛选、加工、分类、归纳和处理。如果对社会的具体矛盾纠纷漏判、不判,则会对矛盾纠纷处置手足无措,极易导致错失矛盾纠纷调处的最佳时机;如果对社会的具体矛盾纠纷乱判、错判,进而采取错误的方法来处理矛盾纠纷,则必然导致矛盾纠纷趁机扩散甚至激化失控。因此,正确研判矛盾纠纷是矛盾纠纷预警处置的先决条件。

准确研判矛盾纠纷的具体性质。对于排查出来的矛盾纠纷信息,要认真分析、准确研判矛盾纠纷的具体性质。这就需要特别注意:其一,正确认识社会矛盾纠纷大局。如果对我国社会矛盾纠纷大局缺乏全面、正确、客观的认识,就容易因错误研判社会矛盾的性质而秉持错误的社会矛盾调处原则,这势必会危害社会的安定团结。习近平曾指出:"当前基层产生的社会矛盾,无论其表现形式多么复杂多样,就其性质而言绝大多数还是表现为人民的内部矛盾。基层矛盾要用基层民主的办法来解决,这一重要原则一定要把握好。"① 我国大量存在的社会矛盾仍然是根本利益一致的人民内部矛盾,即便人民内部矛盾的复杂性、对抗性有所增强,也不能简单地否定人民内部矛盾的性质,而要正确认识在新时期新形势下人民内部矛盾呈现出的新问题、新特征、新态势。其二,把准具体矛盾纠纷的性质。通常而言,研判具体社会矛盾纠纷的性质,可以从诉求表达的内容、方式、渠道等是否符合法律、是否符合政策、是否符合道理、是否符合情理四个方面作出正确判断。对于具体的社会矛盾纠纷要开展具体的分析,简单的矛盾纠纷性质易判,影响因素单一、牵扯面窄、处理容易;复杂的矛盾纠纷性质难判,影响因素复杂、牵扯面广、处理不易。矛盾纠纷的复杂因素包括诉求内容合理同诉求方式激烈相互交织,合理性诉求同非合理性诉求相互交织,人民内部的矛盾纠纷同别有用心的诱导干预相互交织,实际利益受损同过高诉求期待相互交织,直接利益受损群体同无直接利益冲

---

① 习近平:《之江新语》,浙江人民出版社 2007 年版,第 226 页。

突群体相互交织等。其三,注意具体矛盾纠纷性质的变化。矛盾纠纷的激烈程度和基本性质并不会一成不变,由于影响矛盾纠纷的因素复杂、变量众多,这极可能导致矛盾纠纷激烈程度和基本性质发生变化。即既可能因矛盾调处得当而让激烈的社会矛盾转变为平缓的矛盾纠纷,同样可能因调处矛盾过程麻痹大意或者方法不当导致平缓的矛盾纠纷转变为激烈的矛盾纠纷,甚至转化为具有强烈对抗性的矛盾冲突。注意矛盾纠纷激烈程度和基本性质的变化,并不是放任本属于人民内部的矛盾纠纷往恶性方向发展,恰恰相反,而是要自觉消除诱发人民内部矛盾往恶性方向发展的可能因素。

科学研判矛盾纠纷的详细成因。对于排查出来的矛盾纠纷信息,要认真分析、准确研判矛盾纠纷的详细成因。只有对矛盾纠纷的成因剥丝抽茧,才能把准矛盾纠纷发生的深层原因,才能对矛盾纠纷的化解做到胸有成竹、因症施药。通常而言,凡是关涉人民群众生产生活的领域,都可能是矛盾纠纷的发生地。因此,诱发矛盾纠纷的因素也繁多复杂,既有因经济社会发展不平衡导致的利益分化所带来的矛盾纠纷,又有因党群关系、干群关系恶化带来的矛盾纠纷;既有因决策失误、政策问题引发的群体矛盾纠纷,又有因社会不公、工作失责引发的矛盾纠纷。复杂、重大的矛盾纠纷往往既有浅层次原因,又有深层次原因,需要特别注意剖析其中的深层次原因。

有效研判矛盾纠纷的发展态势。美国安全工程师海因里希(Herbert William Heinrich)提出过社会安全领域的"海因里希安全法则"[1]。这一法则尽管诞生于社会安全领域,但其发现"重伤和死亡事故虽有偶然性,但是不安全因素或动作在事故发生之前已暴露过许多次,如果在事故发生之前,抓住时机,

---

① "海因里希安全法则"或"海因里希事故法则",是美国安全工程师海因里希提出的300∶29∶1法则。这个法则意为:当一个企业有300个隐患或违章,必然要发生29起轻伤事故或故障,其中,有一起重伤、死亡或重大事故。即在一件重大的事故背后必有29起轻度的事故,还有300个潜在的隐患。可怕的是对潜在性事故毫无觉察,或是麻木不仁,结果导致无法挽回的损失(参见《安全生产中的"海因里希法则"》,《安全生产与监督》2013年第1期)。

及时消除不安全因素,许多重大伤亡事故是完全可以避免的"①,这对于社会矛盾冲突的研判同样具有重要的启发意义。

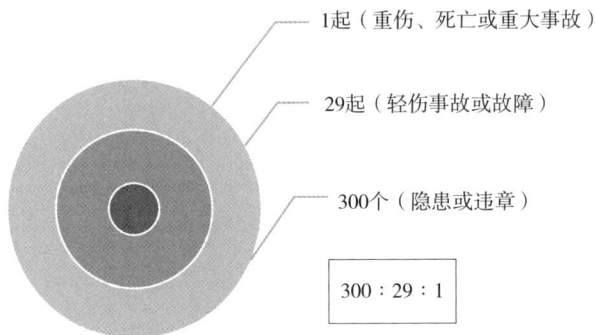

图 4 "海因里希安全法则"示意图

"危害社会秩序和公共安全、影响社会稳定、干扰社会正常运行的社会安全事件发生,实质上是社会矛盾集中爆发的体现。与其他突发公共事件一样,社会安全事件也会经历孕育、激发、酝酿、爆发、升级以及减弱平息的演化过程。孕育阶段就是社会矛盾的能量积聚过程。"②社会矛盾的能量积聚过程同诉求表达的渠道是否畅通、内容是否充分、沟通是否有效等高度相关。"海因里希安全法则"对于研判矛盾纠纷的启发之处在于,已经显露的大量矛盾冲突往往不是矛盾冲突事件的全部,这预示着还有大量潜隐的社会矛盾冲突。这就需要基于社会成员的意见诉求和利益表达来开展诉求信息收集工作,在对排查出来的矛盾纠纷信息认真研究分析的基础上,准确研判矛盾纠纷的发展态势。矛盾纠纷信息往往散布于多个社会群体和不同社会领域当中,在分析特定矛盾纠纷信息时,若对矛盾纠纷的发展特点、大致态势研判不准,就不能及时、有效和准确地利用矛盾纠纷信息,甚至可能错过化解矛盾纠纷的最佳时机,从而导致矛盾纠纷扩大激化。《法治政府建设实施纲要(2015—2020)》

---

① 《安全生产中的"海因里希法则"》,《安全生产与监督》2013 年第 1 期。
② 石森昌:《社会矛盾预警及其大数据分析云平台建设》,《社会工作》2015 年第 4 期。

还要求,要及时收集分析热点、敏感、复杂矛盾纠纷信息,加强群体性、突发性事件预警监测。总之,矛盾纠纷信息搜集是决策的前提。基于对矛盾纠纷信息的整体把握,才能对可能引发社会风险的因素作出科学研判,进而为矛盾纠纷预警处置提供决策依据。

三、矛盾纠纷预警处置

预警管理机制强调矛盾纠纷的预测、预防、预警,让矛盾纠纷预测预防工作走在调解干预之前,变事后处理为事前防范,变被动调处为主动预防,这样,可以防止个体问题群体化、矛盾纠纷扩大化、内部问题社会化。《韩非子》当中讲道:"有形之类,大必起于小;行久之物,族必起于少。故曰:'天下之难事必作于易,天下之大事必作于细。'是以欲制物者于其细也。"①即是说,有形体的东西,大的一定由小的发展而来;经历长久的事物,数量众多一定由数量少发展而来。对于社会矛盾纠纷而言,就是要在矛盾纠纷还没有激化加剧前进行预警处置,以避免社会矛盾纠纷"拖大拖炸"。矛盾纠纷预警处置是预警管理机制的归口,预警管理机制的成效直接体现为矛盾纠纷预警处置的效果。

开展矛盾纠纷的风险评估。这旨在评估潜在的或者显露的矛盾纠纷对经济社会发展特别是社会秩序可能造成的影响,以便及时防范风险、主动发现风险、有效化解风险。社会的动态稳定能在一定程度上容纳矛盾冲突,并能将排查出来的矛盾纠纷作为"有用的警报",防止社会出现"灾难性崩溃",进而实现社会的自我调整、自我更新、自我完善。正如社会冲突论的代表学者科塞所说:"冲突是这样一种机制,通过它,社会能在面对新环境时进行调整。"②在僵化的社会制度中,僵化的矛盾冲突观往往错误认识矛盾冲突,表现为要么不承认社会矛盾冲突的存在,要么极力压制社会矛盾冲突的发生,这势必导致对可能成为风险源的矛盾纠纷预警处置失当。因此,"要加强对各种风险源的调查

---

① 《韩非子》,高华平、王齐洲、张三夕译注,中华书局2015年版,第229页。
② [美]L·科塞:《社会冲突的功能》,孙立平等译,华夏出版社1989年版,第114页。

研判,提高动态监测、实时预警能力,推进风险防控工作科学化、精细化,对各种可能的风险及其原因都要心中有数、对症下药、综合施策,出手及时有力,力争把风险化解在源头,不让小风险演化为大风险,不让个别风险演化为综合风险,不让局部风险演化为区域性或系统性风险,不让经济风险演化为社会政治风险,不让国际风险演化为国内风险。"①潜在的或者显露的矛盾纠纷可能成为风险源,关系群众切身利益的重大决策同样也可能成为风险源,因此,在实施时,既要做到充分尊重群众意愿、充分保障群众利益、充分发挥群众积极性,又要"健全重大工程项目建设和重大政策制定的社会稳定风险评估机制"②。因此,对于关涉群众切身利益的重大决策,要主动开展矛盾纠纷风险研判预警评估,避免因决策失当而引发重大矛盾纠纷或埋下引发重大矛盾纠纷的"祸端"。

做好矛盾纠纷的分类预警。由于矛盾纠纷纷繁复杂,预警处置需要有的放矢,这就要做好矛盾纠纷的分类分流工作。按照矛盾纠纷激烈程度大小、涉及人数多少、情况是否紧急、可能出现的后果进行分类预警,可以分为第Ⅰ类、第Ⅱ类、第Ⅲ类、第Ⅳ类社会矛盾纠纷,从而"恰当评估可能发生的社会风险类型、性质及危害程度,辨识风险级别"③,进而采取适宜的应对方式来调处矛盾。第Ⅰ类矛盾纠纷属于对抗性强的重大社会矛盾纠纷,涉及人数众多,情势十分紧急,极可能形成重大恶性事件;第Ⅱ类矛盾纠纷属于对抗性较强的社会矛盾纠纷,涉及人数不多,情况比较紧急,极可能引发违法犯罪行为;第Ⅲ类矛盾纠纷属于对抗性较低的社会矛盾纠纷,只是当事人之间存在利益冲突,处理不好可能导致矛盾激化;第Ⅳ类矛盾纠纷属于几乎没有对抗性的社会矛盾纠纷,只是由于当事人之间存在利益瓜葛引发情绪失控、言行失当,协调不好就可能导致矛盾升级。

---

① 《十八大以来重要文献选编》(中),中央文献出版社 2016 年版,第 834 页。
② 《十七大以来重要文献选编》(下),中央文献出版社 2013 年版,第 181 页。
③ 黄燕翔、施美萍:《建立健全基层社会矛盾预警机制研究——基于 Q 市十一个县市区的实证分析》,《长春理工大学学报》(社会科学版)2018 年第 2 期。

·对抗性强的重大社会　·对抗性较强的的社会　·对抗性较低的社会　·几乎没有对抗性的社会
　矛盾纠纷　　　　　　　矛盾纠纷　　　　　　矛盾纠纷　　　　　矛盾纠纷
·涉及人数众多,情势十分　·涉及人数不多,情势比较　·只是当事人之间存在　·只是由于当事人之间
　紧急,极可能形成重大　　紧急,极可能引发违法　　利益冲突,处理不好　　存在利益瓜葛引发情绪
　恶性事件　　　　　　　犯罪行为　　　　　　可能导致矛盾激化　　失控、言行失当,协调
　　　　　　　　　　　　　　　　　　　　　　　　　　　　　　不好可能导致矛盾升级

第Ⅰ类　　　　　第Ⅱ类　　　　　第Ⅲ类　　　　　第Ⅳ类

图5　矛盾纠纷分类预警图

《中国法治发展报告(2019)》指出:"当今经济发展速度、人际交往范围早已超乎睿智的古人的想象,'无讼'的理想似乎与现代人渐行渐远。世界各国都在现代化转型的过程中面临'诉讼爆炸'的问题,中国法院自立案登记改革以来民事案件收案量剧增,法院'案多人少'的矛盾日益尖锐,司法体系超负荷运行。"[①]当前,社会矛盾纠纷逐渐增多,而司法资源却相对有限,因此,要充分发挥被誉为"东方经验"的人民调解方式的优势,做好矛盾纠纷的基层预防、基层分流工作,根据排查出来的矛盾纠纷的性质、强度、类型"因症施药",积极借助和依靠社会各方力量,将社会矛盾纠纷分流到社会调解网络,做好矛盾纠纷分流化解工作。

第二节　思想疏导能动化解社会
矛盾的诉求疏通机制

思想疏导能动化解社会矛盾的诉求疏通机制,就是思想疏导主动参与社会矛盾纠纷化解的过程,促使人们充分表达诉求的相对稳定的实施过程和运作方

---

① 陈甦、田禾主编:《中国法治发展报告(2019)》,社会科学文献出版社 2019 年版,第 350—351 页。

式。当社会矛盾冲突已经发生时,思想疏导主动融入矛盾纠纷化解,必然需要矛盾纠纷关涉方充分表达诉求,从而为诉求的沟通、诉求的解决创造条件。同时,诉求表达包括诉求表达者的诉求表达愿望、诉求表达渠道、诉求表达行动、诉求表达能力等多方面的内容。诉求疏通机制实际上是让矛盾纠纷的"蒸汽"得到有序释放,从而避免"锅炉"被压抑的"蒸汽"炸毁。与此同时,整个诉求沟通过程能够从释放的"蒸汽"当中吸取有益内容,进而促进社会治理体系的完善。作为思想疏导能动化解社会矛盾运行机制的基础性内容,诉求疏通机制强调对矛盾关涉方诉求权利的充分保护以及对人民内部矛盾的民主化解。

一、激活诉求表达意愿

《韩非子》当中讲:"知下明,则禁于微"①,"知下明,则见精沐"②,意指了解下情很清楚,就能把坏事解决在萌芽状态;了解下情清楚,看问题就会明白。这说明了解下情对治国理政极其重要。而要"知下明",就要"开言路",就要"通下情",就要通过畅通诉求渠道让人们表达诉求,进而熟识人们诉求关切、把准社会矛盾的诉求点。激活诉求表达意愿是思想疏导能动化解社会矛盾的诉求疏通机制的首要内容。诉求表达意愿是诉求表达者主动表达诉求信息的心理倾向。随着社会信息化加速发展和全媒体时代的到来,"人人都有麦克风""人人都有摄像机",甚至"人人都是传声筒""人人都是评论员",这极大地改变着话语表达生态,同时也意味着话语表达"黄金时代"的到来。与此同时,随着社会多样性、开放性、包容性愈加增强,以及人们的权利意识、平等意识、公正意识、法治意识逐渐提升,人们随时、随地、随欲地表达思想意见和利益诉求似乎已不存在任何"瓶颈"和障碍。无论网上还是网下的话语表达,都会有着建设性意见与牢骚性抱怨共存、批评性建议与肯定性赞美同在、寻求帮助的期待与给予帮助的行动共处等情形,总之,网上网下话语表达"活力四射",呈现让人"眼花缭乱"

① 《韩非子》,高华平、王齐洲、张三夕译注,中华书局2015年版,第578页。
② 《韩非子》,高华平、王齐洲、张三夕译注,中华书局2015年版,第578页。

的复杂图景。这种话语表达的繁荣景象同诉求表达的选择沉默"相互映衬"。事实上,话语表达同诉求表达不同,诉求表达是依托话语形式表达诉求信息。无论诉求内容是否合法、合规、合情、合理,潜在的诉求表达者因可能存在偏颇认识、不满情绪、情感隔阂而不愿促成诉求表达过程的发生、不愿表达自身的诉求愿望和主张,但同时又极力压抑不满情绪,回避诉求表达、拒绝诉求沟通,就会产生"消极隐忍""诉求沉默""选择失语""社会郁积"等问题。诉求表达意愿的掩蔽或者沉寂,要么是"杜塞天下之口"的结果,要么是潜在诉求表达者的"诉求沉默"。对于"诉求沉默"主体,就要充分激活其诉求表达意愿,这是因为,"一个革命政党,就怕听不到人民的声音,最可怕的是鸦雀无声"①。诉求表达繁多、激烈、复杂并不可怕,最为可怕的就是在诉求事项发生以后,潜在的诉求表达者主观阻断诉求表达过程、拒绝诉求表达沟通,这样,掩蔽诉求表达意愿往往酝酿着更为激烈、巨大、复杂的社会隐患。这是因为,"通过公开地在社会上表现潜在的不同意和敌视,反抗激起了冲突,但它有助于消除这些冲突的根源"②。因此,激活诉求表达意愿就显得十分重要。

营造诉求表达宽容氛围。激活民众诉求表达意愿,重在营造诉求表达的宽容氛围。营造诉求表达的宽容氛围,关键是积极保护人们的诉求表达权利,鼓励人们充分表达意见诉求。诉求表达权利是人们的母体权利、社会权利和政治权利。中国古人早就深刻认识到,民众诉求表达具有母体权利的性质。中国西周时期,邵公在劝谏周厉王宽容对待民众诉求时深刻地指出:"民之有口也,犹土之有山川也,财用于是乎出;犹其有原隰衍沃也,衣食于是乎生。口之宣言也,善败于是乎兴,行善而备败,所以阜财用、衣食者也。夫民虑之于心而宣之于口,成则行之,胡可壅也? 若壅其口,其与能几何?"③主政者施行仁

① 《邓小平文选》第二卷,人民出版社 1994 年版,第 144—145 页。

② [美]彼得·布劳:《社会生活中的交换与权力》,孙非等译,华夏出版社 1988 年版,第 349 页。

③ (战国)左丘明:《国语》,(三国)韦昭注,上海古籍出版社 2015 年版,第 7 页。

政要尊重民众的诉求表达,而不是"堵塞天下之口,聋盲一世之人",强行压制民众诉求表达意愿的做法势必会导致民众"怨气充塞",并生"离叛之心"。相反,"通过对冲突的宽容和制度化,这些社会系统为自己找到了一个重要的稳定机制"①。我国法律同样以赋予公民诉求表达权利的形式来鼓励人们积极、有序地表达意见诉求。《中华人民共和国宪法》第二章"公民的基本权利和义务"的第 35 条和第 41 条分别规定:"中华人民共和国公民有言论、出版、集会、结社、游行、示威的自由。""中华人民共和国公民对于任何国家机关和国家工作人员,有提出批评和建议的权利;对于任何国家机关和国家工作人员的违法失职行为,有向有关国家机关提出申诉、控告或者检举的权利,但是不得捏造或者歪曲事实进行诬告陷害。"国务院颁布的《信访条例》同样明确规定:"公民、法人或者其他组织可以采用书信、电子邮件、传真、电话、走访等形式,向各级人民政府、县级以上人民政府工作部门反映情况,提出建议、意见或者投诉请求;各级人民政府、县级以上人民政府工作部门应当做好信访工作,认真处理来信、接待来访,倾听人民群众的意见、建议和要求,接受人民群众的监督,努力为人民群众服务。""我们党是最尊重群众意见的党,我们的党员将应该是最尊重群众权利的人员。"②党的十一届三中全会明确指出:"各级领导要善于集中人民群众的正确意见,对不正确的意见进行适当的解释说服。宪法规定的公民权利,必须坚决保障,任何人不得侵犯。"③可见,中国共产党人十分尊重群众的意见诉求,同时,群众的诉求表达权利也受到法律保护,这是社会主义民主政治的重要体现。要促使群众积极行使诉求表达权,就要为群众积极创造诉求表达的便利条件。当前,不少基层地方积极创新群众诉求表达方式,营造良好的诉求表达氛围,努力拓宽网上网下为民服务渠道。这些关于

---

① [美]L·科塞:《社会冲突的功能》,孙立平等译,华夏出版社 1989 年版,第 137 页。

② 《建党以来重要文献选编(1921—1949)》第 13 册,中央文献出版社 2011 年版,第 327 页。

③ 《十一届三中全会以来重要文献选读》(上),人民出版社 1987 年版,第 10—11 页。

诉求表达的新探索对于激活群众诉求表达意愿、密切基层干群关系、了解群众诉求盼愿、化解矛盾纠纷具有十分积极的作用。

积极回应每个诉求关切。激活群众诉求表达意愿,贵在积极回应群众的每个诉求关切。无论意见诉求是否合法合规、合情合理,人们之所以要表达意见诉求,归根结底,还是期待自己表达的意见诉求能够得到重视、回应乃至实现。如果只是营造诉求表达宽容氛围,而对于人们表达出来的意见诉求置若罔闻,那么,要么会掩蔽民众诉求表达愿望,要么会诱发负面社会情绪,要么会直接引发矛盾冲突。因此,激活群众诉求表达意愿,还在于高度关注并认真回应群众的每个诉求关切。群众的每一诉求表达总是关涉着其切身利益。"对于广大群众的切身利益问题,群众的生活问题,就一点也不能疏忽,一点也不能看轻"①,"群众利益无小事。凡是涉及群众的切身利益和实际困难的事情,再小也要竭尽全力去办"②。习近平还强调指出:"'群众利益无小事'。群众的一桩桩'小事',是构成国家、集体'大事'的'细胞',小的'细胞'健康,大的'肌体'才会充满生机与活力。对老百姓来说,他们身边每一件琐碎的小事,都是实实在在的大事,有的甚至还是急事、难事。如果这些'小事'得不到及时有效的解决,就会影响他们的思想情绪,影响他们的生产生活。"③因此,关心群众的切身利益、保护人们诉求表达的积极性,就要及时、主动、真情回应每个诉求关切,破解"群众利益诉求遭遇体制性迟钝"④的弊病,避免因群众诉求

---

① 《毛泽东选集》第一卷,人民出版社1991年版,第136页。

② 《十六大以来重要文献选编》(上),中央文献出版社2005年版,第372页。

③ 习近平:《之江新语》,浙江人民出版社2007年版,第26页。

④ 不少学者认为,"多数群体性事件的爆发尽管有偶然性因素,但根本上还在于群众利益诉求遭遇体制性迟钝,诉求的表达与反馈渠道不畅,长期得不到党政部门的有效回应,以致干群矛盾、商民矛盾持续累积,最终酿成冲突和对抗。"(参见张桂林:《透视群体性事件中的民意沟通缺失现象》,《党的生活》2008年第1期)社会恶性事件的发生,"尽管有偶然性因素,但根本原因还在于群众利益诉求遭遇体制性迟钝,人民群众合理诉求的表达渠道和反馈渠道不畅,长期积累的问题和矛盾得不到地方党政部门的有效回应,以致党群矛盾、干群矛盾、政民矛盾、警民矛盾、商民矛盾持续累积,最终酿成激烈的冲突和对抗。"(参见虞崇胜、吴雨欣:《上下联动:破解中国基层民主困局的应然路径》,《学习与实践》2010年第2期)

长期得不到回应而导致社会矛盾纠纷"拖大拖炸"。主动回应群众诉求关切，就不能漠视甚至无视民众的利益关切，对群众的诉求关切搪塞敷衍、装聋作哑、消极怠慢，而是要把准群众利益诉求点，变被动为主动，化危机为转机。真情回应群众诉求关切，就要饱含着对群众的真挚感情来解决好群众反映的意见诉求。总之，认真回应群众每个诉求关切，就要做到满腔热情、积极主动、及时高效，唯有如此，才能有助于激发群众诉求表达意愿，真正"听到人民的声音"。

二、畅通诉求表达渠道

"群众诉求表达渠道具有表达要求和愿望、宣泄情绪和不满的功能，可以起到缓和、分解甚至消除矛盾或对抗、避免社会震荡的作用。"[1]正常畅通的诉求表达渠道是引导诉求表达者规范表达诉求的重要前提。随着社会转型和改革持续推进，人们不可避免地会在生产生活方面遇到各种矛盾。在社会主义改革时期，由于利益格局不断调整，人们意见诉求不断积聚，如果缺乏表达的通路，就极易导致负性思想情绪积累甚至爆发。因此，畅通诉求表达渠道是诉求疏通机制的基础内容。

建设常态诉求表达渠道。诉求表达渠道的有效运行在于通过有效吸纳、运载诉求表达信息，使得诉求信息顺畅、有序地流动。"诉求表达对象发挥维护稳定的作用，主要表现为通过设置容纳各种情绪、主张、要求的泄洪通道，了解民众的不同愿望，帮助宣泄社会积累的不满情绪，保持政治、经济、文化和社会生活，特别是政治局面的动态稳定。从当前来看，就是正视利益主体多元化和利益冲突常态化的社会现实，为民众设置多层次的反映意见和建议的渠道，发挥诉求表达对象的'安全阀'作用。"[2]"如果社会不满没有必要的释放渠

---

① 郭信言：《关于畅通和规范群众诉求表达渠道的问题》，《信访与社会矛盾问题研究》2014年第1期。

② 毕宏音：《诉求表达机制研究》，天津社会科学院出版社2009年版，第117—118页。

道,当社会不满的积累突破了一定的限度,就会催生或加重社会矛盾的增量,进而对社会产生破坏性过大的负面影响。"①中国共产党人历来重视群众的意见诉求,因此,也历来重视群众诉求表达渠道的建设。然而,当前诉求表达渠道建设还可能面临两大突出问题:其一,诉求表达渠道沉寂低效。诉求表达渠道设置冗繁复杂,既有网下表达渠道,又有网上表达渠道,但如果缺乏对这些表达渠道的有效管理,导致诉求表达渠道激活率、使用率、回馈率极低甚至为零,实则诉求表达渠道设置的"象征意义大于实际意义"②。其二,诉求表达渠道建设即兴化。即不是出于持续、长久接纳和运载诉求信息的初衷而建设的短时间、非常态的诉求表达渠道。即兴的诉求表达渠道固然能在短时间内有助于集中时间、集中精力来接纳、运载诉求信息,缓和暂时的社会矛盾冲突。然而,如果即兴诉求表达渠道失效,迅猛激增的诉求信息就会"无处安放",极易导致因诉求表达不畅而产生诉求抗争。因此,建设常态诉求表达渠道对于诉求表达渠道的制度化、规范化、有效化发展有重要作用。随着社会阶层的分化、社会结构的重组、改革转型期矛盾冲突日渐凸显,诉求表达渠道建设同样要不断扩展完善以适应社会环境、利益群体、利益诉求的现实变化。如果社会群体的诉求表达特别是弱势群体的诉求表达缺乏合法、畅通、有序的渠道,就极易导致诉求表达者因利益受损或利益表达不畅而临时结盟,甚至会做出以引起社会广泛关注的极端行为来表达诉求。当前,基于我国社会利益诉求表达呈现出来的新变化,建立合理有效的利益诉求表达机制来倾听、熟识、吸收群众诉求以促进党和政府决策的科学化,同时也是从制度层面推进国家治理体系和治理能力现代化的重要举措。建立"网上信访""网上问政"等信息化平台,实现网上网下相配合的沟通渠道对于群众表达利益诉求具有重要作用。总之,拓宽和完善诉求表达渠道,克服其中存在的沉寂低效和即兴化建设的问题,这对于引导和规范群众表达意见诉求、化解社会矛盾具有重要作用。

---

① 吴忠民:《社会矛盾倒逼改革发展的机制分析》,《中国社会科学》2015 年第 5 期。
② 毕宏音:《诉求表达机制研究》,天津社会科学院出版社 2009 年版,第 119 页。

清除诉求表达渠道淤塞。畅通诉求表达渠道,既要常态建设诉求表达渠道,又要适时清除诉求渠道淤塞,从而保障诉求表达渠道畅通有序。清除诉求表达渠道淤塞,就是要处理影响诉求信息有序顺畅流动的障碍。由于诉求表达渠道阻塞不畅,群众意见诉求也就不能"原汁原味"地反映出来,就容易导致因利益诉求表达不畅而引发社会矛盾。当前,尽管人们表达意见诉求的渠道比较畅通,然而,诉求表达渠道仍然存在着淤塞的问题。其一,正常的诉求表达渠道冗繁复杂。事实上,人民代表大会制度、政治协商制度、司法制度、信访制度的落实对于保证群众正常有序地表达利益诉求有基础性作用,然而,这些制度的实际运转总会出现这样或那样的问题。诉求表达者如果认为非正式诉求渠道更为便捷、高效,那么,他们就更愿意选择符合个体实际的非正式诉求表达渠道,尽管非正式诉求渠道经常游走于"违规"甚至"违法"的边缘。其二,正常诉求表达渠道的人为堵塞。群众的意见诉求往往"反映矛盾,暴露矛盾"[1],同时也是分析研究社情民意的重要"原材料"。发扬社会主义民主,就是要创造条件让这些意见诉求充分表达出来,而不是"拦卡堵截"群众的正常诉求表达,造成正常诉求表达渠道的人为堵塞,这样,非但无益于矛盾冲突的化解,反而极易导致诉求表达者"发生越轨行为"。正如科塞所说:"如果这些越轨者能够找到获得同样目标的合法手段的话,他们就很可能不会发生越轨行为。"[2]清除诉求表达渠道淤塞,就要树立"维权是维稳的基础,维稳的实质是维权"的新维稳理念,力争简化诉求表达渠道的程序,为群众创造简化、快捷、高效的诉求表达渠道。随着社会格局深度调整,利益关系发生重大变化,利益主体愈加多元,利益诉求同样出现内容多样、总量增大的情况,在新形势、新任务、新条件下,容纳、承载、传导持续涌现的利益诉求,需要结合群众表达诉求的新特点创新形式,积极探索"网上信访""网上问政""领导接访""联合接访""视频接访""信

---

① 《习仲勋文选》,中央文献出版社 1995 年版,第 250 页。
② [美]L·科塞:《社会冲突的功能》,孙立平等译,华夏出版社 1989 年版,第 37 页。

访代理"等群众诉求表达的新渠道。

三、提升诉求表达能力

中国共产党历来尊重群众诉求表达权并重视群众诉求表达。为维护群众诉求表达权,中国共产党人反复强调,要"畅通和规范群众诉求表达、利益协调、权益保障渠道"①。诉求表达权是群众的基本权利。畅通和规范群众的诉求表达,不是压制和缩小群众诉求表达空间,而是鼓励群众依法行使诉求表达权利,不断提升诉求表达能力以"培养成熟的利益诉求主体"②。这需要增强社会成员诉求表达的主体意识,提高社会成员特别是弱势方诉求表达能力,以均衡诉求表达的社会格局。

增强诉求表达主体意识。诉求表达主体意识并不单单是诉求表达主体的权利意识,还包括主动意识、法治意识。因此,诉求表达主体意识的增强既包括诉求表达者权利意识的高涨,又包括其主动意识、法治意识的提升。密尔(John Stuart Mill)说:"每一个人,或者说任何一个人,当他有能力并且习惯于维护自己的权利和利益时,他的这些权利和利益才不会被人忽视。"③可以说,增强诉求表达者主体意识是培育理性成熟的诉求表达主体、提升其诉求表达能力的先决条件。是否具有积极的诉求表达权利意识、主动意识、法治意识,是否具有积极的政治参与和话语表达意识,直接关系着诉求表达者能否冷静思考自身的利益诉求、积极有序行使诉求表达权利,进而主动采取理性、合法的方式维护自身正当权益。如果社会成员缺乏诉求表达主体意识,那么,当其合法权益受到侵害时,要么隐忍愤懑、消极抵抗,要么违法抗争引发恶性社会事件,这两种情况都极不利于社会矛盾冲突的能动化解。在现代社会,成熟的利益诉求主体既要正视自身利益诉求,明晰诉求表达的合法权利,同时还应具

---

① 《十八大以来重要文献选编》(上),中央文献出版社 2014 年版,第 189 页。
② 刘士欣:《畅通利益诉求渠道　化解群体性事件》,《中国党政干部论坛》2015 年第 8 期。
③ 转引自[美]罗伯特·达尔:《论民主》,李柏光、林猛译,商务印书馆 1999 年版,第 60 页。

有诉求表达主体意识和自然生发的诉求表达愿望,学会采取理性、合法的方式主动维护自身正当权益,自主、冷静、有序地进行诉求表达。唯有如此,诉求主体的合法权利才能得到维护,正当利益才能得以实现。

提高诉求表达能力。这实质上是提升诉求表达者的话语影响力。诉求表达是社会成员的基本权利。引导社会成员进行规范有效的诉求表达是"培养成熟的利益诉求主体"、能动化解社会矛盾的重要前提,而诉求表达能力的提高则是进行有效诉求表达的重要支撑。"转型期由于体制的改革、政策的调整、资源的重新聚集与分配等因素,社会贫富差距、城乡差距、区域差距不断拉大,利益分化不断加剧,社会各阶层对社会财富和资源的享有不平衡,合法权益的实现和自身发展的机会不平衡,各阶层人民利益诉求程度等也呈现不平衡状态。"①随着社会阶层的快速分化,不同位阶社会成员的话语影响力存在着"天然不同"。具有话语表达权利并不意味着表达的话语内容就一定有影响力。当缺乏话语影响力,且通过正常渠道表达诉求不能引起关注时,诉求表达者就极易采取以付出生命、伤害身体、损害尊严为代价的悲情维权方式来引起社会关注,以期提升自身诉求表达的社会影响。能动化解社会矛盾、减少矛盾累积恶变、促进社会良性发展,提高诉求表达能力,其着力点在于提高诉求表达者特别是矛盾冲突中弱势方的诉求表达话语影响力,为实现矛盾关涉方合理合法诉求创造条件。

均衡诉求表达社会格局。高度分化的社会结构,不只是利益格局的分化,同时也是诉求表达格局的分化。这就意味着,社会结构当中的弱势群体在诉求表达社会格局当中同样处于弱势地位,当诉求表达渠道出现"梗阻"时,弱势群体就会暂时"失音"或者强烈"抗争"。对此,还有研究者认为,弱势群体仍然拥有着表达利益诉求的强烈愿望,当前,我国弱势群体利益诉求表达呈现两个方面的不平衡性:其一,弱势群体在利益维护方面具有高度的一致性,而

---

① 张礼建:《城市社会性弱势群体利益诉求研究》,西南师范大学出版社 2014 年版,第169 页。

利益诉求的表达过程却呈现出个体性和分散性。其二,弱势群体的利益表达组织发展滞后,而强势群体的利益表达组织却发展迅速。①"作为一个整体,弱势群体相对于强势群体而言发展是不均衡的,实际上,弱势群体内部各个组成部分在利益表达能力的发展上也是不均衡的。"②尽管社会追求诉求表达权利的平等,然而,实际却存在着社会群体分化的事实,这导致强势群体与弱势群体具有的社会资本差异更加明显,也就客观上造成社会成员的诉求表达能力、利益竞逐能力、诉求实现能力存在不均衡状况。"当社会成员的利益诉求可以通过一定的社会组织得以凝聚和集成时,社会管理者所设置的表达、协商和诉求解决机制能够发挥出社会调和作用,因某个具体的权益问题导致社会溃败的可能性将会大大降低。"③利益诉求的凝聚和提炼,对于能动化解社会矛盾冲突十分重要。若要促进社会各阶层之间的良性沟通与互动协商,就要正视诉求表达能力不均衡的现实,并通过凝聚共向性的利益诉求来增强弱势群体的诉求表达影响力,不断促进社会分化过程当中诉求表达社会格局的均衡。

第三节　思想疏导能动化解社会矛盾的沟通协调机制

诉求疏通机制强调促使诉求信息有序释放、负面情绪合理发泄,从而避免矛盾冲突积累恶化。沟通协调机制则强调通过利益相关方对话沟通、利益协调来化解矛盾。思想疏导之所以能够参与社会矛盾化解,关键在于当前大量社会矛盾并非具有敌我对抗的冲突性质,而是可以通过沟通协调来实现根本

---

① 参见张礼建:《城市社会性弱势群体利益诉求研究》,西南师范大学出版社 2014 年版,第 145—146 页。

② 张礼建:《城市社会性弱势群体利益诉求研究》,西南师范大学出版社 2014 年版,第 146 页。

③ 张晓玲:《社会稳定与弱势群体权利保障研究》,《政治学研究》2014 年第 5 期。

利益一致基础上的矛盾纠纷的能动化解。通过立场的相互考虑、平等的对话讨论、积极的情感沟通、利益关系的有效协调,矛盾关涉方之间可以减少乃至消除分歧,甚至矛盾本身得以变小乃至化解,从而推动共识的增进。沟通协调机制是思想疏导能动化解社会矛盾运行机制的关键内容,它强调就诉求内容进行沟通协调,把违法的、过激的诉求表达吸纳到规则体系当中,以期促进人们合法、合理、有序地表达诉求、沟通诉求、维护权益。"假如像齐美尔所暗示的那样,'冲突可以清洁空气',那种能使敌意感情发泄出来,而使相互关系不变的制度起着避雷针的作用。然而它却不能阻止乌云的不断积聚,也就是说,不能阻止新的紧张的积累。"①正视社会矛盾、容纳社会矛盾、化解社会矛盾,不仅需要有序释放矛盾纠纷的"蒸汽",从而避免"锅炉"被炸毁,更需要矛盾关涉方围绕诉求内容对话沟通、深化理解,以消除隔阂、增进共识。如果只是释放"敌意感情",尽管能够暂时缓解矛盾冲突,但不能从根本上解决原有矛盾冲突以及防止新的矛盾的积累。

一、厚植诉求沟通基础

思想疏导能动化解社会矛盾的沟通协调机制涵容着利益相关方围绕诉求关切开展信息传递、对话交流的过程。其中,既有显性的关于诉求信息的"硬"沟通,又有隐性的关于思想情感的"软"沟通。只有以围绕诉求关切的"软"沟通为前提,坚持"软"沟通同"硬"沟通相互协调,不断厚植诉求沟通基础,才能保证沟通协调机制的成功运转。

厚植诉求沟通情感基础。社会矛盾的关涉方并非冰冷的个人或者群体,矛盾冲突关涉方的情感驱动对于矛盾的化解起着巨大的作用。研究情感社会学的美国学者乔纳森·特纳认为:"人类是地球上最具情感的动物。人类的认知、行为以及社会组织的任何一个方面几乎都受到情感驱动。在人际互动

---

① [美]L·科塞:《社会冲突的功能》,孙立平等译,华夏出版社1989年版,第33页。

和群体中,情感是隐藏在对他人的社会承诺的背后的力量。不仅如此,情感也是决定社会结构形成的力量,但同时,情感有时也是摧毁社会结构和变革社会文化的集体行动的动力来源。"①可见,人们的社会行为往往会受到情感力量的驱动,如果是亲近共融的积极社会情感,就能成为凝聚因子;如果是互斥对立的消极社会情感,就易成为对抗因子。美国社会心理学家克特·W.巴克(Kurt W.Back)认为,群体凝聚力是使人们集合在一个群体里的情感,确切地说,是一种使其成员对某些人比对另一些人感到更亲切的情感。② 不难发现,如果矛盾关涉方具有亲近共融的积极社会情感,就有助于矛盾冲突的协商解决;相反,如果矛盾关涉方不具有亲近共融的积极社会情感,甚至还存在累积的消极社会情感,就会有碍于矛盾冲突的协商解决甚至加剧矛盾冲突。以无直接利益冲突的行动逻辑为例,它与直接的利益冲突的不同点在于,前者的矛盾卷入者并不直接获求显性利益,后者的矛盾卷入者则主张自己的利益诉求,即无直接利益冲突的卷入者的行为逻辑主要遵循的是情感行动的逻辑。这种情感行动的逻辑,即触发性事件的非关涉方因对特定矛盾冲突当中的泄愤对象存在累枳的恶化的社会情感,就会通过特定触发性事件来表达不满情绪。"与利益冲突中利益关联的主导作用相比,无直接利益冲突中情感是最主要的驱动力。从冲突发生的全过程来看,情感的发生和发展经历了两个阶段:一是隐性阶段,包括情感产生和情感积累。在这一阶段中起主导作用的是社会结构性因素。二是显性阶段,即情感唤醒和情感宣泄。在这一阶段中起导火索作用的是触发性事件。将这两个表面看起来毫不相关的作用因素关联起来并形成无直接利益冲突的是人们心中共同的负性情感。"③因此,为减少乃至避免无直接利益冲突事件的发生,关键在于

---

①　[美]乔纳森·H.特纳:《人类情感——社会学的理论》,孙俊才、文军译,东方出版社2009年版,内容摘要第7页。

②　转引自钟坚、王妙、甘敬东:《社会沟通论》,浙江教育出版社1988年版,第58页。

③　朱志玲:《无直接利益冲突的情感逻辑》,《理论导刊》2014年第10期。

减少、避免对立互斥的消极社会情感的产生、积聚。并且，矛盾冲突关涉方要围绕诉求关切成功沟通协调，离不开矛盾冲突关涉方有效沟通的良好情感基础。诉求沟通的过程总会有社会情感的融入，不可能将社会情感"赶离"社会矛盾化解的公共领域。因此，与其任由恶化的消极社会情感破坏矛盾冲突沟通化解的空间，倒不如建立积极的社会情感并以此厚植矛盾冲突沟通化解的基础。

厚植诉求沟通信任基础。社会信任同样具有正向的社会功能，对于矛盾冲突的化解具有积极作用，能够促进社会合作、巩固社会秩序。可以说，社会愈是深度分化、高度复杂，愈加需要信任准备，愈加需要增进社会信任。围绕矛盾冲突开展诉求沟通时，如果缺乏一定社会信任或者社会信任程度极低，这非但不利于矛盾冲突的能动化解，甚至还会导致矛盾冲突扩大、加剧。德国社会学家尼克拉斯·卢曼（Von Niklas Luhmann）认为："高度分化的社会比简单社会需要更多的信任使其复杂性简化，它们也必须随时准备好相应的比较多样的创立和稳定信任的机制；因此它们必须对系统固有的信任准备提出更多的要求，而且同时要比在初级社会更大程度地减轻放在那种信任准备上的负担。"[1]简单来说，信任不仅是复杂社会简单化的机制，还是诉求沟通顺畅化的基础。"通过超越可利用的信息和泛化的行为期待，信任使复杂性简化，因为它用内部保证的安全代替缺失的信息。"[2]在高度复杂、深度分化且矛盾冲突凸显的转型社会中，人们不可能"完全武装"或者时刻关注、处理矛盾复杂性当中的不可预期性，最佳的选择就是通过建立和巩固社会信任来简化社会复杂性。"人们不是将自己武装起来对付他人在各种可能性的全部复杂性中的不可预期性，而是试图通过集中力量创造和维持相互

---

① ［德］尼克拉斯·卢曼：《信任：一个社会复杂性的简化机制》，瞿铁鹏、李强译，上海人民出版社 2005 年版，第 112 页。

② ［德］尼克拉斯·卢曼：《信任：一个社会复杂性的简化机制》，瞿铁鹏、李强译，上海人民出版社 2005 年版，第 125 页。

的信任来减少复杂性,并就当前比较狭义地规定下来的问题,从事比较有意义的行动。"①社会信任对于矛盾冲突的能动化解同样有着弥合作用。霍布斯(Thomas Hobbes)认为:"信任这一人造的结构对于弥合暴力与理性在建立社会秩序时留下的裂缝是必要的。"②信任准备、信任表达是厚植诉求沟通信任基础的重要工作。"信任的表达,自我表现为值得信任,接受和互换信任,在这些方面旨趣的沟通都是强化和使社会关系普遍化的努力,这种社会关系至少在长期的关系中表明既是一种机会又是一种制约。"③"信任准备是较多通过情感实现,还是较多通过自我表现的灵活性实现,在每种情况下,它都取决于提供信任的系统结构,只是由于系统的安全在结构上得到保证,才有可能不必对特殊情境中的特殊行为做安全防御。"④就通过群众工作化解社会矛盾而言,"系统的信任结构"就是干群关系提供的结构保证,需要"系统的安全在结构上得到保证",干部方面就要做好信任准备工作,"充分表现为值得信任,接受和互换信任"。习近平曾语重心长地指出:"做群众工作要将心比心,换取真心。群众在党员干部心里的分量有多重,党员干部在群众心里的分量就有多重。这说明,只有在平时多做过细的群众工作,才能真正取得群众的认同和信任。有了这个牢固的基础,遇到问题和矛盾时才容易同群众说上话、有沟通、好商量、能协调。"⑤思想疏导工作本质上就是群众工作的有机组成部分。思想疏导能动化解社会矛盾,同样要获得人民群众的理解、认同和信任。中国共产党人深刻认识到,缺乏群众的认同和信任,就会丧失化解矛盾的基础。即便单方面抱有化解矛盾纠纷的初衷,但由于缺乏矛盾关涉方的认同和信任,仍

---

①　[德]尼克拉斯·卢曼:《信任:一个社会复杂性的简化机制》,瞿铁鹏、李强译,上海人民出版社 2005 年版,第 85 页。

②　转引自郑也夫:《信任论》,中国广播电视出版社 2001 年版,第 105 页。

③　[德]尼克拉斯·卢曼:《信任:一个社会复杂性的简化机制》,瞿铁鹏、李强译,上海人民出版社 2005 年版,第 85 页。

④　[德]尼克拉斯·卢曼:《信任:一个社会复杂性的简化机制》,瞿铁鹏、李强译,上海人民出版社 2005 年版,第 111 页。

⑤　习近平:《之江新语》,浙江人民出版社 2007 年版,第 146 页。

会阻滞矛盾化解工作的推进。可见,群众的认同和信任是做好群众工作,进而能动化解社会矛盾的重要基础。离开广大群众的认同和信任,就不可能深入群众当中做好关涉矛盾纠纷的利益诉求沟通协调工作。

二、深度沟通诉求信息

思想疏导能动化解社会矛盾的沟通协调机制,关键之处在于把准矛盾关涉方的诉求关切后进行充分交流和深度沟通。由于诉求表达者和诉求表达对象之间存在着话语表达、思维方式、认知能力、接受心理等诸多方面的差异,就会使得矛盾关涉方对诉求内容的认知或理解产生偏差,从而导致诉求表达沟通低效、无效,甚至形成思想症结。这样,诉求关切方面的信息不对称就会极大地妨碍矛盾关涉方的有效沟通。对此,需要进一步澄清诉求信息内容,并基于诉求内容深度共情,最大限度地消除话语沟通障碍、感情沟通障碍和利益沟通障碍,实现围绕诉求关切的有效沟通。

澄清诉求信息内容。"从社会管理的角度看,让不同利益群体的利益要求明朗化,通过各种渠道加以表达,反而有助于矛盾的解决。……在政府和各种利益群体之间,由于利益要求的明确表达,使政府的决策和政策调整得到可靠依据,同时各种利益群体对政府的政策也能增加理解和支持。"①关于诉求信息内容的误解,可能来自诉求表达者和诉求表达对象两个方面。其一,由于来自社会各个阶层的诉求表达者存在教育水平、觉悟程度、性格特点、年龄层次等差异,部分诉求表达者在诉求陈情时,会对自身利益受损情况、利益诉求内容缺乏清楚、全面的认识,这样,就会存在诉求表达内容缺乏真实性、稳定性、可信度、识别度的情况,因此,就容易导致诉求表达沟通低效甚至无效。为此,深度沟通诉求信息的首要任务就是澄清诉求信息内容,而不是以诉求表达不清为由回拒诉求表达者。其二,由于诉求沟通的问题或者诉求表达对象的

---

① 陆庆壬主编:《人的发展和社会发展——思想政治教育学基础理论研究》,同济大学出版社1994年版,第155页。

理解问题,使得诉求表达对象对诉求表达事项存在利益假想,即脱离诉求表达者的实际利益诉求而以假想的利益诉求代替其真正的利益诉求,这样,诉求表达者的正当利益诉求就难以得到重视、理解和回应,同时,失当的利益诉求也不会得到充分、及时的解释引导,这往往会加剧社会矛盾冲突。诉求表达者同诉求表达对象对于同一诉求表达事项由于诉求表达沟通低效或者无效,导致双方对于诉求信息内容的认知和理解存在重大差异,出现诉求信息不对称的情况。而诉求信息一旦不对称,就会阻碍诉求关涉方围绕诉求信息进行深度沟通乃至影响诉求内容的实现。澄清诉求信息内容,就要从诉求表达内容当中提取有效诉求信息,即将诉求表达者模糊不清、混乱矛盾或者不够具体的诉求陈情提炼为清楚、细致、具体的诉求信息,并以此反复沟通,破除诉求信息不对称,从而达致矛盾关涉方对诉求信息的一致理解。这样,才能精准识别诉求陈情的核心实质,才能把准深度沟通的着力点,也才能促使沟通协调机制高效运转。

基于诉求深度共情。如果把矛盾化解沟通过程褊狭地理解为"索求—给予"的讨价还价过程,其实质是在否定思想价值观念、社会情绪情感对于物质利益关系的整合协调作用。实际上,基于诉求的沟通过程并不是简单的"索求—给予"过程,更不是缠带封建色彩的"祈求—恩赐"过程,而是涵容着思想情感参与的利益协调过程。"事实上,如果说存在社会秩序和变革的微观基础,那么就是人们在嵌套于中观和宏观结构之中的互动过程所唤醒的情感。情感是维持或改变社会现实的能量,虽然,人类的许多能量产生于生物和交易的需要,但情感却牵连到这些生物—社会需要的满足过程中。更为重要的是,情感是动机能量中的一个独立源泉——超越了这些生物—社会需要——对社会的结构和文化具有重要的效应。"①能动化解社会矛盾、开展沟通协调,就要唤醒正性情感、消除负性情感。正性情感集中表现为基于诉求的同理心,表现

---

① ［美］乔纳森・H.特纳:《人类情感——社会学的理论》,孙俊才、文军译,东方出版社2009年版,第159页。

为对矛盾冲突各方的尊重和理解。"共情更大的意义在于,人们正是通过共情才得以达到互相理解、互相支持、互相体谅,共情对任何人来说都是一种重要的能力,擅长倾听、可以对他人作出共情反应的人,往往拥有良好的人际关系。"①"关于意见形成的研究表明,面对面的接触是影响态度最有效的手段之一。当在真诚和友谊的气氛下进行接触时,就更可能获得良好的反应。"②对于化解具体的矛盾冲突而言,共情能力、共情反应能够起到润滑缓冲的作用。

围绕诉求有效沟通。其一,聚焦诉求关切。诉求关切是矛盾冲突的焦点问题。开展有效沟通,关键就在于把诉求关切置于沟通的突出位置,进而通过诉求关切问题的解决助益于社会秩序的巩固。聚焦诉求关切并不意味着立即解决所有的诉求关切,而是首先要及时、主动、真情地回应人们的诉求关切,开展基于诉求关切的深度沟通。其实,诉求表达者首先往往是关注诉求表达对象对于诉求陈情的态度,而不是蛮横地要求诉求表达对象迅即解决所有的诉求关切问题。因此,诉求表达对象对于诉求表达者及其诉求关切的态度就显得极其重要。可以说,社会积怨的加深、社会矛盾冲突的爆发,往往是由于诉求表达对象没有及时、主动、真情地回应人们的诉求关切。其二,坚持平等沟通。"疏导,就是要以平等的态度待人,不能以势压人,对不同意见只能说服,不能压服,更不能采取简单粗暴的做法。这样就能形成人人敢于讲话的政治空气。"③基于诉求关切平等对话、沟通协商,核心在于增进诉求关切的共识,而不是把矛盾冲突当中的单方意志强加给他方,更不能以强势方自居并用强制手段、利益刺激、社会剥夺等方式进行不平等交流。其三,注重双向沟通。"处理具有威胁性的事件和舆论的有效方法,便是对话式的交流和沟通。"④矛

① 徐锦丽、赵新刚主编:《心理疏导实务与应用》,学林出版社2015年版,第163页。
② [美]加布里埃尔·A.阿尔蒙德、小G.宾厄姆·鲍威尔:《比较政治学——体系、过程和政策》,曹沛霖等译,东方出版社2007年版,第190页。
③ 陆庆壬主编:《思想政治教育学原理》,复旦大学出版社1986年版,第210页。
④ [美]艾尔东·莫里斯、卡洛尔·麦克拉吉·缪勒主编:《社会运动理论的前沿领域》,刘能译,北京大学出版社2002年版,第100页。

盾化解过程既不是"索求—给予"的讨价还价过程,也不是单方面的"乞求—恩赐"过程,而是利益协调的沟通互动过程。只有矛盾关涉方通过对话式的充分交流和有效沟通,才能精准识别诉求关切的核心实质。无论是诉求表达者,抑或是诉求表达对象,双方都需要平等、顺畅、真诚地交流意见和看法,以增进相互理解和信任,达成关于化解社会矛盾的共识,从而实现社会矛盾的有效调处。

三、协调各方利益关切

协调利益关系、实现社会公正,离不开思想的交流沟通。思想疏导能动化解社会矛盾的过程,需要通过沟通协调来平衡矛盾各方的利益关系,充分考虑到不同地区、不同行业、不同群体的利益诉求,准确把握各方利益诉求的"共鸣点"和交汇处。

人们利益神经愈加敏感。每一位社会主体都是一个利益主体。社会关系本质上是人与人的关系,是利益关系的结合。协调社会关系最根本的在于协调利益关系。这是因为,利益问题影响着人们"每一脉搏的跳动"[①]。马克思主义者更是深悉,利益是"人民生活中最敏感的神经"[②]。随着经济体制改革的推进,市场对于资源配置的作用愈加凸显,个人从利益整体版图当中分化出来成为松散而又复杂的社会利益关系当中的"原子",涌现出许许多多崭新的利益主体。物质利益对人们行为的驱动作用愈加明显,人们的利益需求也愈加多样。利益关系愈加复杂也成为人们利益神经愈加敏感的重要因由。可以看到,改革开放的过程是人们的获得感总体提升的过程,同时,利益主体多元化、利益表达多样化、利益诉求丰富化已经成为当代中国社会利益格局的"主色调",并且,利益差别或者利益差距也呈现出扩大趋势,这些都使得利益关

---

① 《建党以来重要文献选编(1921—1949)》第 10 册,中央文献出版社 2011 年版,第 407 页。

② 《列宁全集》第 16 卷,人民出版社 2017 年版,第 136 页。

系愈加复杂。人们的物质利益不断得到满足的同时,又刺激着新的物质利益诉求的产生。而物质利益诉求的满足过程、满足方式同样有着精神印记。与此同时,人们对精神生活方面的诉求同样在增加。随着利益关系的变革和利益差别的显现,利益矛盾同样日趋凸显。"改革以后,随着利益关系分解和利益差别显性化,利益矛盾公开显示出来了,并通过各种途径反映其矛盾的具体内容。……各利益主体明确地表示其利益要求,从而使利益差别及其矛盾以公开化的形式表现出来。"①多元的利益主体、多维的利益诉求、多样的利益表达、复杂的利益矛盾,这些都让人们本就敏感的神经愈加脆弱,极易触发具体利益的矛盾冲突,因此,利益协调任务愈加困难且艰巨。

利益失衡引发观念变化。思想观念问题往往同物质利益问题相生相伴、相互缠绕,解决物质利益问题同解决思想观念问题也往往相互配合、相互支持,甚至可以说,思想观念问题实质就是利益问题的反映。马克思和恩格斯指出:"'思想'一旦离开'利益',就一定会使自己出丑。"②列宁在阅读马克思和恩格斯合著的《神圣家族》一书所作的摘要中同样指出:"'观念'一旦离开'利益',就一定会出丑。"③恩格斯还指出:"每一个社会的经济关系首先是作为利益表现出来。"④在当前社会主义经济制度下,社会主义生产关系的基础是生产资料公有制,所以,中国社会经济关系当中经常表现出来的利益矛盾不是具有根本利益冲突的对抗性矛盾,而是根本利益一致的具体利益矛盾。"现阶段由于社会主义公有制的形式不同,由于存在着工农差别、城乡差别、体力劳动和脑力劳动的差别,还由于地区、部门、行业的差别,按劳动取得的报酬的差别,等等,由于这些差别而形成的经济利益的差别,产生各阶级、阶层、社会集团之间的矛盾。这是人民基本经济利益一致基础上的经济矛盾。这些

---

① 洪远朋等主编:《利益关系总论——新时期我国社会利益关系发展变化研究的总报告》,复旦大学出版社 2011 年版,第 549 页。
② 《马克思恩格斯文集》第 1 卷,人民出版社 2009 年版,第 286 页。
③ 《列宁全集》第 55 卷,人民出版社 1990 年版,第 15 页。
④ 《马克思恩格斯全集》第 18 卷,人民出版社 1964 年版,第 307 页。

人民内部的矛盾首先主要是基于经济利益的矛盾。政治等方面的矛盾也有经济的根源。国家利益、集体利益和个人利益的矛盾，主要是经济利益的矛盾。"①利益方面的矛盾会以思想观念的形式表现出来，与此同时，利益方面的失衡往往会引起人们思想观念的改变。当把自己的利益获得同他人的利益获得进行横向比较时，如果人们感觉到付出同收获不对等、反差较大，就会降低获得感，极易产生情感波动、观念冲突甚至心态失衡。可见，利益关系的变化会带来思想观念的变化，利益矛盾会引发思想观念的问题，并且，利益失衡往往会使得思想观念往消极、恶性的方向发展。

协调利益有赖思想整合。协调各方诉求关切不能单靠物质利益刺激，或者用物质利益刺激取代思想沟通和引导。大量关涉人们具体利益的社会矛盾的发生，往往是因为人们囿于具体的利益而没有充分认识或者忽视根本利益的一致性。这样，人们非但不能团结起来为根本利益而奋斗，甚至还会因具体的利益矛盾发生冲突。"通常有些不过是利益上的差别，并没有形成矛盾。有些是利益上的普通矛盾，并没有形成尖锐对立。如果说人们能够对这些矛盾正确认识，冷静看待，那么这些矛盾并不会使他们形成非理性的冲动。但是，如果人们心浮气躁，如果思想政治工作不能化解人们心中的积郁，那么这些矛盾就可能被夸大或放大，并造成危害社会稳定的群体性事件。思想政治工作正是要时时处处帮助人们化解和理顺情绪，让他们的思想感情跳出当下的特定矛盾，看到大家根本利益的一致性，看到被眼前的矛盾掩盖着的长远利益。"②正是因为人们的思想观念会反映人们的利益关切，利益矛盾冲突同样也会在思想观念层面反映出来。同时，思想也可以反作用于利益，因此，思想整合也就可以反作用于利益关系，从而实现利益协调的功能。因此，协调利益既要着眼于客观的诉求内容，从利益本身做文章，同时也要着眼于主观的思想

①　徐秉让:《社会主义社会的物质利益》，四川人民出版社 1980 年版，第 84 页。
②　刘建军:《思想政治教育应对突发事件维护社会稳定的对策性思考》，《思想政治工作研究》2009 年第 9 期。

因素,促进利益关系的协调。通过切实发挥思想疏导的独特优势,能够让矛盾关涉方跳出拘囿于其中的特定矛盾,从根本利益一致的角度来认识利益关系,以形成化解具体矛盾冲突的多方共识。

探求矛盾各方利益共识。探求矛盾各方利益共识,首先意味着要容纳具体的多元利益诉求。利益主体的多元化意味着利益诉求的多元化。社会矛盾冲突关涉方能够达成共识是协调各方利益关切的落脚点。处于同一矛盾冲突场域当中,矛盾冲突关涉方为维护各自现实利益、实现期待利益必然会有不同的利益诉求。"在利益格局多元化的社会背景下,社会矛盾的类型日益多样化、复杂化,群众表达利益诉求的方式也日益多元化、复杂化。要正视这一社会基本事实,不能回避矛盾、掩盖矛盾,不能忽视群众多元化的利益诉求,要大力保护群众的合法权益。"①随着新型利益主体的产生和既定利益格局的分化,必然会产生多元的利益诉求。"市场经济条件下,我们每个人都是市场主体,又都是利益主体,利益主体的差异,直接导致利益诉求多元,即使在一个家庭里,夫妻父子的利益诉求也很可能不同。"②容纳具体的多元化利益诉求是探求矛盾各方利益共识的重要前提。如果矛盾关涉方都仅从自身立场出发,强调自我利益绝对至上、自我利益绝对优先,并且拒斥他者对利益诉求的正常表达、拒斥他者利益诉求的合理性内容,就不可能围绕利益诉求形成利益共识。探求矛盾各方利益共识,还意味着要围绕诉求内容进行民主协商。"协商是理性的,因为参与各方在提出、反对或支持其观点时,都需要陈述他们的理由。他们在给出理由的同时,希望那些理由(而不是例如权力)将决定其观点的命运。"③民主协商的过程实质上是矛盾各方为维护自身既得利益与预期

---

① 袁迎春:《共识与分歧:矛盾冲突化解方式的干群认知及其比较——基于 X 省的调查》,《中共浙江省委党校学报》2018 年第 2 期。

② 李红:《和谐社会亟待建立完善多元利益诉求表达协调机制》,《湖南社会科学》2007 年第 4 期。

③ [美]詹姆斯·博曼、威廉·雷吉主编:《协商民主:论理性与政治》,陈家刚等译,中央编译出版社 2006 年版,第 151 页。

利益而进一步弥合分歧、增进共识、化解矛盾的沟通过程。

第四节　思想疏导能动化解社会矛盾的联动协同机制

联动协同是多个要素围绕特定中心问题相互配合、共同作用、实现目标的方式。从宏观的视角来看,树立协同思维、坚持协同治理、建设社会治理共同体,是化解中国当前社会矛盾的正确选择。"当前中国社会矛盾的化解应该积极适应国家治理的新要求,全力提升社会矛盾化解系统各个要素的现代化建设,推动社会矛盾化解实现从反应型化解到预防型化解、从管理型化解到治理型化解、从人为型化解到法治型化解,逐渐建构起协同治理之路。"①"单一的社会矛盾解决机制已经远远适应不了现实的需要,需要贯彻协同治理、综合治理、依法治理的思路,充分调动社会各界的力量,采取不同的手段,解决纷繁复杂的矛盾。"②习近平同样强调指出:"随着互联网特别是移动互联网发展,社会治理模式正在从单向管理转向双向互动,从线下转向线上线下融合,从单纯的政府监管向更加注重社会协同治理转变。"③以微观的视角剖析社会矛盾的化解,同样需要联动协同机制。思想疏导能动化解社会矛盾的联动协同机制,就是思想疏导在能动化解社会矛盾的过程当中促进矛盾化解的多方力量协同,以实现矛盾化解相对稳定的实施过程和运作方式。

一、问题共商

社会矛盾冲突的发生往往不仅关涉单一的利益主体,因此,社会矛盾冲突

---

① 刘建明:《国家治理视域下社会矛盾的多元化解路径研究》,《探索》2015 年第 6 期。

② 朱力:《如何构建社会矛盾多元化协同化解机制》,《人民论坛·学术前沿》2016 年第 12 期。

③ 《迈出建设网络强国的坚实步伐——习近平总书记关于网络安全和信息化工作重要论述综述》,《人民日报》2019 年 10 月 19 日。

的解决同样不能仅靠单一的化解力量。由于社会成员诉求内容的延展、升级，社会矛盾冲突的内容、形式愈加多样，愈要实现社会矛盾化解的力量协同、问题共商。把准大量的社会矛盾冲突仍是人民内部根本利益一致的具体利益矛盾，着力促进矛盾化解力量联动协同，实现围绕特定矛盾冲突的"问题共商"，是思想疏导能动化解社会矛盾的联动协同机制的首要环节。

矛盾关涉方"共议"是矛盾关涉方通过思想意见和利益诉求的表达、商议促进特定社会矛盾缓和、解决的环节。"共"是矛盾关涉方包括直接利益主体的"共在"；"议"是矛盾关涉方围绕特定矛盾事件议论协商。以征地拆迁引发的矛盾冲突为例，详细来说，"'共'代表着参与主体的多元化，既涉及利益主体，如被拆迁户、征地农民，又涉及政府相关部门，还会引入第三方力量进行监督和评估。'议'代表着整个征地拆迁过程是在'讨论'和'商议'中完成，是经过参与主体不断的、反复的沟通和讨论，有争议，也有妥协，最后达成一致共识……共议式模式更多的是一种'自下而上'的推进过程，参与主体多元，事前事后都要经过讨论商议，矛盾和分歧在讨论中达成妥协，最终形成社会认同。"[1]如果离开矛盾关涉方"共议"，就会缺乏对矛盾各方利益诉求的清晰熟识，甚至会导致诉求压堵累积转化为共鸣式的积怨爆发。此时，若是继续忽视矛盾产生的关键内因，阻塞群众的诉求宣泄渠道，不围绕利益诉求内容进行共商共议，就会倒逼民众转向非理性冲动，从而引发更大的社会震荡。

首先，矛盾关涉方要有共同商议的意愿。这种共同商议意愿的形式一定程度上取决于矛盾关涉方能否基于根本利益取得一致的认识，从而探找矛盾各方利益诉求存在的交汇处和结合点。如果矛盾关涉各方都盲目、片面、极端地强调自身的利益要求而忽视根本利益一致基础上的协调，就必然会导致对立与冲突。因此，把准矛盾关涉方利益诉求的交汇处和结合点是化解社会矛盾冲突的平衡点和突破口。因征地拆迁而引发的矛盾冲突也是一样，"拆迁

---

① 周爱民：《征地拆迁中矛盾化解的社会认同机制建构——一个"共议式"拆迁案例引发的思考》，《中共中央党校学报》2017年第3期。

冲突各方本身就存在着你中有我、我中有你，互利互求、彼此依存的必然利益联系，形成一种社会生存关系链"①。在征地拆迁的矛盾冲突关涉方当中，被拆迁方的核心利益是生存发展利益，作为商业主体的土地使用权需求方的核心利益则是商业利益，这就要探找其中多方利益诉求的交汇处和结合点。"事实上，由城市化运动而引发的征地拆迁矛盾，是典型的社会矛盾问题，是人民内部矛盾，主要是利益矛盾，而非根本性的社会矛盾……在征地拆迁过程中，这种认知的一致性就是对城市化意义和社区共同幸福生活的认同。"②可见，只有通过对话沟通才能使得矛盾关涉方在利益诉求的交汇处和结合点形成共识、达成一致，才能强化矛盾关涉方共同商议的意愿，从而推动矛盾有效化解。

其次，矛盾关涉方要有共同商议的平台。同样以征地拆迁引发的矛盾冲突为例，其中矛盾关涉方不只包括被拆迁方和拆迁方，甚至还包括被拆迁方中的已拆迁户和未拆迁户、作为法律规定的拆迁方、政府相关部门等。就被拆迁方和拆迁方两者而言，共同商议的对话平台是被拆迁方理性、有序、充分表达思想意见和利益诉求的场域，而拆迁方也可以通过共同商议的对话平台熟识被拆迁方的思想意见、利益主张，并针对被拆迁方的思想困惑、政策困惑、利益诉求进行情况宣介、政策阐释以实现共识凝聚。这样，在矛盾关涉方和矛盾调节方之间搭建对话协商的平台，"以直接互动或间接互动为手段，通过拉锯式的博弈，不断磨合，消解偏见与对立，最终实现合作与利益共赢"③。只有通过建立围绕矛盾纠纷的"'制度化对话、程序性协商'的平台"④，为化解矛盾纠

---

① 樊成玮：《拆迁冲突化解机制》，中国民主法制出版社 2012 年版，第 143 页。
② 周爱民：《征地拆迁中矛盾化解的社会认同机制建构——一个"共议式"拆迁案例引发的思考》，《中共中央党校学报》2017 年第 3 期。
③ 朱力、李琼英：《现阶段我国城市拆迁矛盾的特征、趋势及对策》，《华东经济管理》2014 年第 12 期。
④ 刘霞：《多元社会的稳定逻辑——论转型期社会矛盾化解的协同治理机制构建》，《人民论坛·学术前沿》2013 年第 1 期。

纷提供渠道,才能促进矛盾纠纷关涉方深度交流、良性互动、增进信任,从而实现矛盾纠纷关涉方利益诉求的沟通、协调与实现。

最后,矛盾关涉方要有共同商议的框架。共同商议框架的有效运转需要有三个要素:其一,公平性要素。它要求共同商议的框架要以促进矛盾和解、实现最大社会利益为旨向,且并不偏向于矛盾冲突的任何一方。其二,互动性要素。它要求在共同商议的框架安排中将共同商议的意愿激活、将共同商议的平台用好,呈现矛盾关涉方争议的核心诉求,为矛盾关涉方能够在相对开放、包容、互动、平等的氛围当中各抒己见、对话协商、求同存异提供前提,进而促进矛盾关涉方相互信任、达成良性互动。其三,权威性要素。它意味着共同商议的框架虽然主张各方思想意见和利益诉求的充分表达、交流,但并不意味着就此否定权威因素。恰恰相反,要切实维护矛盾关涉方的正当权益,争取各方的期待利益,就要使法律法规权威、制度政策权威充分发挥底线作用,要使群众认可度高的富有正义感的权威人物充分发挥协调作用,从而使矛盾关涉方共同商议的过程及其中主张的利益诉求合乎法律、依循底线、体现公平、彰显情理。

二、资源共享

同任何社会实践活动都需要资源支撑一样,思想疏导能动化解社会矛盾同样需要资源支撑,需要资源的配置、运用与整合。"资源整合是实现基层社会治理可持续发展的关键,是实现基层社会治理的支持网络从单打独斗到合力互动的基础。只有实现资源整合,才可以将公众、政府和社会组织等相关主体的能动性集约化开发和运用起来,才可以集中更多的财力、物力和人力,有效化解社会矛盾纠纷、提供公共服务。"①"零散化""独立式""碎片状"的社会治理资源不利于发挥化解社会矛盾的最大效能,甚至会给社会治理增加难度。

---

① 薛洁:《形成社会治理人人参与人人尽责良好局面》,《光明日报》2018 年 11 月 5 日。

不论是面对社会矛盾当中多样利益诉求的表达,还是要实现社会发展利益的最大化,能否调动、集聚、整合、共享社会治理资源,将直接影响社会矛盾的化解效果以及社会治理的成效。当前,我国正处于社会转型变革期,社会矛盾的源头日益多样,随着矛盾关涉方多元化发展、矛盾内容日益复杂化、矛盾处理关联化等矛盾发展新特点的出现,客观上要求思想疏导参与社会矛盾化解要调动和集聚相互协同的资源,以助力社会矛盾的化解,进而真正形成矛盾化解优势互补、资源共享的良好协同治理局面。

首先,搭建资源共享的架构体系。"建立资源整合与共享的组织架构,是实施资源共享战略的工具,可以支持资源整合的战略发展,促进资源整合与共享的职业化、专业化,使组织适应内外环境的变化,对资源整合与共享作出及时调整和有效应对,为资源配置和共享的集体行动提供了可能条件,进而提高资源的整合能力。"①在思想疏导参与社会矛盾化解的过程中,为实现资源整合、协调的资源调动需要有序化的组织架构来实现。这样,当特定的社会矛盾冲突发生以后,就能从社会治理资源共享的架构体系当中探找矛盾处理的组织依托。同样以征地拆迁引发的矛盾冲突为例,因征地拆迁而引发的矛盾冲突并不只关涉拆迁方与被拆迁,还关涉财政部门、房管部门、民政部门、司法部门等,这就需要以解决特定矛盾冲突为导向,集聚、协同关系矛盾冲突的多方机构,回应、解决征地拆迁当中关涉民众切身利益的问题,探找矛盾冲突产生的根由。

其次,激活资源共享的敏感神经。资源共享架构体系的成功搭建,并不意味着矛盾调处的资源共享架构体系能实际运转,还要激活为矛盾化解提供助力的各方的敏感神经,以实现资源集聚、资源整合、资源投放。激活资源共享的敏感神经,就要尽力解决"信息孤岛"问题。在征地拆迁矛盾冲突当中,被拆迁方的利益问题往往是被拆迁方"最敏感的神经",这就要求为矛盾化解提供助力的各方以"最敏感的神经"对待矛盾。若非如此,尽管存在着矛盾化解

---

① 李珍刚、叶良海:《公共治理中的资源整合与共享问题———基于困局经济学的视角分析》,《财经论丛》2016 年第 3 期。

的资源共享架构体系,但这只是"躺在地上的陀螺",由征地拆迁带来的矛盾冲突问题难免容易被回避、拖延、转交,究其缘由是矛盾关涉方资源共享的敏感神经还没被激活。即便资源共享已有显著的信息技术优势,但是由于资源共享的敏感神经尚未被激活,那么,"信息孤岛"问题依旧会长期存在。实际上,"互联网和大数据对政务服务平台、政府执法体制改革、政务公开都有深刻影响,但目前政府部门之间的信息仍然无法实现大规模互联互通,部门与部门之间仍然存在'信息孤岛'现象"①。"信息孤岛"问题同样会阻碍化解社会矛盾的多方资源利用,不利于促进社会矛盾化解的联动协同。要激活资源共享的敏感神经,就要尽力达致观念性共通。"公共治理中的资源整合和共享是一项系统性工作。它不仅包括人、财、物等有形资源,还包括促进社会凝聚和进步的理念、价值观、社会规则等无形资源。"②妥善化解社会矛盾纠纷,不仅需要注重整合与共享有形的社会治理资源,还需要通过对有利于促进社会凝聚和进步观念的共识性整合,以助推社会治理的观念性共通。尽管化解矛盾冲突的资源共享架构体系已经搭建,但是由于矛盾关涉方并未从观念层面认识到共同的利益、发展的利益、全局的利益,就会片面地强调自我的利益、当前的利益、局部的利益,久而久之,就会出现化解矛盾冲突当中的"观念性隔离"。这就需要以矛盾关涉方共同的利益取向为驱动,最大限度地实现矛盾关涉方的现实利益和期待利益,不断促进社会凝聚和进步观念的共识性整合。

最后,促进资源共享的法治进程。能动化解社会矛盾需要以更加理性和富有创造性的智慧来协调各方力量、调动各方资源,以形成资源共享、协同发力的社会治理局面。社会矛盾冲突化解过程当中的资源共享,并不只是简单的叠加、拼凑,而是为着实现矛盾的良性调处开展的资源调动、集聚与优化,以

---

① 李林、田禾主编:《中国法治发展报告(2017)》,社会科学文献出版社 2017 年版,第 25 页。

② 李珍刚、叶良海:《公共治理中的资源整合与共享问题——基于困局经济学的视角分析》,《财经论丛》2016 年第 3 期。

有效解决矛盾调处过程中资源共享无序乱状的问题,从而提高资源使用效益。"随着经济社会发展和利益格局的深刻调整,矛盾纠纷多发,诉讼案件数量激增,人民群众解决纠纷的诉求也日益多元,这对纠纷解决体系提出更高要求,不仅需要诉讼渠道的畅通,还需要有效整合各类社会解纷资源,构建更加多元化的纠纷解决体系。"①社会矛盾化解过程当中的资源共享如果仅是社会资源的简单叠加、临时拼凑,就极易导致治理主体条块分割、各自为政,协同困难、互相推诿,最后便会出现资源共享无序、无效、无果的状态。"资源整合因其关涉利益交叠更应该依法行事,明确各利益相关者的权利和责任,减少彼此的利益矛盾和冲突,推动资源共享从人治性共享走向法治性共享。"②社会矛盾能动化解过程当中资源的法治性共享就是从被动式的资源整合走向制度化的资源集聚,从而围绕社会矛盾冲突实现法治化、高效率的资源激活、资源整合、资源投放。这个过程意味着将资源共享中的各项事宜,包括共享主体、共享内容、共享程序、共享范围等纳入法治轨道,使得矛盾调处的资源共享过程走向制度化。

三、力量共融

思想疏导能动化解社会矛盾的联动协同机制运行的落脚点在于集聚能动化解社会矛盾的多方力量,以实现社会矛盾冲突的全方位纾解。特定矛盾冲突的产生因由可能单一,但是矛盾冲突的化解往往需要依赖多方力量的协同参与、汇聚融合。同样以征地拆迁引发的矛盾冲突为例,虽然看起来只是由于征地拆迁问题引发的拆迁方与被拆迁方两者之间的矛盾冲突,但如果只是通过拆迁方单向度的力量来解决矛盾冲突,而其他相应的矛盾化解力量没有融

---

① 陈甦、田禾主编:《中国法治发展报告(2019)》,社会科学文献出版社 2019 年版,第325 页。

② 李珍刚、叶良海:《公共治理中的资源整合与共享问题——基于困局经济学的视角分析》,《财经论丛》2016 年第 3 期。

入,就容易导致矛盾冲突拖延、扩大甚至激化。因此,"使社会矛盾化解能够体现维护公平正义的'刚性'、协调各方利益的'柔性'、应对新情况新问题的'弹性'"①,从而实现矛盾化解工作的"力量共融",这是思想疏导能动化解社会矛盾的联动协同机制的重要内容。

其一,由单向发力转向多向发力。中国古人讲:"力不敌众,智不尽物。与其用一人,不如用一国,故智力敌而群物胜。"②即是说,单凭个人的力量不能超越众人的力量,单凭个人的智慧不能穷尽各种事物。同样,对于化解特定社会矛盾冲突而言,往往不能只靠单一的力量,还需要各方优势力量共同发力。人们愈加深刻地认识到,"社会越转型,就越是新旧问题交织、利益主体纷起,孤军深入、单兵突进很难推进"③。党的十九大报告在强调加强和创新社会治理时还特别提出要打造共建共治共享的社会治理格局。④"共建共治共享"意味着就要改变依靠单一力量建设、依靠单一力量治理、成果为单一方面享用的社会治理方式,从单向发力转向多向发力,以弥补单向发力难以适应社会转型期解决复杂社会矛盾冲突的不足。同时,这样能够激活、动员、整合多种社会力量,促进社会力量共通共融,最大限度调动一切有助于社会矛盾冲突化解的正向力量,达致矛盾化解效果的最优化。多向发力是"共建共治共享"社会治理格局在思想疏导能动化解社会矛盾领域的生动体现,相较于单向发力自上而下、单向刚性的特点,多向发力更加强调政府与社会各界力量"双向互动"的特征;更加强调协商、合作,采取协商民主的方式,通过广泛听取矛盾多方的诉求,统筹协调处理社会矛盾,寻找"最大公约数",达成解决矛盾的共识。⑤

---

① 夏周青:《治道变革与基层社会矛盾化解》,国家行政学院出版社 2014 年版,第 67 页。

② 《韩非子》,高华平、王齐洲、张三夕译注,中华书局 2015 年版,第 682 页。

③ 孙寅生:《论社会发展的协同机制》,《求实》2015 年第 1 期。

④ 参见习近平:《决胜全面建成小康社会 夺取新时代中国特色社会主义伟大胜利——在中国共产党第十九次全国代表大会上的报告》,人民出版社 2017 年版,第 49 页。

⑤ 朱力:《如何构建社会矛盾多元化协同化解机制》,《人民论坛·学术前沿》2016 年第 12 期。

其二,由力量分散转向力量集聚。当前,单一的社会力量往往不能化解社会矛盾冲突,要有效调处社会矛盾冲突,必须依靠多方力量的集聚协同。这是因为,如果矛盾化解的多方各自为政、各行其是,缺乏有效的融聚整合,就会造成矛盾化解力量之间的内耗。社会矛盾冲突化解当中的力量"共融",就是要融聚相应的矛盾化解力量,妥善处理特定社会矛盾冲突,从而形成上下互动、多元合作、同向同行的矛盾处理方式。"共"意味着矛盾化解力量的"多元共生",包括充分纳入党政机关、社会组织、社会公众、新闻媒体等在内的各类社会力量,寻找矛盾化解的"最大公约数"。"融"代表着矛盾化解力量的融聚,即各方力量之间相互整合、积极协作,从而促进矛盾化解过程中的对洽、协助、互补,形成矛盾化解的"最大合力"。单一的社会治理力量难以解决日益复杂的社会矛盾冲突,需要调动丰富的社会治理资源,凝聚一切积极的社会治理力量来助力矛盾化解和社会建设。一方面,随着社会自组织程度的提高,社会自治力量愈加强劲,社会矛盾冲突的化解也就更加需要调动、集聚零散的社会力量,不断凝聚社会治理力量;另一方面,联动协同机制的力量共融意味着,特定社会矛盾冲突的发生就会触发分散的社会力量集聚成为整合的社会力量,促使社会矛盾冲突的化解,从一元治理转向多方联动,从而实现多种社会矛盾冲突化解力量的良性互动。

第五章　思想疏导能动化解社会矛盾的路径依托

中国古人说:"患之所生,污而不治,难而不守,所由来也。"①即是说,遇到矛盾冲突不去解决,遇到困难挫折不能克服,就会产生忧虑、祸患。社会矛盾冲突是社会发展过程中的常态现象,正视社会矛盾冲突并从社会矛盾冲突的能动化解过程当中探寻提升社会治理能力的路径,是思想政治教育科学研究宏观取向、行动取向的重要视域。思想疏导能动化解社会矛盾的实施路径是思想疏导主动融入社会矛盾化解体系参与社会矛盾纠纷化解的基本依托。新中国成立以来,中国共产党作为全国的执政党,十分重视社会治理以维护社会稳定,能够正确认识社会矛盾同社会稳定的辩证关系,并不断根据社会主要矛盾的变化来丰富和发展马克思主义社会矛盾观。中国共产党人强调,"要善于把认识和化解矛盾作为打开工作局面的突破口"②,基于对当代中国社会矛盾特别是人民内部矛盾总体情况的深刻认识和准确把握,习近平鲜明提出"疏导化解""柔性维稳""维权维稳""运用法治思维和法治方式化解社会矛盾"等关于化解中国社会矛盾的深刻论见,这既是对马克思主义社会稳定观

---

① 《左传》(下),郭丹、程小青、李彬源译注,中华书局 2016 年版,第 1547 页。

② 《习近平关于协调推进"四个全面"战略布局论述摘编》,中央文献出版社 2015 年版,第86 页。

的坚持和发展,同时也是思想疏导能动化解社会矛盾的科学指引。

第一节　促进社会沟通有效运转

矛盾的调处需要沟通。社会矛盾的调处同样也需要社会沟通。思想疏导参与社会矛盾调处就要激活社会沟通系统、完善诉求通道建设,并且引导矛盾关涉方就冲突问题开展有效沟通。社会沟通是熟识矛盾关涉方利益诉求的基本方式,而要进行有效沟通则需要建立畅通的利益诉求通道。随着当前社会主要矛盾发生根本性转化、改革开放以来社会结构的复杂分化,当代中国已经形成利益有所不同甚至利益分化的社会阶层。正因不同社会阶层占有的社会资源存在固有性差异,其诉求的表达能力、利益诉求的内容、争取利益的能力也会有差别。无论是协调社会群体之间的利益关系,还是化解社会场域当中出现的矛盾冲突,都需要通过有效的社会沟通以助推社会的良性运行。这是因为,诉求沟通无效则会导致或显性或隐性的社会抗争。因此,需要通过激活社会沟通系统、创设顺畅的诉求沟通渠道,从而实现积极的社会沟通,以助力社会矛盾的调处。

一、激活社会沟通系统

思想疏导能动参与社会矛盾化解,实质上涵括着矛盾关涉方围绕社会矛盾展开诉求沟通的过程。社会矛盾冲突场域当中的社会沟通,则是矛盾关涉方围绕各方核心诉求关切进行思想交流从而实现利益协调的过程。围绕社会矛盾进行诉求沟通,就必然需要激活社会沟通系统。而激活社会沟通系统是通过有效的社会沟通来熟识矛盾关涉方诉求的差异性特征,把准诉求信息的核心关切,从而及时对差异性诉求进行确证、沟通、协调、反馈,以增进社会共识、助力社会矛盾化解。

（一） 社会沟通产生社会再制

社会沟通是社会主体在特定社会系统当中开展信息熟识、交换、互补、互解从而实现各自利益的活动。整个社会系统沿着一定社会轨道不断运转，这依赖于层级各异、丰富宏阔、细织密布的社会沟通网络。社会沟通使得社会信息在这个网络当中得以传播、交换、互补、互解，从而凝聚正向社会共识、助推社会进步，正因如此，社会系统才得以延续发展而不至于走向崩塌。"社会沟通的外观是社会信息的传递，社会沟通的实质是社会意识的交流，社会沟通的网络是沟通过程的集合。"[1]对于社会系统当中能够在很大程度上左右社会行进的政治系统而言，同样需要通过社会沟通来获取反映社会运行状况的丰富社会信息。中国古人早就深悉，"为政"要"听言"，"听言"以"进道"，唯有如此，才能"上下和，群臣亲，百姓附"，否则，就会出现"上下乖，群臣怨，百姓乱"的情形。如果主政者不"闻怨声"、不"纳善言"，"民困而主不恤"，"下怨而上不知"，那么，政治系统就不能良好运行。这即是说，"如果没有这些信息，政治系统就会像瞎子和聋子那样根本无法行动。相反，如能获得足够的信息，它便能矫正自己的行为，更有效地自动导向于目标达成"[2]。多样化的沟通更有利于社会信息的交换，并以此促进社会系统的疏通。社会沟通是民意得以表达、释放、传导、实现的基本依托，如果不激活社会沟通系统，思想疏导能动化解社会矛盾就找不到"起点"，就会"像瞎子和聋子那样根本无法行动"。

（二） 社会沟通失灵后果消极

社会沟通方式多种多样，采取不同的沟通方式就会产生不同的沟通效果。因此，调处不同社会矛盾就需要不同的沟通方式或者将多种沟通方式进行组

---

[1]　钟坚、王妙、甘敬东：《社会沟通论》，浙江教育出版社 1988 年版，第 10—14 页。

[2]　俞可平：《权利政治与公益政治》，社会科学文献出版社 2000 年版，第 52 页。

合。而思想沟通就是能动化解社会矛盾冲突的有效方式。当前,中国社会存在的大量社会矛盾并非对抗性冲突,如果采用调处对抗性矛盾的社会沟通方式,就会导致非对抗性冲突转化为对抗性冲突,这非但不能化解社会矛盾,还会导致社会矛盾的持续甚至加剧。因此,必须高度重视思想沟通对于化解社会矛盾先导性作用的发挥。恩格斯在《反杜林论》当中指出:"我们不知道有任何一种力量能够强制处在健康清醒状态的每一个人接受某种思想"①。尽管每位健康清醒的社会主体都可能成为社会矛盾的关涉方,但只要采取正确的思想沟通方式,便能减少乃至避免强烈的反抗情绪、降低矛盾冲突的层级。无论是直接的利益矛盾,还是间接的利益冲突,一旦离开有效的社会沟通,那么矛盾冲突不仅将持续存在甚至还会愈演愈烈。帕金森定律揭示,因为未能沟通而造成的真空,将很快充满谣言、误解、废话与毒药。缺少有效的沟通将会带来不利于信息传播的沟通情景,产生不信任的空气,使得社会矛盾冲突加剧。② "当不同利益群体的利益要求互不沟通的时候,每个利益群体都会将自己的利益要求强调到无以复加的地步。"③一旦这样,每个利益主体就看不到矛盾关涉方当中他者的利益和整体的利益,同样就找不到利益一致的"最大公约数"。而有效的社会沟通可以探找到不同群体之间的利益结合点和交汇处,从而避免各个利益主体拘囿于自我利益甚至把自我利益强调到无以复加的地步。在现实生活当中,如果正当的利益诉求以不正当的诉求方式来表达,合理的诉求以不合理的诉求方式来表达,合法的诉求以不合法的诉求方式来表达,那么,这些不正当、不合理、不合法的诉求表达方式不仅不能有效进行诉求表达沟通,甚至还会导致社会沟通系统出现间歇性"瘫痪"、间歇性"失灵"。长此以往,正常的社会沟通系统就会因间

---

① 《马克思恩格斯选集》第3卷,人民出版社2012年版,第463页。

② 参见丁元竹、荆学民、李文星、青连斌:《社会沟通:一个不断求解的大课题》,《北京日报》2013年7月1日。

③ 陆庆壬主编:《人的发展和社会发展——思想政治教育学基础理论研究》,同济大学出版社1994年版,第155页。

歇性"瘫痪"、间歇性"失灵"而"休克"乃至"死亡",这样,合理诉求自然也难以得到满足。

(三) 围绕社会矛盾有效沟通

通常来说,任何一个利益主体都有自己的诉求关切,且都有表达自己诉求关切的愿望,以及期盼自己诉求关切得到社会的回应、认可。在特定社会矛盾冲突当中,如果利益主体缺少利益表达的机会,或者他们之间缺少有效社会沟通,那么矛盾冲突非但不能缓和,甚至还可能激化。通过有效沟通,"在不同利益群体之间,增进相互了解和理解,既能明确地知道自己的利益所在,又能了解其他群体的要求,减少盲目的不满情绪。不同利益群体间的矛盾往往能因此缓和"[1]。激活社会沟通系统的关键在于建立有效社会沟通。有效社会沟通的核心是不同利益主体就矛盾当中的核心利益关切展开交流沟通,以便通过沟通来实现多方利益关切的熟识、协调,弥补因缺乏有效沟通而引发的立场不相同、信息不对称所带来的褊狭认知,进而避免因沟通不足、沟通低效妨碍社会矛盾的能动化解。社会矛盾冲突具有正向的社会功能,在一定程度上是说,矛盾冲突将利益关切以"施压"的方式"暴露"出来,而后围绕利益关切展开思想沟通,最终实现社会的动态稳定。处于特定的矛盾冲突中,"比较理想的沟通方法是由相互冲突的团体或个人阐明各自的意见,把冲突明朗化,共同寻找解决途径。领导者应善于把这种沟通引向思想认识层次,以使冲突双方真正解决思想问题,增强彼此合作的愿望,自觉维护协调关系"[2]。通过良好的社会沟通,更易探找矛盾各方的利益结合点、思想共鸣处,从而避免认知的褊狭、情绪的盲目、行为的冲动。围绕矛盾冲突的利益关切,让人们不同的思想意见进行交流、碰撞、融合,这能够使得冲突更加"明朗化",更容易发现

---

① 陆庆壬主编:《人的发展和社会发展——思想政治教育学基础理论研究》,同济大学出版社1994年版,第155页。

② 钟坚、王妙、甘敬东:《社会沟通论》,浙江教育出版社1988年版,第203页。

冲突的"症结",从而助益于矛盾冲突的化解。

二、完善诉求通道建设

诉求通道是容纳、传送各种诉求的渠道。要促进社会沟通有效运转,必然离不开诉求通道,就要解决现实生活当中存在的诉求通道窄化问题,从而不断完善诉求通道建设。

(一) 诉求沟通需要沟通渠道

有效的诉求沟通总是需要通过特定的沟通渠道来实现。"当利益群体的利益要求缺乏正常的渠道得到表达的时候,便化为牢骚不满弥漫于全社会,有时因政府机构处理不当,还会酿成不良社会政治行动。"①相当部分的社会矛盾冲突源发自普通的利益纠葛,然而由于诉求通道不畅,矛盾冲突无法得到及时、有效的疏解,最终会引发更为严重的社会矛盾冲突。可见,畅通的诉求通道对于社会弱势群体而言更为重要。"急剧的社会转型直接导致各类群体诉求的空前膨胀,社会弱势群体没有畅通的利益诉求表达渠道也是群体性事件形成的一个重要原因。"②为避免出现由于沟通渠道问题诱发不良社会政治行动的情况,则需要建设与社会发展相一致的诉求通道,将群众诉求纳入制度化轨道,实现利益诉求"内循环",即通过创设诉求沟通渠道实现诉求的表达、传导、沟通、反馈。如果缺乏正常的诉求沟通渠道,或者诉求沟通渠道淤塞,那么,诉求表达者往往就会采取消极的社会抗争或者通过非制度化诉求沟通方式来维护、实现自身的利益诉求。"有用的沟通通道愈多,任何人支配并从而典型地把反馈反应偏向于一种方向的可能性就愈小。

---

① 陆庆壬主编:《人的发展和社会发展——思想政治教育学基础理论研究》,同济大学出版社 1994 年版,第 155 页。

② 李林、田禾主编:《中国法治发展报告 No.12(2014)》,社会科学文献出版社 2014 年版,第 285 页。

所以可以辩称,反应通道中竞争性的差异,为当局准确地感知反馈最大限度地扩大了通道。"①当前,社会主要矛盾发生重大转化,从"物质文化需要"到"美好生活需要",从解决"落后的社会生产"问题到解决"不平衡不充分的发展"问题,可见,改革开放的历程既是人民生活水平不断改善的历程,也是人们诉求发生重大变化的历程,这体现为人们的诉求主体权利意识愈加增强、诉求内容愈加丰富、诉求表达意愿愈加强烈。正是随着人们诉求的内涵与外延发生着重大变化,实现有效的诉求沟通更加需要建立适应新时代人们诉求特点的沟通渠道。诉求内容层次多样、量大面广是当前诉求变化的鲜明特点。中国城乡居民的社会和政治参与调查结果显示,出生世代越晚,民众政治意见表达的参与率就越高。并且,将政治意见诉诸媒体还是政府,体现出不同世代人群政治意见表达的不同选择。出生世代越近的群体,越多选择向媒体而非向政府反映问题:50后和60后向媒体反映社会问题的比例均不足2%,70后则为2.2%,而更为年轻的80后和90后则上升为4.0%和5.1%;选择向政府反映意见的比例,则和此趋势恰恰相反,世代越早,选择越多。② 因此,就更加需要建立丰富、有效的诉求沟通渠道来容纳人们的思想意见和利益诉求,只有这样,才可以满足不同群体差异化的诉求表达愿望,从而全景观式地熟识、掌握、反馈差异化的诉求表达,不断增强社会沟通的有效性。

(二) 诉求通道存在窄化问题

随着社会结构分化重组、利益格局调整变化、利益诉求增量巨大,窄化、单一的诉求渠道已经难以容纳、消化不断涌入的大量利益诉求,诉求通道的压力急剧增大。"研究表明,传递信息者个人对所传信息的主观滤波作用既存在

---

① [美]戴维·伊斯顿:《政治生活的系统分析》,王浦劬译,华夏出版社1999年版,第494页。

② 参见李培林、陈光金、张翼主编:《2019年中国社会形势分析与预测》,社会科学文献出版社2019年版,第153—154页。

于单通道的信息沟通体制中,又存在于多通道的信息沟通体制中。在多通道的信息沟通体制中,由于各独立传递系统之间的相互制约和信息量的大大增加,这种主观滤波作用就相对较小,而在单通道信息沟通体制中,这种主观滤波作用由于层层加剧而往往导致信息的严重失真。"①窄化、单一的诉求通道难以承载、传导社会公众全部的思想意见和利益诉求,就会造成诉求表达通道的拥堵和阻塞。如果诉求通道只能承载部分诉求或者负荷过量,都会造成民意诉求的阻滞与"失真",导致民众意见诉求难以得到及时有效的疏通,从而滋生社会不满情绪、诱发社会矛盾。因此,需要高度重视诉求通道窄化问题。"并不是所有的愿望都会自动地被转换为要求。大量的愿望在输入通道的开端,就被随时发生作用的结构和文化调节手段排除掉了。虽然如此,许多系统必须处理的要求总量可能还是比他们准备或者能够将其输入系统的要求多得多。"②要充分反映社会成员的愿望,既要拓宽诉求通道,又要重视尚未进入诉求通道的利益关切,做到最大程度熟识、回应社会各个阶层的愿望、要求,由此避免因诉求通道窄化导致不能完全准确熟识诉求内容整体而出现"诉求失真"的问题。

(三) 诉求表达需要建设通道

随着社会信息化的迅速发展和人们主体性的不断增强,社会成员诉求表达的方式更加方便、快捷,为维护和实现自身生存、发展的各项权益,诉求表达可以说无处不在、无时不有。为充分关切社会各个群体的利益诉求,有效规范诉求表达方式、充分容纳诉求表达内容,从而实现"上下相通"、避免"上下相怨",则需要建立正常的诉求通道以助益于诉求的可控性表达。现代化的理

---

① 张礼建:《城市社会性弱势群体利益诉求研究》,西南师范大学出版社 2014 年版,第129 页。

② [美]戴维·伊斯顿:《政治生活的系统分析》,王浦劬译,华夏出版社 1999 年版,第138 页。

论和实践都证明,"建立正常的渠道使一些相冲突的利益得以表达,这有助于许多民族国家结构的稳定"①。相反,如果合法合规的诉求表达渠道不畅通,人们就会更多地依靠非常规的渠道来表达利益诉求,这就潜藏着诉求表达失序的危机。通过加强利益诉求表达的制度性平台建设,可以为不同利益主体有序表达诉求提供畅通渠道。如果诉求沟通平台缺失,诉求内容则自然"无处安放",诉求表达者要么会为护持诉求内容而反复表达、持续表达甚至激烈表达直至其诉求内容得到"满意安放";要么会掩蔽、隐忍诉求表达意愿,形成"沉默的声音",长此以往,就会对诉求表达对象逐渐产生负向甚至敌对的社会情绪。现实生活中常见的情形还有,虽然诉求内容存在有效接口,但由于诉求表达者并不十分清楚诉求表达渠道设置、功能定位,往往就不能及时、迅速地探找到有效的诉求表达平台。但出于维护切身利益的紧迫需要,只要出现允许诉求表达的平台,而不论这样的诉求表达平台能否真正解决诉求问题,诉求表达者都会迅速把握机会表达意见诉求以期诉求关切得到接纳、重视、回应乃至解决。尽管诉求表达者有时无法第一时间探寻到对口的诉求表达渠道,但只要他们积极表达意见诉求,非对口的诉求表达渠道同样可以起到诉求解决的导引作用,它可以及时帮助诉求表达者迅速找寻到对口的诉求表达渠道,从而助力诉求内容得到接纳、重视、回应和解决。与此同时,诉求表达者探寻有效诉求表达渠道的能力同样会在诉求表达的实践当中得到提高。

(四) 非正式聚众的诉求抗争

尽管诉求表达能力的强弱不同,但是人们都有表达、维护和实现自己诉求内容的强烈愿望,如果诉求表达个体的"声音"不能传达,其诉求内容不能得到有效回应,那么,众多看似孤立的诉求表达个体就会由于利益诉求的一致性、关联性而"聚合成众"。然后,非正式聚众就会增强诉求表达的"压

① [美]西摩·马丁·李普塞特:《一致与冲突》,张华青等译,上海人民出版社1995年版,第138页。

迫"能力,彰显诉求表达者维护诉求内容的强烈愿望,并且以此力求一致性的诉求内容得到关注、回应乃至实现。"当一个社会中各种成分缺乏有组织的集团,或无法通过现存的有组织的集团充分代表自己的利益时,一个偶然的事件或一个领袖的出现都可能触发人们蓄积着的不满,并会以难以预料和难以控制的方式突然爆发。虽然非正规集团并未形成促进本身的利益和保持其连续性的专门角色,但直接的个人交互作用再加有关他人行动的谣传和消息报道,为个人提供了短暂的动力和方向。"勒庞指出:"正是通过结社,群体掌握了一些同他们的利益相关的观念——即便这些利益并不特别正当,却有着十分明确的界线——并终于意识到了自己的力量。"①因利益诉求的一致性、关联性而形成的非正式聚众虽然能够给诉求表达个体提供短暂的动力和方向,但是,由于诉求表达者没有采取正式诉求沟通渠道进行诉求表达,就容易发展成为冲动的、不当的、非法的甚至受人恶意诱导的聚众诉求抗争。这样的诉求抗争由于利益的关联、情绪的互染、行为的强化,极易造成非理性的社会失范行为。如果对其缺乏有序引导,就会导致负向社会情绪强化、累积,甚至引发极端的诉求表达行为。因此,要有效整合社会多元的利益诉求,需要倡导理性的利益诉求表达,避免"非正式聚众"带来不可控的破坏性力量。

第二节　怠惰应付转向主动回应

思想疏导能动化解社会矛盾,不是被动听由人们宣泄情感、表达诉求、主张权益,而是要主动收集、整理、甄别并回应利益主体的诉求,进而做好思想沟通、利益协调、矛盾调处的工作。"随着我国社会结构的分层化和利益格局多元化的发展变化,群众诉求呈现高发性、多样性、层次性、复杂性、冲突性的特

---

①　[法]古斯塔夫·勒庞:《乌合之众——大众心理研究》,冯克利译,中央编译出版社 2005 年版,导言第 3 页。

点,我国已经进入群众诉求'井喷'期、社会矛盾的凸显期。"①每项诉求表达都承载着诉求表达者的利益关切,社会矛盾的累积实质上是群众诉求的不断累积且得不到有效回应的结果。怠惰应付,即诉求表达对象以轻视甚至漠视的态度来处理诉求表达者的利益关切。这样,尽管可能暂时"捂住盖子",但"锅炉"迟早会被压抑的"蒸汽"炸毁。"各利益相关方或其代表有机会、有渠道就社会事务决策表达意见并受到充分尊重,这是参与。政府对公民所提出的利益诉求及时给予答复,这是回应。"②大量社会矛盾冲突的事实表明,"群体性事件爆发的前期,群体一般只是在尽量以一种建设性的、温和的态度表达群体性意见;而在未得到恰当回应后才会采取激烈手段,充满建设性的意见表达方式也就多演变为破坏力极大的群体性事件"③。面对大量的非对抗性矛盾冲突,思想疏导能动化解社会矛盾的着力点还在于主动回应社会成员日益增多的诉求关切,以求"扎扎实实解决好群众最关心最直接最现实的利益问题、最困难最忧虑最急迫的实际问题"④。

一、主动回应诉求关切的背景

把准社会问题需要从社会成员的诉求关切入手,化解社会矛盾更要关注、回应、解决社会成员的诉求关切。尽管"并不是所有的愿望都会自动地被转换为要求"⑤,但是,如果"大量的愿望在输入通道的开端"⑥就被排除,那就意

---

① 田作庆、梅云平、桑奇、何元龙、李健:《着力完善群众诉求表达机制》,《党政论坛》2011年第10期。

② 丁元竹、荆学民、李文星、青连斌:《社会沟通:一个不断求解的大课题》,《北京日报》2013年7月1日。

③ 郑风田、刘杰:《从群体性意见到群体性事件:一个观念的澄清——基于贵州瓮安、湖北石首、河北威县的调查》,《中国农村观察》2010年第5期。

④ 《习近平谈治国理政》第二卷,外文出版社2017年版,第364页。

⑤ [美]戴维·伊斯顿:《政治生活的系统分析》,王浦劬译,华夏出版社1999年版,第138页。

⑥ [美]戴维·伊斯顿:《政治生活的系统分析》,王浦劬译,华夏出版社1999年版,第138页。

味着社会成员大量的愿望、主张、要求并没有通过正式的诉求通道得以关注、回应并解决。同时,还意味着愿望、主张、要求的表达量已超过诉求通道承载量,"以至于系统没有能力把它们吸收下来并通过各种通道传递给权威,就必然对系统造成压力,而要求可能总是不能得到实现。这种输出的失败长久地持续下去,必然使系统不堪负担"①。对群众的诉求关切无法回应、延迟回应、不予回应,都不可能从根本上解决由群众诉求关切引发的社会矛盾和社会问题。可见,以更加开放自信的态度积极主动地回应广大人民群众的诉求关切,对于有效疏导和化解社会矛盾有着重要作用。目前来看,怠惰应付群众各种诉求关切的现象还时常出现,主要表现为"消极回应(不愿、不敢、不能及时有效地回应社会矛盾或公民诉求)、被动回应(公民诉求和社会矛盾引起广泛舆论关注、更高层级党委政府及其领导人干预、社会矛盾爆发等形成外在压力的情况下才作出回应)、胡乱回应(敷衍了事、不分矛盾、不分对象、不讲法规纪律地随意回应)、模糊回应(统一回应模式、空洞无实的套话式回应)"②等形式。

(一) 诉求表达项日趋多元

特定的社会矛盾冲突总会有利益关涉方,而矛盾冲突的发生就意味着会有利益相对受损方。大量的矛盾冲突累积恶化就会使得利益相对受损方群体扩大、人数增多、范围变广,例如,征地纠纷当中的受损人群、拆迁纠纷当中的受损人群、劳资纠纷当中的受损人群、污染纠纷当中的受损人群、医患纠纷当中的受损人群等。并且,从矛盾关涉方的构成来看,"有些矛盾已由过去以社会底层群体为主向多阶层共同参与转变,矛盾不再仅局限于农民、下岗失业工

---

① [美]戴维·伊斯顿:《政治生活的系统分析》,王浦劬译,华夏出版社 1999 年版,第 139 页。

② 刘冬梅:《精准回应:以"互联网+"纾解基层社会矛盾的创新探索》,《探索》2016 年第 5 期。

人等群体,还常有教师、医生、企业管理人员、中小企业主以及离退休干部等群体参加"①。随着社会矛盾关涉方呈现出多元化的发展态势,诉求表达者同样发生多元化转变,诉求回应对象也呈现出多元化特点。简言之,"政府所面对的是整个社会民众,以一定的利益关系为基础,社会民众又可划分为各种不同的利益群体,这些利益群体既有共同的社会利益,又有不同的特殊利益。对政府制定的有关政策和法令,不同利益群体会持不同的态度,这就必然出现持不同意见的社会群体。"②不仅如此,社会成员虽然表达诉求的意愿强烈、选择渠道多样,但更加倾向于参加集体维权行动和向公众媒体反映社会问题。中国城乡居民的社会和政治参与调查结果显示,虽然公众实际参与政治意见表达的行为不多,但这并不说明公众缺乏表达意愿。并且,数据结果还表明:第一,公众最愿意采用的政治意见表达方式是向政府部门反映意见(45.4%),其次是参加集体性维权行动(36.8%)和向媒体反映社会问题(34.9%);第二,公众的参与意愿都远远高于目前的实际参与率。……这说明,目前政治参与行动发生率不高,但未来的意见表达还有更为宽阔的发展空间。③ 政府及时有效回应人民群众的诉求关切就不再仅仅限于一种行为,而是多元主体基于共同利益和诉求的一种互动过程。④ 面对不同群体的诉求关切,如果诉求回应者没有深刻认识到调处社会矛盾冲突的实质是多元主体基于共同利益和诉求的积极互动过程,就容易怠惰应付诉求沟通的过程,采取消极回应、被动回应、胡乱回应、模糊回应⑤等处理方式,这非但

---

① 朱力:《如何构建社会矛盾多元化协同化解机制》,《人民论坛·学术前沿》2016 第 12 期。

② 张志泽:《回应性、公信力与政府过程:政府舆情公关的理论图景》,《中共天津市委党校学报》2014 年第 5 期。

③ 参见李培林、陈光金、张翼主编:《2019 年中国社会形势分析与预测》,社会科学文献出版社 2019 版,第 155 页。

④ 杨立华、程诚、刘宏福:《政府回应与网络群体性事件的解决——多案例的比较分析》,《北京师范大学学报》(社会科学版)2017 年第 2 期。

⑤ 参见刘冬梅:《精准回应:以"互联网+"纾解基层社会矛盾的创新探索》,《探索》2016 年第 5 期。

无助于熟识诉求内容、解决诉求关切,还会加剧以诉求内容为关注焦点的矛盾冲突。因此,要掌握社会矛盾调处的主动权,就要以诉求关切为着力点,把准诉求内容多元的特点,及时转变诉求回应姿态,变怠惰应付为主动回应,这同时关乎着诉求回应的成效。

(二) 次生性冲突大量涌现

通常认为,"冲突的衍生性是指一个(类)矛盾的爆发或解决,会引起相同冲突主体的其他矛盾或不同冲突主体的类似矛盾连续暴露、叠加爆发的现象。此种冲突发生关系类似于自然界的次生灾害现象,所以我们称之为'次生性冲突'"①。次生性冲突就像"点燃一串鞭炮的导火线",并不只是引发单个鞭炮的爆响,而会引发"一连串鞭炮的连续爆响"。随着我国社会主要矛盾发生转化,人民群众对美好生活的需要日益广泛,在就业、教育、医疗、居住、养老等方面的诉求关切也正日益增长,这就需要思想疏导参与到当前能动化解社会矛盾的实践活动当中。总体来看,社会矛盾的转化必然衍生出矛盾冲突的新特点,具体表现在:矛盾源复杂化,冲突主体多元化;冲突的外溢效应常态化,非制度化矛盾解决机制已经形成;冲突的对抗激烈化,刚性诉求驱使对抗引发暴力行为;冲突的博弈策略化,选择性地使用利己的对抗手段;冲突的衍生性增强,"次生性冲突"大量涌现。② "一连串鞭炮的连续爆响"造成的社会影响同"一连串鞭炮上面的单个鞭炮爆响"造成的社会影响有着极大的不同。同时,"一连串鞭炮的连续爆响"还意味着大量诉求关切没有得到积极、主动的回应,且还潜隐着许多可能引发次生性社会矛盾冲突的"触火点"。

---

① 朱力、纪军令:《当前我国重大社会矛盾冲突的新型特征》,《中共中央党校学报》2015年第5期。

② 参见朱力、纪军令:《我国重大社会矛盾冲突的新型特征》,《中共中央党校学报》2015年第5期。

二、主动回应诉求关切的原因

当前,我国进入社会矛盾凸显期,群众诉求的积累意味着社会矛盾的积累,群体事件的爆发就是社会矛盾的爆发。如果"群众诉求在制度内的表达渠道不畅时,便会选择制度外的手段……群众的愿望、需求在体制内解决不了、便会选择体制外的解决方法,以扩大社会影响,施加社会压力"①。这就要求必须重视群众的诉求关切,并以更加积极的态度主动回应诉求关切,不断提升对诉求关切的回应能力。

(一) 践行群众路线的内在要求

中国共产党人历来强调,"群众的意见是我们最好的镜子"②,"必须充分尊重人民所表达的意愿"③。以人民立场为根本政治立场的中国共产党,作为中国最高的政治领导力量已经在全国执政超过 70 年。坚持践行群众路线,重视和回应群众呼声、群众意愿、群众关切是中国共产党坚持人民立场的鲜明体现。"中国共产党人早就深悉,共产党存在之必要就在于能够密切同群众的联系、注意听取群众的呼声,简而言之,就是能够'给人民做好事情'。忽视或轻视群众的意见诉求,对群众的意见诉求不闻不问,实质是对群众切身利益的漠视,是脱离群众的突出表现,既不能做出维护群众切身利益的正确决策,更不能防止和纠正损害群众利益的情形,真正解决关涉群众切身利益的问题,最终必然不能赢得群众的真正理解、真心支持和热烈拥护。"④随着网络时代的到来,"无人不网""无处不网""无时不网"已经成为当代中国社会人与网络关系的真实写照。广大社会成员既在网下表达意见诉求,又在网上表达意见

---

① 田作庆、梅云平、桑奇、何元龙、李健:《着力完善群众诉求表达机制》,《党政论坛》2011年第 10 期。

② 《十八大以来重要文献选编》(中),中央文献出版社 2016 年版,第 101 页。

③ 《习近平谈治国理政》第一卷,外文出版社 2018 年版,第 27 页。

④ 魏强、张学维:《论邓小平的群众意见观》,《思想理论教育导刊》2019 年第 6 期。

诉求,这就要求党政机关和领导干部要学会以网络为载体践行群众路线,认真了解群众的意见诉求,积极回应群众诉求关切。对待民众的诉求关切,要做到"六个及时",即"对建设性意见要及时吸纳,对困难要及时帮助,对不了解情况的要及时宣介,对模糊认识要及时廓清,对怨气怨言要及时化解,对错误看法要及时引导和纠正"①。这是新时代、新形势、新任务下践行群众路线的新要求。因此,党和政府积极回应人民群众的诉求关切,是中国共产党人将人民对美好生活的向往作为奋斗目标的内在要求。

(二) 推动网络问政的内在呼唤

当前,中国已经成为世界上网民数量最多的国家。全国网民数量超过9亿,已经超过整个欧洲人口数量。2021年2月,中国互联网络信息中心(CNNIC)发布的第47次《中国互联网络发展状况统计报告》显示,截至2020年12月,我国网民规模达9.89亿,较2020年3月增长8540万,互联网普及率达70.4%。我国网民规模大致相当于全球网民的五分之一。还有报告显示,2021年1月,全球使用互联网的人数达到了46.6亿,比去年同期增加了3.16亿人,增长了7.3%。目前,全球互联网普及率为59.5%。中国人每天上网5小时22分。随着网络时代的到来,人们既经历着网下生活,又体验着网上生活。人们的生活样态已转化为网上生活与网下生活的高度交织与融合,因此,网络时代的民心民意自然而然就会通过网络反映出来。网络时代的思想交流和诉求表达必然会在网络社会场域以"键对键""点对点"甚至"面对面"的形式进行。作为网络时代社会成员进行诉求表达、实现民主监督的优选方式,网络表达具有方便快捷、传播迅速、受众面广等优势。其中,"网络问政是一种民意表达,是公民表达权的实现形式"②。新中国成立前夕,民主人士黄炎培与毛泽东畅谈关于如何跳出"'其兴也勃焉''其亡也忽焉'"的"历

---

① 《习近平谈治国理政》第二卷,外文出版社2017年版,第336页。
② 李传君、李怀阳:《公民网络问政与政府回应机制的建构》,《电子政务》2017年第1期。

史周期率",毛泽东的回答非常明确有力,就是"我们已经找到了新路,我们能跳出这个周期率,这条新路就是民主,走群众路线。只有让人民来监督政府,政府才不敢松懈。只有人人起来负责,才不会人亡政息"①。那么,作为网络时代实现民主监督的重要举措,网络问政就是网络时代人民对政府进行监督的优选方式,是主政者跳出"'其兴也勃焉''其亡也忽焉'"的"历史周期率"的"新路"。网络问政对于诉求表达对象而言,就在于通过网络倾听民众呼声、熟识民众意愿。如果对民心民意置若罔闻、怠惰应付,则不可能跳出"'其兴也勃焉''其亡也忽焉'"的"历史周期率"。随着人们愈加倾向于通过网络表达意见诉求,推动网络问政就不能止步于政务上网,还需要通过网络载体来倾听民众呼声、熟识民众意愿,以及时有效地回应民众的诉求关切。

三、主动回应诉求关切的选择

对于不具有根本利益冲突的具体利益差别、矛盾而言,面对其中映现出来的人民群众的诉求关切,能否做到及时回应、有效回应、共情回应,直接关系着能否有效化解矛盾冲突,直接关系着能否最大程度赢得民心,直接关系着社会秩序能否安定稳固。

(一) 及时回应

及时是对诉求回应时效的要求。及时回应诉求关切要求正确选择诉求回应的时机。对于社会矛盾冲突当中映现出来的诉求关切采取怠惰应付的态度,表现为对诉求关切"躲闪""拖滞""退避"。这些做法看似暂时"平息"可能引发的诉求抗争,实则必定会导致问题久拖不决、矛盾积重难返,极可能诱发"小事闹大,大事闹炸"的后果。思想疏导能动化解社会矛盾,就是要以积极主动的姿态关注矛盾关涉方的诉求表达,并且对矛盾关涉方的诉求关切及

---

① 习近平:《摆脱贫困》,福建人民出版社 1992 年版,第 11—12 页。

时回应。之所以强调回应诉求关切要及时,首要原因是关涉诉求关切的特定矛盾冲突并不会一成不变。面对诉求关切"躲闪绕行"或者"拖滞退避",往往会致使负向的情绪继续恶化、潜隐的冲突继续膨胀,最后使得"点燃单个鞭炮"却引发"一连串鞭炮炸响"。如果初始诉求不能得到及时回应,就会导致次生诉求越积越多,这些诉求如果长期得不到及时解决,最终必然导致矛盾越积越深、"难解之结"越来越多。再有,是否及时回应诉求关切同样影响着社会矛盾冲突事件的走向。由于影响社会矛盾冲突事件走向的因素复杂多样,如果错失进行诉求回应的最佳时机,就会给"小道消息"的产生、传播、扩散以可乘之机,丢失诉求回应的话语议题设置权,同时,社会公众也会因诉求回应的搁置、"迟到"而"无限遐想"或者"错误释读",这些都不利于矛盾冲突的能动化解。可见,如果因缺乏及时回应而导致诉求回应延迟、搁置,就会丧失诉求回应"先机"。于政府而言,如果对诉求关切存在认知困境、反应迟缓、能力弱化和调控失效等方面的现实问题①,那么就会采取怠惰应付的方式,必然会造成诉求关切回应的滞后。人民群众的意见诉求往往是其利益关切的"呼喊",对待人民群众的诉求关切,"快速响应是态度,要做到'民有所呼,我有所应'"②。及时回应要求关注和重视群众的诉求关切,而不是在诉求沟通的关键期"失声失语"。因此,把控最优时间来及时回应群众的诉求关切,有利于最大程度压缩谣言产生、扩展的空间,更大程度赢得化解社会矛盾冲突的主动权,这对于有效化解社会矛盾起着"定心丸"的作用。同时,诉求回应是否及时也成为新媒体时代下矛盾冲突能否得到有效化解的先决条件。

(二) 有效回应

及时回应诉求关切能够抓住诉求回应的"先机",但及时回应不是随意回

---

① 梁新华、王张华:《"互联网+"背景下政府回应力的四维透视》,《湘潭大学学报》(哲学社会科学版)2017年第3期。
② 田作庆、梅云平、桑奇、何元龙、李健:《着力完善群众诉求表达机制》,《党政论坛》2011年第10期。

应、任性回应,从怠惰应付转向主动回应,不仅意味着要及时回应诉求关切,还意味着要有效回应诉求关切。有效是对诉求回应效果的期待,有效回应诉求关切要求注重诉求回应的实际效果。诉求关切的有效回应,至少包括以下三个核心要素。

其一,有效回应要贴合矛盾关涉方的诉求关切。诉求回应既要鲜明体现"民有所呼,我有所应"的态度,也要感受"群众每一脉搏的跳动"①。马克思主义者早就深悉:"一步实际运动比一打纲领更重要。"②"一切空话都是无用的,必须给人民以看得见的物质福利。"③"一步实际运动""看得见的物质福利"强调的是实实在在的准备和行动,强调的是要时刻关注人民群众生活当中"最敏感的神经"。中国共产党人深刻地认识到,"'群众利益无小事'。群众的一桩桩'小事',是构成国家、集体'大事'的'细胞',小的'细胞'健康,大的'肌体'才会充满生机与活力。对老百姓来说,他们身边每一件琐碎的小事,都是实实在在的大事,有的甚至还是急事、难事。如果这些'小事'得不到及时有效的解决,就会影响他们的思想情绪,影响他们的生产生活。"④"群众每一脉搏的跳动"反映的都是其切身利益关切。因此,有效地回应群众的诉求关切,就是要有效解决群众的桩桩"小事"。

其二,有效回应要做好诉求回应的充分准备。主动回应诉求关切不只是追求抢占回应群众诉求关切的"先机",同样也要做好诉求回应的充分准备以保证诉求回应的实效。例如,征地拆迁纠纷就要围绕征地拆迁的法律法规、政策办法、拆迁情况、安置情况、补偿情况等内容做好诉求回应的充分准备;劳资纠纷就要围绕劳资合同的法律法规、薪资给付、劳动条件、劳动时限等内容做

---

① 《建党以来重要文献选编(1921—1949)》第 10 册,中央文献出版社 2011 年版,第 407 页。

② 《马克思恩格斯选集》第 3 卷,人民出版社 2012 年版,第 355 页。

③ 《建党以来重要文献选编(1921—1949)》第 19 册,中央文献出版社 2011 年版,第 629 页。

④ 习近平:《之江新语》,浙江人民出版社 2007 年版,第 26 页。

好诉求回应的充分准备；环境污染纠纷就要围绕环境保护的法律法规、政策办法、环境影响、环境治理等内容做好诉求回应的充分准备；等等。做好诉求回应的充分准备，不是简单追求诉求回应的时效性优势，而是强调把准诉求关切的核心问题，将充分尊重人民群众的合法合理诉求、引导非法无理诉求作为重点。

其三，有效回应要选择诉求回应的合宜方式。在不同的诉求信息传播条件下，针对矛盾关涉方不同的诉求关切，要因时、因地、因事采用合适的诉求回应方式。"随着电脑网络与移动网络的日渐发展，传统的政府回应方式越来越无法应对网络公共舆论，相关民众通过网络论坛与手机微博等交互平台进行信息传播、意见表达，形成公共舆论，有的甚至通过网络倒逼和追问政府行为。"①具体来说，在政治问题上，奉行原则性，而在非政治问题上，遵循策略化的处置方式②，即是采用原则性与策略化相结合的有效诉求回应方式。总之，诉求回应应避免颐指气使、霸道强势、空洞虚假，因为任何非真诚的诉求回应或者错误的诉求回应都会失去通过诉求回应解决矛盾冲突的本真意义。

（三）　共情回应

共情是对诉求回应立场的设定。共情回应诉求关切要求注重诉求回应的立场感受。共情作为一种情感体验、情感能力，较早见诸亚当·斯密（Adam Smith）的《道德情操论》，其中说："由于身处痛苦或不幸总是会激起极度的悲伤，因此设想或想象我们正身处这般情境时，也会在一定程度上产生相同的情感，它同我们想象所感觉到的是生动还是呆滞是成正比的。"③"无论一个人由关切一个对象产生什么样的激情，一想到对方的处境，这个聚精会神的旁观

---

　　① 聂鑫、王鑫：《基层维稳工作中增强政府回应的有效途径探析》，《东北大学学报（社会科学版）》2013年第4期。

　　② 肖唐镖主编：《维权表达与政府回应》，学林出版社2012年版，第257页。

　　③ ［英］亚当·斯密：《道德情操论》，吕宏波、杨江涛译，江西教育出版社2014年版，第2页。

者心中就会产生与他们相似的情感。"①对于非对抗性的社会矛盾冲突而言，诉求回应需要有共情回应的立场、能力，能够设身处地体验他人处境，感受和理解他人情感的变化，做到知人所感、感人所感、真诚回应，实现与矛盾关涉方价值立场与情感体验的"共鸣"。诉求关切的共情回应，包括以下两个鲜明要求。

其一，共情回应意味着诉求表达者和诉求回应主体要在根本利益方面持有一致的价值立场。这是能动化解社会矛盾以实现协商对话、诉求沟通、共识增进的基本前提。如果诉求表达者和诉求回应主体根本利益不一致，必然会造成利益对抗，引发情绪对立。社会矛盾冲突会使得特定社会关系处于紧张状态。具体利益矛盾冲突造成的紧张社会关系，需要诉求回应主体同诉求表达者处于根本利益一致的价值立场。主动回应诉求关切的过程，固然需要法律法规的权威力量、社会事实的客观力量、社会公理的道义力量、环环相扣的逻辑力量，但是，更为关键之处还在于诉求回应主体通过法律法规、社会事实、社会公理、逻辑推演体现出来的价值立场。诉求回应主体的立场是同诉求表达者处于根本利益一致的价值立场，还是把自身置放于同诉求表达者根本利益对立的价值立场，抑或是把自身置放于同诉求表达者根本利益无关的价值立场，这是决定诉求回应主体是否具有共情回应的关键，并且直接影响着协商对话、诉求沟通、共识增进的可能与效果。

其二，共情回应意味着诉求回应主体对于诉求表达者的利益关切一定要真诚以待。诉求回应主体同诉求表达者同处根本利益一致的价值立场，既不意味着诉求回应主体一定要满足诉求表达者的所有诉求期待，也不意味着诉求回应主体一定要刻意迎合诉求表达者，强行达成化解具体利益矛盾的共识。诉求回应既要以法律法规为底线，同时也要善于分析诉求表达映现的社会问

---

① [英]亚当·斯密：《道德情操论》，吕宏波、杨江涛译，江西教育出版社 2014 年版，第 2—3 页。

题,真诚回应各方的诉求关切,平复汹涌的社会情绪,扭转负向的社会舆论,引导诉求期待往合法合理的方向发展,并在不断回应诉求期待的过程当中实现与矛盾关涉方价值立场和情感的共鸣。诉求回应如果不能在根本利益一致的价值立场上做到对诉求关切真诚相待,而以敷衍塞责的态度欺骗瞒哄,那么,或迟或早会引起诉求抗争,这非但不能同诉求表达者形成围绕诉求关切的良性互动以助益于社会矛盾冲突的化解,甚至还会加剧社会矛盾冲突。

第三节　管控维稳转向柔性维稳

在新的时代条件下,人民日益增长的美好生活需要既涵容着对美好物质生活的需要,又涵容着对美好精神生活的需要。大量具体社会矛盾的衍生,根源于人们对美好生活的渴望与满足这种渴望的社会现实之间的差距,或者是自我诉求同他者诉求之间的冲突。"面对越来越多的利益诉求,以及大量社会治理矛盾和问题,如果停留在简单的管控维稳观念上而不尽快加以纠正,社会治理就不仅不能维稳,反而会使政府和人民、社会之间进入一个恶性对立甚至对抗模式。"[1]在社会结构深刻变化、利益格局深刻调整、民生诉求全面升级、社会生态日益复杂化[2]的背景下,人们权利意识不断增强、自主意识不断提升、诉求内容不断延展,面对当前人的现代化进程不断加快的新时期,思想疏导能动参与社会矛盾的化解、有效维护新时代社会稳定和长治久安,就要从管控维稳转向柔性维稳。

一、管控处理社会矛盾的弊端

秩序和发展是现代社会的重要价值追求。简单来说,现代社会既追求

---

① 张雪梅:《新时期社会治理创新的制约因素与民主路径解析》,《社会主义研究》2014 年第 1 期。

② 参见郑功成:《新时期社会治理的挑战与机遇》,《光明日报》2015 年 1 月 26 日。

发展,同时也追求秩序,是追求可控社会秩序当中的发展和通过持续发展实现理想的社会秩序。从形式上来看,社会矛盾冲突的发生是对现有社会秩序的挑战,而社会矛盾冲突的能动化解则能够为社会内发性秩序再造创设条件。但是,如果沿袭刚性管控的惯性思维,采用简单粗暴的手段来维持社会稳定,将会导致刚性管控化解社会矛盾的弊端愈加凸显。"维稳治理模式具有行政强制化、诉求利益化、治理运动化、成本巨大化、秩序刚性化等典型特征,它所实现和维系的社会稳定存在巨大风险,经常性地陷入一种'越维稳越不稳'的怪圈,在一定程度上破坏了规则和法治,加速了社会生活的无序化,存在社会秩序管制失范的危险。"①当前,依靠刚性管控来化解社会矛盾冲突,能够将大量社会矛盾暂时压制、平息下来,但同时也带来需要引起警觉的突出问题。

刚性管控容易造成矛盾升级对抗。化解社会矛盾旨在促进社会的稳定发展。但是,化解社会矛盾的理念、方式、手段如果不能适应特定时代条件下矛盾特性的变化、不能适应社会主义条件下人的主体性发挥,就极易出现非但不能正确调处矛盾反而导致矛盾激化升级的情形。尽管当前我国社会矛盾冲突的内容日渐复杂、矛盾冲突形式日益多样,但是,大量的社会矛盾冲突仍不具有强烈的对抗性,主要还是根本利益一致的具体利益的矛盾。对于社会主义条件下的大量人民内部矛盾而言,刚性管控化解社会矛盾蕴藏着巨大的社会风险。在化解人民内部矛盾时,通常以政府为绝对主导,手段单一、消极、被动,管控过程强制固化,其根源在于为维稳而维稳,将维护社会稳定异化为"搞定就是稳定"的刚性稳定。② 这种通过管控来化解人民内部矛盾的运作模式,过于强调通过对人的社会控制来实现稳定,以国家本位和社会本位为出发点,强调对人的限制与约束,从而忽视人的主体和核心地位,忽视采用民主疏

---

① 黄毅峰:《从外压式稳定到内生性秩序:维稳治理模式的限度与转变路径》,《湖北社会科学》2017年第12期。

② 参见周望、魏淑君:《法治、维权与维稳》,《甘肃理论学刊》2014年第6期。

导的方式来合理维护社会稳定,化解社会矛盾。① 化解人民内部矛盾,既不能固化、延承刚性管控思维,更不能采取简单、绝对、蛮横的手段。刚性管控处理大量的人民内部矛盾的弊端已经十分明显,对于大量人民内部矛盾而言,刚性管控非但无助于矛盾的"根除",还极易埋下矛盾的"祸患",造成难以弥合的社会裂痕,助长社会成员对于国家公器的负向情绪,减损社会公众对于国家政权的信任度。

刚性管控显现的是一种静态稳定。稳定和动荡是社会状态两种不同的表现形式。刚性管控是维持社会稳定的重要依托,但是,社会治理不应只是依托刚性管控来实现社会稳定,即把社会成员合法合理的诉求表达置于刚性管控的"调处域",把所有诉求表达、权益维护、诉求抗争都视为影响社会的不安定因素。如果简单粗暴地借助国家政治权力和暴力机器,通过警告、惩处、判罚等方式对群众的诉求抗争进行打压管控甚至野蛮压制,那么,虽然整个社会可能会呈现一时的稳定状态,但这实则是一种隐藏着巨大社会风险的"国人莫敢言,道路以目"②的"社会静默"。如果刚性管控没能把准社会矛盾冲突的症结点,而只是力求依托特殊的强制力量掩捂矛盾冲突或者把矛盾冲突管控在特定范围,虽然这样能暂时阻止社会矛盾冲突的爆发,但是,由于其没有从社会矛盾冲突产生的根由当中去"找方子",因此,非但不能给"蒸汽炉"有序放气,反而给"蒸汽炉"增压。当前,随着社会转型逐步深入、社会矛盾日益复杂,沿袭刚性管控的维稳方式势必会诱发更多严重的社会问题。能动化解大量社会矛盾纠纷,"单方面的高度管控防堵、僵化的维稳思维和命令式的强制或半强制手段"③往往会忽视社会矛盾冲突产生的根由,以此为基础形成的社

① 参见唐皇凤:《"中国式"维稳:困境与超越》,《武汉大学学报(哲学社会科学版)》2012年第5期。
② (战国)左丘明:《国语》,(三国)韦昭注,上海古籍出版社2015年版,第7页。
③ 魏强、黎海燕:《社会管理中的思想疏导:亟待理论研究和实践回应的重大课题》,《湖北社会科学》2014年第6期。

会稳定只能是一种脆弱的、假象的、短暂的稳定。这种创设静态社会稳定的强力管控,由于没有真正把准矛盾关涉方"最敏感的神经",就不可能把准调处化解社会矛盾的思想扭结,并且极可能会因此种下许多诱发关联性社会矛盾冲突的"恶果"。如果说管控处理是一种刚性维稳,那么,疏导化解则是一种柔性维稳。因此,调处社会矛盾就要注意运用"柔性力量"与运用"刚性力量"的问题,正确处理好维权与维稳的关系,从而真正促进管控维稳向柔性维稳的转变。

二、实行维权维稳的主要原因

改革开放以来,中国社会发展的事实雄辩地说明,中国建设发展需要稳定的社会环境。随着社会矛盾愈加复杂,更加需要通过维护人民群众的合法权益来能动化解社会矛盾、保持社会动态稳定。如果人民群众合法权益没有维护好,即便通过刚性力量管控社会秩序,也不能真正实现社会动态稳定,反而还会制造更加紧张的社会氛围,甚至成为负向社会情绪积聚和失范社会行动爆发的重要诱因。因此,"合理的取向应当是以尊重维权、保障维权为基本出发点,对维权者要以疏导为主,不要简单地防堵,在有效解决维权问题的条件下理性地实现维稳"[1]。

(一) 人们维权意识普遍高涨

在当代中国社会变革的不同时期,人们的维权意识都在增强甚至跃升,伴随着思想解放带来的思想自主性的提升,人们思维当中的自我向度逐渐凸显。"在中国现阶段,民众的平等意识普遍增强,维权意识也相应地普遍增强。民众的维权诉求如果没有制度化渠道进行表达,就容易形成大量的社会矛盾冲突。"[2]中国特色社会主义进入新时代以来,人们对美好生活的向往带来社会

---

[1] 郑功成:《新时期社会治理的挑战与机遇》,《光明日报》2015年1月26日。
[2] 吴忠民:《社会矛盾倒逼改革发展的机制分析》,《中国社会科学》2015年第5期。

生活的新变化,其中生活内容当中的丰满向度也逐渐凸显出来。可以说,美好生活的方方面面都同人们的权益息息相关,这同样使得人们维权意识高涨。当前,随着社会利益关系不断调整、社会转型不断深入、舆论场域不断变化、诉求表达渠道不断增多,以及人们对美好生活内容有着更为丰富的理解和释义,这意味着人们会用更高的标准来描绘、评判社会生活。社会主义中国旨在维护人民群众权利、不断满足人民对美好生活的需要,随着人们权利意识、维权意识不断提升,对于大量的非根本利益冲突的矛盾,单凭强力管控而非维权维稳的方式来试图促进社会稳定,往往会导致"南辕北辙"。这是因为,大量影响社会稳定的矛盾冲突并非根本利益的冲突对抗,在这样的矛盾冲突当中,矛盾关涉方主观认为自己的权益受到伤害,如果为维护自身权益的诉求表达再受到强力压制,势必会导致矛盾冲突的激化、弥散。因此,思想疏导能动化解社会矛盾的过程,实质上是维护人民群众正当权益的过程。充分保障人民群众的正当权益,就要深悉"维权是维稳的基础,维稳的实质是维权"①。随着人们权利意识、维权意识不断高涨,社会治理就要摒弃以简单粗暴、强力管控的方式来化解大量非根本利益冲突的社会矛盾的思维和做法,由"控制维稳"向"维权维稳"转变,以维权更好促维稳,以维稳更好促维权。

(二) 矛盾关涉方权益受损

人民内部大量非根本利益冲突的矛盾的产生,究其根源,在很大程度上是由于没有维护好人民群众的正当权益。如果人民群众实现利益诉求的正常渠道受阻或者失效,自身正当利益受损或者主观以为自身正当利益受损,他们往往就会采取诉求抗争的方式以维护自身正当利益和实现期待利益。许多事实都表明,当前大量社会矛盾产生的主要原因是没有维护好人民群众的合法权益。"当前,社会利益格局发生深刻变化,人们的利益诉求多种多样,维权观

---

① 《习近平关于全面建成小康社会论述摘编》,中央文献出版社2016年版,第139页。

念也日益增强……特别是在土地征用、房屋拆迁、生态保护、企业改制、劳资纠纷、工伤事故、食品安全、城管执法、医患纠纷等问题上,引发许多社会矛盾和群体性事件,不仅造成人身伤害、财产损失,而且严重影响社会稳定、干群关系。通过解剖典型案例可以看到,许多突发性社会矛盾和群体性事件,主要根源往往在于社会的经济利益关系没有调节好,人民权益没有维护好。所以,在维稳中要把治标与治本更好地结合起来,就必须更好地维护、实现和发展人民群众的各项权益,这是确保社会长期稳定发展的关键所在。"①

三、从强力维稳转向维权维稳

中国共产党人深悉,无论在任何时期,人民群众在社会生活当中"都不可避免地会遇到若干矛盾,或者产生若干问题。从自然科学的原理看,这些矛盾和问题积聚起来,往往会形成一定的能量。如果这种能量积聚越来越大,不能及时化解,最后一下子释放出来,就可能起破坏作用。这就需要有民主的渠道来反映这种矛盾和问题,来宣泄这种能量"②。要避免因社会矛盾和社会问题不断积聚、突然释放产生对社会结构的巨大破坏力,就要摒弃"强力维稳"这种增加维稳压力的方式,通过民主的方式有序释放和及时化解积聚的"负能量",其关键在于变"压力"为"动力",转"维稳"为"维权",以"维权"促"维稳"。

(一) 实现意识现代性转变:强化法治思维

法治思维是现代意识的重要标识。要实现从强力维稳转向维权维稳,首先就要从思想意识层面强化领导干部和人民群众的法治思维,推动人们形成运用法治思维和法治方式来化解社会矛盾的基础性共识。

其一,推动领导干部形成运用法治方式化解社会矛盾的法治思维。就化

---

① 陆德生:《处理好维稳和维权的关系》,《红旗文稿》2014 年第 15 期。
② 《江泽民文选》第一卷,人民出版社 2006 年版,第 65—66 页。

解社会矛盾、实现社会稳定而言,如果公权力脱离法治轨道,就会导致强力维稳手段滥用,进而使得社会矛盾冲突激化乃至对立。习近平深刻指出:"纵观人类政治文明史,权力是一把双刃剑,在法治轨道上行使可以造福人民,在法律之外行使则必然祸害国家和人民。"①法治在维权维稳工作中发挥着至关重要的作用。"法治是社会长治久安的基石,是维权与维稳的结合点。通过法治实现维权与维稳的统一,从本质上说就是以权利制约权力,通过保障公民权利、制约政府权力实现社会政治稳定。没有权利的保障就没有社会的稳定,没有权力的规训就没有社会的稳定。"②这是因为,脱离法治轨道的公权力行使本身就是影响社会稳定的重要诱发因素。党的十八大报告指出,要"提高领导干部运用法治思维和法治方式深化改革、推动发展、化解矛盾、维护稳定能力"③。党的十九届四中全会通过的《中共中央关于坚持和完善中国特色社会主义制度　推进国家治理体系和治理能力现代化若干重大问题的决定》更是强调:"各级党和国家机关以及领导干部要带头尊法学法守法用法,提高运用法治思维和法治方式深化改革、推动发展、化解矛盾、维护稳定、应对风险的能力。"④可见,要实现从管控维稳到维权维稳的转变,不但领导干部不能脱离法治轨道行使公权力,而且还要让法治思维成为领导干部化解社会矛盾的常态思维,不断提高领导干部运用法治方式依法化解社会矛盾的能力。

其二,推动人民群众形成运用法治方式维护正当权益的法治思维。在社会主义社会条件下,人民群众充分、有序表达利益诉求是社会主义民主政治的生动体现,是人民群众诉求表达权得以实现的集中体现。"公民维权是实现

---

① 《习近平关于协调推进"四个全面"战略布局论述摘编》,中央文献出版社 2015 年版,第117 页。

② 周望、魏淑君:《法治、维权与维稳》,《甘肃理论学刊》2014 年第 6 期。

③ 《十八大以来重要文献选编》(上),中央文献出版社 2014 年版,第 22 页。

④ 《中共中央关于坚持和完善中国特色社会主义制度　推进国家治理体系和治理能力现代化若干重大问题的决定》,人民出版社 2019 年版,第 15 页。

社会稳定的基础,维权行为的正确性、有效性越高,社会稳定的基础才能越牢固。"①但现实情况却是,不论维护和要求实现的利益诉求是否合理合法,人们时常采取对抗、施压的方式来争取权益。即是说,人们没有通过法律程序、采用法律手段来维护自身权益,这在一定程度上是因为,人们并没有形成维护权益的法治思维、没有树立维护权益的法治信仰。无论如何,"对各类社会矛盾,要引导群众通过法律程序、运用法律手段解决,推动形成办事依法、遇事找法、解决问题用法、化解矛盾靠法的良好环境"②。唯有法治思维在领导干部与人民群众的思想意识中深深扎根,并且表现为领导干部运用法治方式化解社会矛盾、人民群众采用法律手段维护正当权益,这样,才能真正实现由管控维稳向维权维稳的转变,进而从根本上实现社会动态稳定。

(二) 实现方式规范性转变:助力维权维稳

强力维稳与维权维稳在方式上的根本区别在于,强力维稳通过打压管控实现社会静态稳定,维权维稳则通过维护群众正当权益实现社会动态稳定。习近平指出:"当前,各种人民内部矛盾和社会矛盾已经成为影响社会稳定很突出、处理起来很棘手的问题,而其中大量问题是由利益问题引发的。这就要求我们处理好维稳和维权的关系。从人民内部和社会一般意义上说,维权是维稳的基础,维稳的实质是维权。人心安定,社会才能稳定。对涉及维权的维稳问题,首先要把群众合理合法的利益诉求解决好。单纯维稳,不解决利益问题,那是本末倒置,最后也难以稳定下来。"③维权与维稳是社会良性发展的必要条件,无论是民众维权还是政府维稳都需要注重方式方法的考量和选择。稳定是当前中国社会持续发展的前提,这已成为人们的普遍共识。但是,实现

① 汤啸天:《政府在公民维权中的指导责任和接受监督》,《社会科学》2007 年第 10 期。
② 《习近平关于全面建成小康社会论述摘编》,中央文献出版社 2016 年版,第 145 页。
③ 《习近平关于全面建成小康社会论述摘编》,中央文献出版社 2016 年版,第 138—139 页。

社会稳定不能采取"监谤者""杀谤者"的方式,而要"决之使导,宣之使言""小决使导,闻而药之"。在人们维权意识普遍高涨以及矛盾关涉方正当权益实际受损的客观现实下,要确保社会治理沿着"共建共治共享"的良性轨道运行,就不得不慎重思考、选择正确方式以实现社会稳定。维稳的根本在于维权,而只有维权才能实现社会动态稳定,因此,以维护群众合法、合理诉求为出发点和落脚点,以刚性管控为标识的强力维稳方式应当向以维护群众正当权益为标识的维权维稳方式转变。

（三）　强化法律权威性地位：解决合法诉求

强化法律权威性地位,解决好群众的合理合法诉求,就要通过法治方式来实现维权与维稳的统一,从制度层面为维权维稳保驾护航。习近平指出:"现在,我国既处于发展的重要战略机遇期,也处于社会矛盾凸显期,在社会稳定中推进改革发展尤为重要。"①当前,为推进社会改革发展、促进社会稳定和谐,就需要通过解决群众的合理合法诉求来实现群众正当权益的维护。"要处理好维稳和维权的关系,要把群众合理合法的利益诉求解决好,完善对维护群众切身利益具有重大作用的制度,强化法律在化解矛盾中的权威地位,使群众由衷感到权益受到了公平对待、利益得到了有效维护。"②如果片面强调维稳而忽视维权,甚至在维稳过程中侵犯群众正当权益,导致社会矛盾纠纷激化,就必然会给社会稳定埋下更大隐患。这是因为,"单纯维稳,不解决具体的利益问题,那是治标不治本,只能是'按下葫芦浮起瓢',久而久之还会陷入'越维越不稳'的怪圈"③。因此,充分重视法治作用、强化法律权威地位,就要引导群众遵守法律、信仰法律、运用法律,依靠法律来维护和实现自身的合法权益。实际上,维权和维稳不是相互矛盾、相互对立,而是相互统一、相辅相

---

① 《习近平关于全面深化改革论述摘编》,中央文献出版社2014年版,第36页。
② 《习近平谈治国理政》第一卷,外文出版社2018年版,第148页。
③ 王比学:《维稳维权　相辅相成》,《人民日报》2014年8月6日。

成的关系。即便对于可以通过调处来化解的社会矛盾纠纷而言,同样要"树立法律权威,营造'办事依法、遇事找法、化纠靠法'的氛围。建立矛盾法治甄别疏导机制,加强源头甄别和分类疏导,对不适合调解或多次调解无果的案件,发放依法处置劝导书"①。即使遇到一时难以通过调处化解的矛盾纠纷,同样要坚持引导矛盾关涉方在法治轨道上理性维权。

第四节　坚持疏导力量联调联动

当前,我国正处于社会转型的关键期,社会治理问题层出不穷,矛盾主体多元化、矛盾处理关联化、矛盾程度激烈化等特点日益突出,以单一的社会治理力量参与社会矛盾化解的传统方式已不再能适应当前社会矛盾变化发展的新态势。为此,深入剖析社会转型时期矛盾调处的新境况,明晰实现矛盾疏导多方力量联调联动的目标,坚持"刚柔并济""虚实结合""相向而行"来协同多方力量,对于促进疏导力量的联调联动以实现社会矛盾的能动化解有着重要意义。

一、坚持疏导力量联调联动的原因

首先,社会矛盾现阶段大量显现。当前,中国社会正处在利益关系、社会结构复杂多样的改革攻坚期和深水区,社会矛盾和问题交织叠加。中国共产党人清醒而又深刻地认识到,社会矛盾和问题具体表现为"发展中的问题和发展后的问题、一般矛盾和深层次矛盾、有待完成的任务和新提出的任务越交织叠加、错综复杂"②,因此,必须"加强预防和化解社会矛盾机制建设,正确处理人民内部矛盾"③。在社会转型发展期,伴随着矛盾数量增加、规模扩大、冲

① 陈甦、田禾主编:《中国法治发展报告(2019)》,社会科学文献出版社2019年版,第314页。
② 《习近平关于全面深化改革论述摘编》,中央文献出版社2014年版,第4页。
③ 习近平:《决胜全面建成小康社会　夺取新时代中国特色社会主义伟大胜利——在中国共产党第十九次全国代表大会上的报告》,人民出版社2017年版,第49页。

突加剧等社会问题,仅仅依靠孤立单一的疏导力量往往不能从容、有效地调处社会矛盾,而只有积极协同多方社会力量联调联动才能从容、有效地调处社会矛盾。

其次,社会矛盾产生的根源复杂。"社会矛盾往往是由各种原因和条件相互交织而成,呈现出'一果多因'或'一因多果'的复杂关联,各类社会矛盾之间同样相互纠结、叠加,共同构成社会矛盾的复杂内容,因而也必然要求矛盾化解体系本身的整体性。"①这就是说,当下各类社会矛盾产生的根源错综复杂,矛盾内容交织叠加,仅凭单一疏导之力只能是"救火扬沸",无法从根本上解决社会矛盾问题。而只有通过疏导力量的联调联动、协同社会矛盾化解的多方力量,畅通矛盾纠纷疏导渠道,贯穿社会矛盾化解全过程来多方面探找矛盾源头,才能进行有效的协同治理和充分的利益整合,从而使得特定社会矛盾冲突"绝薪止火"。

再次,社会矛盾对抗性仍然较强。"随着改革力度的加大,对内对外交往的扩大,随着新旧体制的转换和利益分配格局的调整和变化,使人们内部矛盾从隐蔽到暴露的轨迹越来越清晰,矛盾的尖锐性、对抗性增强。"②化解社会矛盾纠纷就要把准当前社会矛盾冲突对抗性仍然较强的特点,必须联结各方疏导力量来实现联调联动,这样才能有效降低矛盾热度,及时调处矛盾纠纷。

最后,矛盾处理关联性日益明显。当前,社会矛盾交织叠加的客观形势迫切要求实现各方疏导力量的联调联动。随着社会主义市场经济的深入发展,市场发挥资源配置的作用日益明显,社会结构从同质化的利益板块向异质化的利益板块发展变化,这使得社会利益主体呈现出多元格局、利益诉求内容呈现出多样变化的趋势,必然导致社会矛盾冲突关系愈加复杂。"传统的社会

---

① 刘霞:《多元社会的稳定逻辑——论转型期社会矛盾化解的协同治理机制构建》,《人民论坛·学术前沿》2013年第1期。

② 刘中起:《快速转型时期我国社会矛盾化解新机制探索》,《华东理工大学学报》(社会科学版)2010年第1期。

矛盾主要是以经济利益为矛盾中心点,但随着经济社会发展和人民生活水平的提升,人们在强化物质需求的同时,精神要求、文化要求和环境要求日益增强,从而使得原本单一经济诉求演变为多种诉求的叠加,主要表现为社会诉求同经济问题相交织、环境问题与发展问题交互在一起,表现在矛盾内容上呈现出矛盾叠加的特点。"①可见,当前各类社会矛盾相互交织、叠加关联。如果将特定的、单一的、具体的社会矛盾冲突延迟搁置或对其处理不当,就会激化矛盾甚至会诱发在利益方面具有一致性诉求、体验方面具有同质性遭遇的矛盾冲突。社会利益格局从一元到多元的转变,改变着以往利益主体的形态,形塑着多元化的矛盾主体,映现出多元的利益诉求和矛盾关涉方的复杂关系,使得关联度强的矛盾处理起来难度更大。

二、协同多方力量联调联动的作为

首先,协同多方力量要坚持刚柔并济。即是说,协同多方力量调处社会矛盾,既要有刚性制度的坚守,又要有柔性力量的贯通,并且要不断创造条件满足群众合法、合理的利益诉求,积极对群众不合法、不合理的利益诉求进行引导,从而保证社会始终处在动态的稳定当中。中国古人早就深刻地认识到柔性力量的功效以及"积柔必刚"的道理。"欲刚,必以柔守之;欲强,必以弱保之。积于柔必刚,积于弱必强。观其所积,以知祸福之乡。强胜不若己,至于若己者刚;柔胜出于己者,其力不可量。"②思想疏导参与社会矛盾冲突化解通常从思想深处解开矛盾扭结入手,使得柔性化解成为以调处矛盾冲突来增进社会共识的重要支撑,这是对中国优秀传统文化当中"积柔必刚""以柔克刚"智慧的创造性转化和创新性发展。习近平指出:"社会治理是一门科学,管得太死,一潭死水不行;管得太松,波涛汹涌也不行。要讲究辩证法,处理好活力和秩序的关系,全面看待社会稳定形势,准确把握维护社会稳定工作,坚持系

---

① 刘建明:《当前社会矛盾的新特点》,《学习时报》2016 年 5 月 19 日。
② 《列子》,叶蓓卿译注,中华书局 2011 年版,第 61 页。

统治理、依法治理、综合治理、源头治理。在具体工作中,不能简单依靠打压管控、硬性维稳,还要重视疏导化解、柔性维稳。"①协同多方力量化解社会矛盾要坚持刚柔并济,既要以硬性手段作为坚守法律法规的底线,同时,也要把准社会矛盾的思想扭结,以柔性的力量助推社会矛盾的化解。

其次,协同多方力量要坚持虚实结合。即是说,协同多方力量来实现社会矛盾化解,既要共同做好矛盾关涉方的思想工作,又要维护好矛盾关涉方合理、合法的诉求,将群众的现实利益和期待利益落到实处。即通过"虚功"夯实诉求沟通的信任基础,通过"实作"实现合法合理的利益诉求。正如塞缪尔·亨廷顿所言,"彼此不信任和人心不齐使社会变为一盘散沙"②。"社会矛盾产生的原因植根于社会沟通不畅、利益整合不力、社会信任的缺乏和纠纷矛盾解决的自我治理能力缺失。"③只有通过积极培育信任关系来增进主体之间的相互信任,促进政府与社会成员、社会组织之间的良性互动,才能更好地为解决社会矛盾冲突提供信任基础。总之,社会协同治理中信任关系的建立和培育需要多方力量的共同努力,从而建立起多方共同信任的良好关系,为实现政府治理、社会调节和居民自治之间的良性互动奠定基础。

最后,协同多方力量要坚持相向而行。实现多方力量联调联动化解社会矛盾冲突,要围绕整体利益相向而行,从而避免内部力量的耗损。社会就是一个具有共同利益的整体,不具有根本利益冲突的矛盾关涉方同样是一个具有共同利益的整体。"社会利益共同体得以维系的关键在于社会各个群体利益增进上的相向而行,互惠互利。"④坚持疏导力量的联调联动需要积极协同多方力量,通过思想疏导与利益整合更好地来引导矛盾关涉方寻找自我利益与

① 《习近平关于全面建成小康社会论述摘编》,中央文献出版社 2016 年版,第 139 页。
② [美]塞缪尔·P.亨廷顿:《变化社会中的政治秩序》,王冠华、刘为等译,上海人民出版社 2008 年版,第 24 页。
③ 刘霞:《多元社会的稳定逻辑——论转型期社会矛盾化解的协同治理机制构建》,《人民论坛·学术前沿》2013 年第 1 期。
④ 吴忠民:《以妥协方式有效化解社会矛盾》,《中国人民大学学报》2018 年第 1 期。

他者利益的结合点、个人利益与集体利益的交汇点、当前利益与长远利益的契合点、现实利益与期待利益的最优点。只有通过理顺各种利益关系,满足群众合法、合理的利益诉求,才能为协同各方力量调处社会矛盾冲突创造可能。"每一个服从共同生活条件的共同体的成员都应该能够尽可能好地生活,这一点所有成员都必须重视……如果一些成员遭受苦难,他们的伙伴成员就有义务采取各种实际步骤去解除他们的痛苦……在人们对相互的命运漠不关心的地方,不会有社会共同体存在。"①矛盾关涉方实际上也处在利益相通的共同体当中,因此,调处社会矛盾冲突实质上就是通过协调其中的利益关系以实现共同体的利益最大化,这也是协调多方力量相向而行的重要遵循。特定的社会矛盾冲突背后往往存在合法、合理诉求与不合法、不合理诉求相互夹杂的情形,其中,不当利益诉求力量的聚合必然会阻滞矛盾冲突化解的进程。当然,需要注意,不当利益诉求的成因可能会比较复杂,包括"有政策宣传解释不到位,信息不对称造成误解的;有听到风吹草动,被不实传言误导的;也有因个人境遇,诉诸情绪化表达的;当然,也不排除个别想要多得多占,以撒泼相要挟的……仔细分析诉求背后的事,而不是'一刀切'地归为'不合理'弃之一旁"②。但是,这并不意味着要搁置、放弃群众的利益诉求,而是要注重引导群众维护自身利益同整体利益相向而行。为避免不当利益诉求的力量在无形当中聚合起来,成为能动化解社会矛盾冲突的阻滞力量,就要充分发挥各方面治理力量的疏通导引作用,积极调适矛盾关涉方心理,引导民众进行合理合法的诉求表达和诉求沟通。同时,还要理顺矛盾关涉方的利益关系,以便对特定社会矛盾冲突"对症下药",进行有针对性的调解。在特定的社会矛盾冲突关系当中,民众的正当利益诉求往往会因不当利益诉求的阻滞而不能尽早实现。这样,协同多方面力量就要调动具有正当利益诉求的力量来作为矛盾调处的

---

① [英]米尔恩:《人的权利与人的多样性》,夏勇、张志铭译,中国大百科全书出版社 1995 年版,第 47 页。

② 晁星:《学会面对"不合理诉求"做好群众工作》,《北京日报》2018 年 5 月 30 日。

重要参与力量,以其强大的共情能力和说服能力减少乃至消除不当利益诉求力量的阻滞,从而使得社会矛盾冲突调处的过程始终同整体利益相向而行。

第五节 发挥人民调解独特优势

中华传统文化当中有着深厚的和合理念,其推崇"贵和持中""贵和尚中","无讼"的社会理想成为中国古代先贤的价值追求。《论语·颜渊》载:"听讼,吾犹人也。必也使无讼乎!"①"居家戒争讼,讼则终凶"②"凡讼之体,不可妄兴""不永所事,讼不可长"……这都意味着,面对社会的矛盾冲突,中国古代社会通常不主张依靠法律诉讼来解决,而是十分强调"德""礼"的教化引导。然而,"当今经济发展速度、人际交往范围早已超乎睿智的古人的想象,'无讼'的理想似乎与现代人渐行渐远。世界各国都在现代化转型的过程中面临'诉讼爆炸'的问题,中国法院自立案登记改革以来民事案件收案量剧增,法院'案多人少'的矛盾日益尖锐,司法体系超负荷运行"③。人民调解就是对中华传统文化"和合理念"的创造性转化、创新性发展,是在继承和发扬我国长期存在的民间调解优良传统基础上探索出来的符合中国国情、具有中国特色的化解社会矛盾的重要方式。我国人民调解组织遍布城乡社区,人民调解员来自群众、直接服务群众,人民调解在矛盾纠纷多元化解机制中发挥着基础性作用,有利于推进自治法治德治的融合,这些都要求进一步加强人民调解工作。④ 正因如此,思想疏导能动化解社会矛盾,就要充分发挥被誉为基层治理"东方经验"的人民调解的独特优势,从而实现公共权力管控和社会自我

---

① 《论语 大学 中庸》,陈晓芬、徐儒宗译注,中华书局2015年版,第144页。
② (清)朱用纯、(南朝梁)周兴嗣编:《朱子家训·千字文》,兰州大学出版社2004年版,第3页。
③ 陈甦、田禾主编:《中国法治发展报告(2019)》,社会科学文献出版社2019年版,第351页。
④ 参见魏哲哲:《人民调解,着力打造升级版》,《人民日报》2018年5月23日。

调节的良性互动。

一、人民调解的独特优势

其一,人民调解具有法律依据。人民调解是具有严格法律依循的调解活动。随着我国法治建设进程的推进,人民调解作为能动化解社会矛盾的重要方式,被逐步纳入法治化轨道之中,成为我国的一项重要法律制度。2010 年 8 月,第十一届全国人民代表大会常务委员会审议通过并于 2011 年 1 月 1 日正式实施的《中华人民共和国人民调解法》确立了人民调解相应的法律地位和法律效力,对人民调解的组织设立、相应程序、调解范围、人民调解员应具备的条件等都作出了明确的规定。《中华人民共和国人民调解法》第二条明确规定:人民调解是指人民调解委员会通过说服、疏导等方法,促使当事人在平等协商基础上自愿达成调解协议,解决民间纠纷的活动。① 人民调解已然成为社会矛盾纠纷预防化解机制当中不可或缺的重要组成部分,它与仲裁调解、行政调解、司法调解相互协调、相互补充、相互协同,是有着明确法律依据的化解社会矛盾的重要方式。

其二,人民调解具有自治优势。人民调解是充分体现基层自治的调解活动。与仲裁调解、行政调解、诉讼调解相比,人民调解作为一种特殊的矛盾化解方式,具有十分鲜明的自治特性,它能够充分发挥人民群众治理的自主性,汇聚人民群众自主化解矛盾的智慧和力量,是实现基层自治的重要依托。"在我国,人民调解被定位为人民群众自我教育、自我管理的一种民主自治活动,同时也是实现人民群众当家作主的一种形式。"② 人民调解员能够充分发挥基层人民调解员熟悉社情民意、了解风土人情的独特优势,通过与矛盾关涉方进行真诚交流、诚恳对话、耐心沟通来助力矛盾冲突的自主化解。从化解社

---

① 参见法律出版社法规中心编:《中华人民共和国人民调解法注释本》,法律出版社 2010 年版,第 2 页。

② 冯卫国:《转型社会中的人民调解制度:挑战及其应对》,《法治研究》2014 年第 7 期。

会矛盾的大调解格局来看,"人民调解组织是我国宪法和法律所规定的为数不多的法定自治主体,且网络遍布所有街道乡镇和居村委,在热点纠纷领域中也多有设置。依托人民调解组织网络改善基层治理,具有较强的可行性"①。在广大基层设立的人民调解组织能够充分发挥自治优势,以法律法规为遵循,通过整合本土资源,运用公共道德、社会习俗、民间情理来助力基层矛盾纠纷的化解。当前,随着全面依法治国进程的深入推进,法治观念愈加深入人心,人们在面对社会矛盾纠纷时往往会想到运用法律武器来维护自身的合法权益,这是社会主义法治建设进步的体现。矛盾纠纷的化解包括诉讼化解和非诉讼化解。要依靠法律手段化解社会矛盾纠纷,就要将两者相结合,这是因为,诉讼化解依然存在着"瓶颈"。"一方面,社会转型期的矛盾纠纷是颇为复杂并多发的,现代社会商业交易频繁活跃,容易产生诸多的纠纷与矛盾,而各种纠纷均诉诸法院解决,极易形成'诉讼爆炸',导致法院不堪重负;另一方面,即使进入了诉讼程序,也不一定就能获得期待中的正义结果,审判所造成的'零和博弈'局面往往令败诉方不断上访乃至集体抗议,而对于胜诉方而言,执行难也成了棘手的问题,常常引发道德成本、关系破损、民间规范的失落和'案结事不了'等社会效应。"②因此,通过人民调解这种非诉讼化解方式助力社会矛盾纠纷化解,能够在很大程度上弥补诉讼化解的不足,成为诉讼化解的有益补充。人民调解组织在矛盾化解中的自治优势十分明显。人民调解不仅能帮助基层群众实现自我管理、自我教育、自我服务,还能在自治过程中有助于形成矛盾不上交、问题不上访、化解大量矛盾纠纷在基层的良好氛围。

其三,人民调解具有民主优势。人民调解是尊重矛盾关涉方意愿的调解活动。人民调解强调矛盾关涉方是基于平等协商自愿达成调解,从而实现矛

---

①　上海市司法局:《浅议三调联动机制中人民调解基础性作用的发挥》,《人民调解》2016年第 8 期。

②　侯怀霞:《人民调解的现代转型:必要、可能与前景》,《郑州大学学报》(哲学社会科学版)2016 年第 4 期。

盾冲突的自主化解。《中华人民共和国人民调解法》第三条还明确规定:尊重当事人的权利,不得因调解而阻止当事人依法通过仲裁、行政、司法等途径维护自己的权利。① 这就意味着,依托人民调解来化解社会矛盾并不影响矛盾关涉方选择仲裁调解、行政调解、司法调解等方式来维护自身正当权益,这同样是人民调解具有民主优势的体现。人民调解就是在相互尊重的基础上,经由人民调解员对矛盾关涉方进行说服、疏通和劝导,最终使矛盾调解能够"充分体现当事人私权意思自治,聚集并发挥社会各方面的有利因素合力化解矛盾、消除纠纷、平衡利益,可以让当事人感受到家庭的温情、邻里亲友的礼让、社会的宽容"②。对于愈发增多的利益诉求和大量非根本利益冲突的矛盾而言,弊端明显的强力管控容易造成原初矛盾的激化甚至次生矛盾的出现。随着人们民主意识不断增强,民主化的矛盾化解方式往往更容易促成矛盾关涉方达成和解。《中华人民共和国人民调解法》第二十二条规定:人民调解员根据纠纷的不同情况,可以采取多种方式调解民间纠纷,充分听取当事人的陈述,讲解有关法律、法规和国家政策,耐心疏导,在当事人平等协商、互谅互让的基础上提出纠纷解决方案,帮助当事人自愿达成调解协议。③ 人民调解能动化解社会矛盾的过程,往往能充分发挥其民主优势,把"情理法"三者有机结合起来,以柔性的民主调解方式使矛盾化解依法而行、重在"说理"、贵在"述情"、旨在"和解",并通过摆事实、讲道理、析法律,以理动人、以情感人、以法服人,从而促成矛盾关涉方的和解,以维护和谐的群众关系和保持稳定的社会秩序。

其四,人民调解具有简易优势。人民调解是程序便利、时空便利、成本低

---

① 法律出版社法规中心编:《中华人民共和国人民调解法注释本》,法律出版社 2010 年版,第 2 页。

② 侯怀霞:《人民调解的现代转型:必要、可能与前景》,《郑州大学学报》(哲学社会科学版)2016 年第 4 期。

③ 法律出版社法规中心编:《中华人民共和国人民调解法注释本》,法律出版社 2010 年版,第 12 页。

廉的一种调解活动。相较于其他矛盾纠纷化解方式来说,人民调解属于"化解矛盾最便捷、代价最小的一种方法,具有灵活、便捷、高效、低成本等优势"①。改革开放以来,中国社会利益关系发生巨大变革,社会矛盾数量多、规模大、问题重,民间基层纠纷更是呈现出事小、量多、面广、复杂、突变的态势②,这就需要用既契合社会矛盾实际又能有效调处社会矛盾的方式来解决矛盾化解成本过高的难题。人民调解具有多方面的简易优势。其一,程序便利。人民调解由于程序简易或者没有十分严格的程序要求,就能够为及时、就地化解矛盾提供极大便利从而防止矛盾激化。《中华人民共和国人民调解法》第二十条规定:人民调解员根据调解纠纷的需要,在征得当事人的同意后,可以邀请当事人的亲属、邻里、同事等参与调解,也可以邀请具有专门知识、特定经验的人员或者有关社会组织的人员参与调解。③ 在矛盾纠纷调解过程中让亲属、邻里、同事、好友等力量融入调解,可以发挥亲情、友情优势来安抚情绪、辅助劝解,这有利于矛盾关涉方顺利达成调解协议。其二,时空便利。无论是仲裁调解、行政调解,还是司法调解,总会有特定甚至严格的时间、地点要求,缺乏相对灵活的时间、地点安排,通常无法满足矛盾关涉方对时空的要求。而人民调解则能最大限度地满足矛盾关涉方对时间、地点的要求,使得调解活动顺利开展。就地点而言,可以在专门的调解场所或在矛盾关涉方熟悉的场所进行;就时间而言,可以在矛盾关涉方协商的时间开展,这样,更容易促进矛盾关涉方在相对熟悉的场景、相对方便的时间当中解决矛盾纠纷。其三,成本低廉。选择任何一种矛盾纠纷化解方式都需要成本,矛盾化解成本的大小同样影响着矛盾关涉方对于矛盾化解方式的选择,所以,当矛盾纠纷发生以后,特别是冲突不大的矛盾纠纷,人们更加倾向于选择低成本的矛盾纠纷化解方式。相对于严

---

① 朱力:《如何构建社会矛盾多元化协同化解机制》,《人民论坛·学术前沿》2016 年第 12 期。

② 江伟、杨荣新主编:《人民调解学概论》,法律出版社 1990 年版,第 102 页。

③ 法律出版社法规中心编:《中华人民共和国人民调解法注释本》,法律出版社 2010 年版,第 11 页。

格的诉讼调解,人民调解主要是"通过富有人情味的第三方从中开导,在和谐、平静的气氛中协商、谈判,达到解决纠纷的共识,不但可以节省当事人的时间和金钱,同时也利于当事人双方重建友好合作关系,大大节约了司法运行的社会成本,从而通过效率的提高促进司法正义在更高层次上得以实现"[①]。人民调解不会产生诉讼费、误工费、律师费等与矛盾纠纷本身无关的费用,是一种成本低廉且贴近群众的矛盾化解方式。因此,思想疏导能动化解社会矛盾,就要牢牢把握人民调解简易便捷的优势来满足低成本、高效益的矛盾化解需求。

二、人民调解的作用发挥

人民调解具有法治性、自治性、民主性、简易性等特点,是一项"具有中国特色的、具有深厚中华民族传统文化内涵的法律制度,是我国人民独创的化解矛盾、消除纷争的非诉讼纠纷解决方式"[②]。思想疏导能动化解社会矛盾就要高效利用矛盾化解的社会资源,充分发挥人民调解的独特优势,以实现低成本、高效益、民主化的矛盾疏导需求。"目前,社会调解推进过程中遭遇的最大阻力来自当事人不选择调解而直接选择诉讼,百姓'健讼'心理的形成与法治意识的提升不无关联,但更主要的则是客观上解决纠纷的路径单一、资源有限,除司法途径外其他解纷方式权威性不足。诉讼爆炸的压力不可能通过压制诉讼、强迫调解达成。无论是社会调解组织还是人民法院都应该清醒地认识到,'社会调解优先、法院诉讼断后'理想目标的达成还需假以时日,当务之急是强化社会调解工作的合法性、规范性,使其公信力得到公众认可,矛盾纠纷当事人才能鉴于其低成本、高效率等优势逐渐自愿主动选择社会调解。"[③]

---

① 朱新林:《人民调解:衰落与复兴——基于 1986—2009 年人民调解纠纷数量的分析》,《河南财经政法大学学报》2012 年第 4 期。

② 朱新林:《人民调解:衰落与复兴——基于 1986—2009 年人民调解纠纷数量的分析》,《河南财经政法大学学报》2012 年第 4 期。

③ 陈甦、田禾主编:《中国法治发展报告(2019)》,社会科学文献出版社 2019 年版,第357 页。

可见,选择合适的方式来减轻"诉讼爆炸"的巨大现实压力,需要充分发挥人民调解能动化解社会矛盾的作用,坚持"情理法"相结合的调处原则,不断推动人民调解规范化、专业化发展,不断提升人民调解能动调处矛盾纠纷的社会公信力。

(一) 坚持"情理法"相结合的调处原则

"我国调解制度有深厚的文化传统、广泛的群众基础、强大的生命力和广阔的发展空间。调解是地地道道的'中国创造',是享誉世界的'东方之花'。"①"人民调解工作好比是矛盾纠纷'缓释剂'、社会治理'避雷针'。"②人民调解这一东方智慧随着时代发展不断创新着内容和形式,在社会矛盾纠纷能动化解过程当中发挥着愈加重要的基础性作用。充分发挥人民调解的重要作用,就要"讲法""说理""动情",即以法律为准绳、以道理为依据、以情感为纽带,扎扎实实做好矛盾纠纷调处工作。

首先,人民调解要坚持以法律为准绳,做到"讲法"。人民调解是有法可依的矛盾纠纷调处方式,而且,对于具体矛盾纠纷而言,通常都会以特定的法律法规为依据。这就意味着,通过人民调解来化解特定社会矛盾纠纷于法有据,且要以法律为准绳。"法律问题越多、涉及的层面越复杂,就越需要依法调解。既要体现人民调解的特殊性,情、法、理有机地融合起来,又要根据不同类型的案例,适用不同的调解方式,特别是在依法方面,要体现法治精神、法治要求。"③以法律为准绳,意味着人民调解是不偏不倚地守护社会公正的过程,尽管人民调解具有自治性、民主性、简易性的特点,但仍要时时处处体现法治的尊严和权威,使得矛盾关涉方都能够接受基于法治权威并在一定法律框架下进行协商沟通,进而能动化解社会矛盾。

---

① 《哪里有矛盾纠纷,哪里就有人民调解员》,《光明日报》2019 年 5 月 14 日。
② 《构建大格局 化解小矛盾》,《人民日报》2019 年 5 月 15 日。
③ 魏哲哲:《人民调解,着力打造升级版》,《人民日报》2018 年 5 月 23 日。

其次，人民调解要坚持以道理为依据，做到"说理"。"法律是准绳，任何时候都必须遵循；道德是基石，任何时候都不可忽视。"①人们常说："法安天下，德润人心。"这即是说，"法"有安邦定国的作用，"德"有浸润人心的功效。"德润人心"当中的"德"并不仅指道德规范，还意味着道理、事理、情理。通过人民调解来化解矛盾纠纷，既需要以刚性的法律规范为准绳，也要引导人们讲道理、明事理、诉情理，力求做到"通情达理"，避免出现人们因无限放大个人诉求或者拘囿于个人狭窄的利益小屋而无视他人乃至集体利益的情形，进而实现利益协调。总之，刚性的法律规范难以触及矛盾关涉方的内心深处，而道理、事理、情理往往更容易触动矛盾关涉方，进而引起矛盾关涉方的"共鸣"。

最后，人民调解要坚持以情感为纽带，做到"动情"。社会情感是社会沟通的"润滑剂"。人民调解不同于诉讼调解的一个鲜明特点就在于，人民调解往往能够照顾矛盾关涉方的情感，通过情感动员介入矛盾冲突的调处。人民调解的这种情感动员需要人民调解员基于同群众的密切联系，懂得群众的语言、熟知群众的诉求、了解群众的疾苦，从而使得矛盾纠纷的调处具有情感温度。社会矛盾的产生、搁置、激化往往夹杂着人们复杂的情感因素，因此，化解社会矛盾既要依循法律、讲述道理，同时也要给人以情感温暖。带着情感温度能动化解社会矛盾，探找矛盾冲突产生的情感根源，就会让矛盾冲突调处过程充满和善而不是恶意、充满温情而不是冷漠。

总而言之，充分发挥人民调解的效能，就要坚持"情、理、法"相结合的原则，做到"讲法""说理""动情"。唯有如此，才能有效消除社会矛盾化解过程当中单一、固化思维的持久影响，从而更好地推动社会矛盾调处工作向前发展。

（二）促进人民调解专业化发展

首先，人民调解要以人才为支撑，做到"人才专业"。积极发挥人民调解

---

① 《习近平谈治国理政》第二卷，外文出版社2017年版，第133页。

能动调处社会矛盾的作用,必然要更加重视人民调解员的专业化培养,不断提升广大人民调解队伍化解社会矛盾纠纷的能力素养。调解人员只有通过专业化选拔、专业化培养,才能够成为调解队伍当中具备专业调解素养的优秀人才。人民调解员的选拔应该"按不同类型、不同层次、不同地区人民调解委员会工作范围的特点和要求,明确各类调解员必须具备的文化程度和法律政策水平。选聘具有较高思想道德水平,为人公正、认真负责,热心于调解工作,能联系群众,在群众中有威信并有一定的法律、政策水平和文化水平,思想开放的人担任调解员"①。但在现实情况当中,考虑到人民调解要熟悉社情民意、了解风土人情以及矛盾纠纷基层全网格覆盖的客观需要,因此,绝大部分调解人员都是兼职调解员。调查数据显示,2015 年,全国人民调解员总数中,专职调解员 593385 人,占总数的 15.2%,其中政府购买服务的 98242 人;兼职调解员 3317835 人,占总数的 84.8%。② 因此,为促进人民调解向专业化方向发展,需要定期或不定期地对人民调解员特别是广大兼职人民调解员进行全覆盖的专业培训,建立调解人员的长效培养机制,不断提高兼职人民调解员的专业化水准和整个人民调解员队伍的专业化水平。

其次,人民调解要以组织为依托,做到"组织专业"。"据统计,目前全国有行业性、专业性人民调解组织 4.5 万个,其中医疗纠纷人民调解组织 6810个,道路交通人民调解组织 5512 个,劳动争议人民调解组织 7027 个,物业纠纷人民调解组织 5066 个。"③2019 年统计数据显示,全国共有人民调解委员会75 万余个,行业性、专业性人民调解组织 4 万余个。仅 2018 年,全国人民调解组织就排查矛盾纠纷 422.8 万次,调解各类矛盾纠纷 953.2 万件,调解成功

---

① 徐昕:《迈向社会自治的人民调解》,《学习与探索》2012 年第 1 期。
② 参见司法部基层工作指导司人民调解处:《2015 年度全国人民调解工作数据统计》,《人民调解》2016 年第 4 期。
③ 《筑牢维护社会和谐稳定的"第一道防线"——十八大以来全国人民调解组织化解矛盾纠纷 4600 多万件》,《人民调解》2017 年第 8 期。

率达97.9%。① 可见,具有行业特色且专业化的人民调解组织对于搭建理性表达诉求、有效诉求沟通、合理诉求实现的精专化平台具有重要作用。这种专业的人民调解组织在化解医疗纠纷、劳动争议纠纷、物业管理纠纷、消费纠纷、旅游纠纷等矛盾纠纷中发挥着不可替代的重要作用,对于预防矛盾纠纷产生,以及将社会矛盾纠纷及时化解在基层,稳固基层社会秩序具有重要的现实意义。因此,人民调解要不断适应社会多样化的发展需要,就要以专业的调解组织为依托,不断提高调解组织的专业化水平。

最后,人民调解要以领域为界准,做到"领域专业"。随着社会分工更加精细化,矛盾纠纷涉及的领域愈加宽泛,这就要求人民调解要以领域为界准,以更专业化、更高水准的调解服务能动化解大量发生于不同专业领域的矛盾纠纷,促进社会治理走向精准化、专业化。统计数据显示,"目前,全国共有派驻有关单位和部门的人民调解工作室1.5万个,其中派驻法院人民调解工作室2066个,派驻公安派出所人民调解工作室9484个;2016年接受有关部门委托或移送调解的案件51.1万件,其中法院委托移送调解的案件13.6万件,公安机关委托移送调解的案件21.8万件。"②2018年统计数据显示,全国行业性、专业性人民调解组织达4.3万个,派驻有关部门人民调解工作室1.6万个,基本形成了多层次、宽领域、广覆盖的人民调解组织网络。③ 由此可见,更加专业、更高水准的人民调解能够在切实提高基层社会治理能力和治理水平上发挥独特且重要的作用。人民调解作为化解基层社会矛盾、缓和民间冲突的重要方式,要适应当今社会不断变革的新趋势,就迫切需要在调解组织和调节领域上实现专业化和规范化,不断创新人民调解形式。

---

① 参见《哪里有矛盾纠纷,哪里就有人民调解员》,《光明日报》2019年5月14日。
② 《筑牢维护社会和谐稳定的"第一道防线"——十八大以来全国人民调解组织化解矛盾纠纷4600多万件》,《人民调解》2017年第8期。
③ 参见魏哲哲:《人民调解,着力打造升级版》,《人民日报》2018年5月23日。

（三）　促进人民调解规范化发展

其一，调解过程需要法治规范。作为治国理政的基本方式，"法治是国家治理体系和治理能力的重要依托"①。坚持依法治国、依法执政、依法行政，共同推进法治国家、法治政府、法治社会的一体化建设，同样要求作为矛盾纠纷调解重要方式的人民调解全过程体现法治思维。树立法治思维、运用法治方式调处社会矛盾纠纷，让法治规范贯穿人民调解工作的全过程，是人民调解规范化发展的必要条件和根本遵循，这同样可以彰显良法善治在人民调解过程中的重要意义。调解过程需要法治规范，就是要将法治规范贯穿于调解前谋划介入、调解中方案推进、调解后协议达成的调解全过程，这要求包括调解委员会成员、调解实施工作人员都必须严格依照《中华人民共和国调解法》规范、合理地行使权力，履行特定职责，确保调解程序和调解全过程依循法治轨道运行。人民调解过程需要法治规范，一是因为人民调解具有法律依据，二是因为人民调解需要维护法律权威。法治规范全过程融入人民调解的优势还在于能够在法治权威下对调解过程中涉及的诉求关切进行法律保护和法律制约，从制度基础、行为指引上予以矛盾纠纷调处重要遵循。久而久之，这就能够有效减少乃至避免违法违规调解、霸道强势调解、有失公允调解的情况，从而促进矛盾纠纷关涉方在公正合理、彼此尊重的过程中进行诉求表达、诉求沟通、诉求协调，以此助力矛盾纠纷的顺利化解。遵循人民调解的法治规范，需要在法治的框架下明确人民调解的基本要求、适用条件、适用范围、开展形式等内容；明确调解人员的工作要求、职责权限；明确矛盾纠纷当事人的权利与义务。"现有的法制观念和普法成果为依法调解奠定了坚实的基础，依法进行调解可能比单纯倚重情理更容易博得群众的信任，经过数十年普法构建起的法治文化资源不应浪费。

---

① 《习近平关于全面依法治国论述摘编》，中央文献出版社 2015 年版，第 6 页。

社会调解法治化这个目标的实现需要从制度设计、提升人才素质、考核监督、改变观念等多方面入手。"①当前,随着全面依法治国深入推进,社会治理中的法治思维愈加深入人心,人民调解的法治规范整体向好。但同时,人民调解还存在着制度体系不完善、调解约束力较弱等问题,包括矛盾关涉方当事人在矛盾调解过程中固执己见、对人民调解法律法规置若罔闻的情形,这些都影响和制约着调解工作的有效开展。因此,人民调解的全过程都需要有明确的法律依据、严格的法治规范,只有公平、公正调解矛盾纠纷,才能确保调解工作合法有效,不断彰显人民调解的法治权威,更大程度上发挥人民调解能动调处社会矛盾纠纷的重要作用。

其二,调解人员需要专业规范。作为矛盾调处工作的直接承担者,人民调解员是否具备专业的调解知识、调解能力、调解素养,直接影响着矛盾纠纷的调处效果。如果调解人员不具备基本的调解常识、调解能力、调解素养,那么,这非但不能通过正常调解渠道将能够调处的矛盾纠纷予以化解,还可能由于失当的调解导致矛盾纠纷激化、加大矛盾调处难度。《中华人民共和国人民调解法》明确规定:人民调解员应当由公道正派、热心人民调解工作,并具有一定文化水平、政策水平和法律知识的成年公民担任。② 专业化培训同样是培养广大具有专业素养的人民调解员的重要途径,因此,要更好地发挥人民调解在化解社会矛盾当中的能动作用,就要对从事人民调解工作的专兼职人员进行专业的培训。"2015 年,接受培训的人民调解员 5056943 人次,培训率为129.3%。"③同时,还可以"在高校社工人才的培养模式中,着重增加有关法律、心理学、人际关系学、社会学等专业课程的学习与实践,培养满足需求、专

---

① 陈甦、田禾主编:《中国法治发展报告(2019)》,社会科学文献出版社 2019 年版,第357—358 页。
② 法律出版社法规中心编:《中华人民共和国人民调解法注释本》,法律出版社 2010 年版,第7 页。
③ 司法部基层工作指导司人民调解处:《2015 年度全国人民调解工作数据统计》,《人民调解》2016 年第 4 期。

业性较强且能够'接地气'的人民调解师,逐步构建、不断完善培养专业人民调解师的长效机制"①。只有适应新形势下社会治理的复杂情况和基层矛盾纠纷的发展态势,把准人民调解工作的新特点、新趋势、新情况,具备专业素养、熟悉调解业务的人民调解员才能够更加从容自信地开展矛盾纠纷调解工作,不断创新调解形式、调解方法,从而促成矛盾纠纷关涉方互相理解、互相沟通以增进共识,最大限度地促成矛盾纠纷的根本解决。

其三,调解组织需要行业规范。随着人民调解的矛盾纠纷主体日益多元,人们利益诉求涉及的领域愈加广泛,包括医疗服务、劳资关系、婚姻家庭、环境治理、旅游消费、知识产权等领域在内的矛盾纠纷关系也更加复杂,这就使得缺乏行业法律常识、没有行业知识储备、不能熟识行业行情的调解组织难以充分发挥人民调解能动化解社会矛盾的作用。为此,调解组织也就会面临跨行业、难协调、能力无法胜任、不能满足调解案件需要等现实挑战,同时,还存在着调解形式、调解程序等方面缺乏与相关行业领域相匹配的行业规范等问题。以人民调解调处医疗纠纷为例,截至2018年9月,全国已建立医调委3565个,人民调解工作室2885个,覆盖全国80%以上的县级行政区域,其中调解员2万余人,专职调解员5137人。全国超六成医疗纠纷通过人民调解化解,调解成功率达85%以上。②

当前,医疗纠纷类的人民调解组织已经广泛覆盖全国,在化解医患矛盾纠纷、保障医患双方合法权益、共同维护医疗秩序、实现医疗安全等方面发挥着极其重要的作用。因此,专业化调解组织就更加需要专业化调解规程。经国务院常务会议通过并于2018年10月1日起正式施行的《医疗纠纷预防和处理条例》明确规定:医疗纠纷人民调解委员会获悉医疗机构内发生重大医疗纠纷,可以主动开展工作,引导医患双方申请调解。这一行政法规对确立医疗纠纷人民调解机制的法律地位,为医疗纠纷这一行业领域的人民调解工作提

---

① 郭星华、刘蔚:《探索人民调解专业化的新路径》,《社会学评论》2014年第5期。
② 参见《人民调解成为主渠道》,《人民日报》2019年2月15日。

供明确清晰的行业规范和行业准则具有重要意义。这样,具有完备行业规范和严格行业标准的人民调解组织就能够综合掌握专业的调解规范和行业知识,从而推动特定行业调解组织的调解活动规范化开展。因此,要推动调解组织规范化发展,就要根据目前社会矛盾纠纷发展的新特点、新态势,推进重点行业与重点领域专业性、行业性调解组织的建立与完善,通过资源优化配置、业务知识培养、行业规范落实等措施,保证调解组织的正常运行,从而使人民调解组织调处社会矛盾纠纷的核心功能在越来越多的行业当中得以充分发挥。

参考文献

（一） 经典文献

《马克思恩格斯全集》第1卷,人民出版社1995年版。

《马克思恩格斯全集》第3卷,人民出版社1969年版。

《马克思恩格斯全集》第18卷,人民出版社1964年版。

《马克思恩格斯全集》第30卷,人民出版社1995年版。

《马克思恩格斯全集》第47卷,人民出版社2004年版。

《马克思恩格斯选集》第1—4卷,人民出版社2012年版。

《列宁专题文集 论马克思主义》,人民出版社2009年版。

《列宁专题文集 论辩证唯物主义和历史唯物主义》,人民出版社2009年版。

《列宁专题文集 论资本主义》,人民出版社2009年版。

《列宁专题文集 论社会主义》,人民出版社2009年版。

《列宁专题文集 论无产阶级政党》,人民出版社2009年版。

《斯大林选集》(上、下),人民出版社1979年版。

《毛泽东选集》第一至四卷,人民出版社1991年版。

《毛泽东文集》第一至二卷,人民出版社1993年版。

《毛泽东文集》第三至五卷,人民出版社1996年版。

《毛泽东文集》第六至八卷,人民出版社1999年版。

《毛泽东著作专题摘编》,中央文献出版社2003年版。

《毛泽东著作选读》,人民出版社1986年版。

《刘少奇选集》(上下卷),人民出版社1981、1985年版。

《建国以来刘少奇文稿》第1—4册,中央文献出版社2005年版。

思想疏导能动化解社会矛盾研究

《建国以来刘少奇文稿》第5—7册,中央文献出版社2008年版。

《周恩来选集》(上下卷),人民出版社1980、1984年版。

《张闻天选集》,人民出版社1985年版。

《陈云文选》第1卷,人民出版社1995年版。

《习仲勋文选》,中央文献出版社1995年版。

《万里文选》,人民出版社1995年版。

《谢觉哉文集》,人民出版社1989年版。

《邓小平文选》第一至二卷,人民出版社1994年版。

《邓小平文选》第三卷,人民出版社1993年版。

《邓小平文集(一九四九——一九七四年)》(上中下卷),中央文献出版社2014年版。

《邓小平年谱(一九七五——一九九七)》(上下卷),中央文献出版社2004年版。

《江泽民文选》第一至三卷,人民出版社2006年版。

《胡锦涛文选》第一至三卷,人民出版社2016年版。

《习近平谈治国理政》第一卷,外文出版社2018年版。

《习近平谈治国理政》第二卷,外文出版社2017年版。

《习近平谈治国理政》第三卷,外文出版社2020年版。

《习近平总书记系列重要讲话读本》,学习出版社、人民出版社2014年版。

《习近平总书记系列重要讲话读本(2016年版)》,学习出版社、人民出版社2016年版。

《习近平关于全面建成小康社会论述摘编》,中央文献出版社2016年版。

《习近平关于协调推进"四个全面"战略布局论述摘编》,中央文献出版社2015年版。

《习近平关于实现中华民族伟大复兴的中国梦论述摘编》,中央文献出版社2013年版。

习近平:《摆脱贫困》,福建人民出版社1992年版。

习近平:《之江新语》,浙江人民出版社2007年版。

《改革开放三十年重要文献选编》(上),人民出版社2008年版。

《改革开放三十年重要文献选编》(下),人民出版社2008年版。

《建党以来重要文献选编(1921—1949)》(第10、13、19册),中央文献出版社2011年版。

《建国以来重要文献选编》第2册,中央文献出版社1992年版。

《建国以来重要文献选编》第5册,中央文献出版社1993年版。

《建国以来重要文献选编》第 8、10 册,中央文献出版社 1994 年版。

《建国以来重要文献选编》第 12、13 册,中央文献出版社 1996 年版。

《建国以来重要文献选编》第 14 册,中央文献出版社 1997 年版。

《建国以来重要文献选编》第 19 册,中央文献出版社 1998 年版。

《十一届三中全会以来重要文献选读》(上下),人民出版社 1987 年版。

《十二大以来重要文献选编》(下),人民出版社 1988 年版。

《十三大以来重要文献选编》(上中),人民出版社 1991 年版。

《十四大以来重要文献选编》(上),人民出版社 1996 年版。

《十四大以来重要文献选编》(中),人民出版社 1997 年版。

《十四大以来重要文献选编》(下),人民出版社 1999 年版。

《十五大以来重要文献选编》(中),人民出版社 2001 年版。

《十五大以来重要文献选编》(下),人民出版社 2003 年版。

《十六大以来重要文献选编》(上),中央文献出版社 2005 年版。

《十六大以来重要文献选编》(中),中央文献出版社 2006 年版。

《十六大以来重要文献选编》(下),中央文献出版社 2008 年版。

《十七大以来重要文献选编》(上),中央文献出版社 2009 年版。

《十七大以来重要文献选编》(中),中央文献出版社 2011 年版。

《十七大以来重要文献选编》(下),中央文献出版社 2013 年版。

《十八大以来重要文献选编》(上),中央文献出版社 2014 年版。

《十八大以来重要文献选编》(中),中央义献出版社 2016 年版。

《十八大以来重要文献选编》(下),中央文献出版社 2018 年版。

《马克思　恩格斯　列宁　斯大林论政治工作》,人民出版社 1964 年版。

《毛泽东　邓小平　江泽民论思想政治工作》,学习出版社 2000 年版。

《毛泽东　周恩来　刘少奇　朱德　邓小平　陈云论党的群众工作》,人民出版社
1990 年版。

《毛泽东　周恩来　刘少奇　朱德论政府管理》,中共中央党校出版社 1997 年版。

《马克思　恩格斯　列宁论教育》,人民教育出版社 1993 年版。

《马克思　恩格斯　列宁　斯大林论德育》,四川人民出版社 1983 年版。

《无产阶级革命家论德育》,复旦大学出版社 1984 年版。

《论党的群众工作——重要论述摘编》,学习出版社 2011 年版。

(二) 研究报告

王俊秀、杨宜音主编:《社会心态蓝皮书:2011 年中国社会心态研究报告》,社会科

学文献出版社 2011 年版。

王俊秀、杨宜音主编:《社会心态蓝皮书:中国社会心态研究报告(2012—2013)》,社会科学文献出版社 2013 年版。

王俊秀、杨宜音主编:《中国社会心态研究报告(2014)》,社会科学文献出版社 2014 年版。

王俊秀、杨宜音主编:《中国社会心态研究报告(2015)》,社会科学文献出版社 2015 年版。

王俊秀主编:《中国社会心态研究报告(2016)》,社会科学文献出版社 2016 年版。

王俊秀主编:《中国社会心态研究报告(2017)》,社会科学文献出版社 2017 年版。

王俊秀主编:《中国社会心态研究报告(2018)》,社会科学文献出版社 2018 年版。

陆学艺、李培林、陈光金主编:《社会蓝皮书:2013 年中国社会形势分析与预测》,社会科学文献出版社 2012 年版。

李培林、陈光金、张翼主编:《社会蓝皮书:2014 年中国社会形势分析与预测》,社会科学文献出版社 2013 年版。

李培林、陈光金、张翼主编:《社会蓝皮书:2015 年中国社会形势分析与预测》,社会科学文献出版社 2014 年版。

李培林、陈光金、张翼主编:《社会蓝皮书:2016 年中国社会形势分析与预测》,社会科学文献出版社 2015 年版。

李培林、陈光金、张翼主编:《社会蓝皮书:2017 年中国社会形势分析与预测》,社会科学文献出版社 2016 年版。

李培林、陈光金、张翼主编:《社会蓝皮书:2018 年中国社会形势分析与预测》,社会科学文献出版社 2018 年版。

李培林、陈光金、张翼主编:《社会蓝皮书:2019 年中国社会形势分析与预测》,社会科学文献出版社 2019 年版。

沈壮海主编:《思想政治教育发展报告 2009》,高等教育出版社 2009 年版。

沈壮海主编:《思想政治教育发展报告 2010》,高等教育出版社 2010 年版。

沈壮海主编:《思想政治教育发展报告 2011》,高等教育出版社 2011 年版。

冯刚、沈壮海主编:《思想政治教育发展报告 2012》,高等教育出版社 2012 年版。

冯刚、沈壮海主编:《思想政治教育发展报告 2013》,高等教育出版社 2014 年版。

沈壮海主编:《思想政治教育发展报告 2014/2015》,高等教育出版社 2016 年版。

沈壮海主编:《思想政治教育发展报告 2016/2017》,高等教育出版社 2018 年版。

李林主编:《法治蓝皮书:中国法治发展报告 No.10(2012)》,社会科学文献出版社

2012 年版。

李林、田禾主编:《法治蓝皮书:中国法治发展报告 No.11(2013)》,社会科学文献出版社 2013 年版。

李林、田禾主编:《法治蓝皮书:中国法治发展报告 No.12(2014)》,社会科学文献出版社 2014 年版。

李林、田禾主编:《法治蓝皮书:中国法治发展报告 No.13(2015)》,社会科学文献出版社 2015 年版。

李林、田禾主编:《法治蓝皮书:中国法治发展报告 No.14(2016)》,社会科学文献出版社 2016 年版。

李林、田禾主编:《法治蓝皮书:中国法治发展报告 No.15(2017)》,社会科学文献出版社 2017 年版。

李林、田禾主编:《法治蓝皮书:中国法治发展报告 No.16(2018)》,社会科学文献出版社 2018 年版。

陈甦、田禾主编:《法治蓝皮书:中国法治发展报告 No.17(2019)》,社会科学文献出版社 2019 年版。

(三) 学术著作

孙友余、钱学森、费孝通、谭滔等:《论思想政治工作科学化》,山西人民出版社 1981 年版。

张蔚萍、张俊南:《思想政治工作概论》,陕西人民出版社 1983 年版。

张蔚萍编著:《新编思想政治工作概论》,中共中央党校出版社 1989 年版。

张蔚萍、张列军编著:《社会主义市场经济条件下思想政治工作概论》,红旗出版社 1993 年版。

张蔚萍主编:《社会主义市场经济条件下思想政治工作新课题研究》,中共中央党校出版社 1997 年版。

陆庆壬主编:《人的发展和社会发展——思想政治教育学基础理论研究》,同济大学出版社 1994 年版。

陆庆壬:《思想政治教育学原理》,复旦大学出版社 1986 年版。

郑永廷主编:《思想政治教育方法论》,高等教育出版社 1999 年版。

郑永廷等:《社会主义意识形态发展研究》,人民出版社 2002 年版。

郑永廷等:《人的现代化理论与实践》,人民出版社 2006 年版。

刘德华主编:《马克思主义思想政治教育著作导读》,高等教育出版社 2001 年版。

罗国杰主编:《马克思主义思想政治教育理论基础》,高等教育出版社 2002 年版。

邱伟光:《思想政治教育学》,学林出版社 1990 年版。

张耀灿、郑永廷、吴潜涛、骆郁廷等:《现代思想政治教育学》,人民出版社 2006 年版。

张耀灿主编:《思想政治教育原理》,华中师范大学出版社 1988 年版。

邱伟光、张耀灿主编:《思想政治教育学原理》,高等教育出版社 1999 年版。

王礼湛主编:《思想政治教育学》,浙江大学出版社 1989 年版。

陈秉公:《思想政治教育学原理》,高等教育出版社 2006 年版。

罗洪铁、董娅主编:《思想政治教育原理与方法基础理论研究》,人民出版社 2005 年版。

罗洪铁等:《思想政治教育学科理论体系演变研究》,中国社会科学出版社 2012 年版。

黄蓉生:《当代思想政治教育方法论研究》,西南师范大学出版社 2000 年版。

祖嘉合:《思想政治教育方法教程》,北京大学出版社 2004 年版。

仓道来主编:《思想政治教育学》,北京大学出版社 2004 年版。

骆郁廷主编:《思想政治教育原理与方法》,高等教育出版社 2010 年版。

骆郁廷:《精神动力论》,武汉大学出版社 2003 年版。

沈壮海:《思想政治教育有效性研究》,武汉大学出版社 2001 年版。

沈壮海:《思想政治教育的文化视野》,人民出版社 2005 年版。

李晓凤、佘双好编著:《质性研究方法》,武汉大学出版社 2006 年版。

熊建生:《思想政治教育内容结构论》,中国社会科学出版社 2012 年版。

项久雨:《思想政治教育价值论》,中国社会科学出版社 2003 年版。

李斌雄:《中国共产党的价值观研究》,中国社会科学出版社 2003 年版。

刘建军:《马克思主义信仰论》,中国人民大学出版社 1998 年版。

石书臣:《现代思想政治教育主导性研究》,学林出版社 2004 年版。

万美容:《思想政治教育方法发展研究》,中国社会科学出版社 2007 年版。

张世欣:《思想政治教育接受规律论》,上海三联书店 2005 年版。

王伟光:《利益论》,中国社会科学出版社 2010 年版。

张循理:《利益论九讲》,中国青年出版社 1987 年版。

苏宏章:《利益论》,辽宁大学出版社 1991 年版。

张玉堂:《利益论——关于利益冲突与协调问题的研究》,武汉大学出版社 2001 年版。

洪远朋、李慧中等主编:《利益关系总论——新时期我国社会利益关系发展变化研究的总报告》,复旦大学出版社 2011 年版。

栾培琴等:《导向论》,石油大学出版社 1993 年版。

邢建国、汪清松、吴鹏森:《秩序论》,人民出版社 1993 年版。

郑也夫:《信任论》,中国广播电视出版社 2001 年版。

王伟光、郭宝平:《社会利益论》,人民出版社 1988 年版。

钟坚、王妙、甘敬东:《社会沟通论》,浙江教育出版社 1988 年版。

胡红生:《社会心态论》,中国社会科学出版社 2011 年版。

陶德麟主编:《社会稳定论》,山东人民出版社 1999 年版。

任红杰:《社会稳定问题前沿探索》,中国人民公安大学出版社 2005 年版。

王伟光:《社会矛盾论——我国社会主义现阶段阶级、阶层和利益群体的分析》,中国社会科学出版社 2011 年版。

高兆明:《制度公正论——变革时期道德失范研究》,上海文艺出版社 2001 年版。

陈力丹:《舆论学——舆论导向研究》,上海交通大学出版社 2012 年版。

廖永亮:《舆论调控学——引导舆论与舆论引导的艺术》,新华出版社 2003 年版。

中共中央宣传部舆情信息局、天津社会科学院舆情研究所编著:《舆情信息汇集分析机制研究》,学习出版社 2006 年版。

厉以宁:《超越市场与超越政府——论道德力量在经济中的作用(修订版)》,经济科学出版社 2010 年版。

王沪宁主编:《政治的逻辑——马克思主义政治学原理》,上海人民出版社 2004 年版。

俞可平:《治理与善治》,社会科学文献出版社 2000 年版。

俞可平:《权利政治与公益政治》,社会科学文献出版社 2000 年版。

孙德元:《政治社会学导论》,人民出版社 2001 年版。

于建嵘:《抗争性政治:中国政治社会学基本问题》,人民出版社 2010 年版。

王诗宗:《治理理论及其中国适用性》,浙江大学出版社 2009 年版。

方向新:《安邦之道:正确处理人民内部矛盾新探索》,湖南出版社 1996 年版。

梁周敏、衡彩霞:《新时期人民内部矛盾问题研究》,人民出版社 2001 年版。

王伟光:《正确认识思想政治工作面临的新问题》,人民出版社 2001 年版。

宋士昌主编:《马克思主义社会稳定理论与实践——新世纪新阶段中国社会稳定问题研究》,山东人民出版社 2003 年版。

刘建明、史献芝:《当代中国社会矛盾化解机制研究》,人民出版社 2014 年版。

毕宏音:《诉求表达机制研究》,天津社会科学院出版社 2009 年版。

徐秉让:《社会主义社会的物质利益》,四川人民出版社 1980 年版。

季明宏、范林、夏奎典、徐海孚:《思想疏导法》,军事谊文出版社 1996 年版。

鲁龙光:《心理疏导疗法》,人民卫生出版社 2006 年版。

徐锦丽、赵新刚:《心理疏导实务与应用》,学林出版社 2015 年版。

曾健、张一方:《社会协同学》,科学出版社 2000 年版。

樊成玮:《拆迁冲突化解机制》,中国民主法制出版社 2012 年版。

夏周青:《治道变革与基层社会矛盾化解》,国家行政学院出版社 2014 年版。

赵鼎新:《社会与政治运动讲义》,社会科学文献出版社 2012 年版。

罗荣渠:《现代化新论——世界与中国的现代化进程》,北京大学出版社 1993 年版。

孙正聿:《人的精神家园》,江苏人民出版社 2014 年版。

[美]L·科塞:《社会冲突的功能》,孙立平等译,华夏出版社 1989 年版。

[美]E·A·罗斯:《社会控制》,秦志勇、毛永政等译,华夏出版社 1989 年版。

[美]阿历克斯·英克尔斯:《人的现代化素质探索》,曹中德等译,天津社会科学院出版社 1995 年版。

[美]阿列克斯·英格尔斯:《人的现代化——心理·思想·态度·行为》,殷陆君编译,四川人民出版社 1985 年版。

[法]埃米尔·涂尔干:《社会分工论》,渠东译,生活·读书·新知三联书店 2000 年版。

[法]古斯塔夫·勒庞:《乌合之众——大众心理研究》,冯克利译,中央编译出版社 2005 年版。

[美]彼得·布劳:《社会生活中的交换与权力》,孙非等译,华夏出版社 1988 年版。

[美]乔纳森·H.特纳:《人类情感——社会学的理论》,孙俊才、文军译,东方出版社 2009 年版。

[美]查尔斯·霍顿·库利:《人类本性与社会秩序》,包凡一、王源译,华夏出版社 1999 年版。

[美]特纳、斯戴兹:《情感社会学》,孙俊才、文军译,上海人民出版社 2007 年版。

[法]埃米尔·迪尔凯姆:《自杀论》,冯韵文译,商务印书馆 1996 年版。

[美]沃尔特·李普曼:《公众舆论》,阎克文、江红译,上海人民出版社 2006 年版。

[美]菲利普·津巴多、迈克尔·利佩:《态度改变与社会影响》,邓羽、肖莉、唐小艳译,人民邮电出版社 2007 年版。

[美]马克斯韦尔·麦库姆斯:《议程设置:大众媒介与舆论》,郭镇之、徐培喜译,北京大学出版社 2008 年版。

[英]肯尼斯·库克耶:《大数据时代——生活、工作与思维的大变革》,盛杨燕、周涛译,浙江人民出版社 2013 年版。

[美]西德尼·塔罗:《运动中的力量:社会运动与斗争政治》,吴庆宏译,译林出版社 2005 年版。

[美]罗伯特·达尔:《论民主》,李柏光、林猛译,商务印书馆 1999 年版。

[美]加布里埃尔·A.阿尔蒙德、小 G.宾厄姆·鲍威尔:《比较政治学——体系、过程和政策》,曹沛霖等译,上海译文出版社 1987 年版。

[德]尼克拉斯·卢曼:《信任:一个社会复杂性的简化机制》,瞿铁鹏、李强译,上海人民出版社 2005 年版。

[美]艾尔东·莫里斯、卡洛尔·麦克拉吉·缪勒主编:《社会运动理论的前沿领域》,刘能译,北京大学出版社 2002 年版。

[美]博曼、雷吉主编:《协商民主:论理性与政治》,陈家刚等译,中央编译出版社 2006 年版。

[美]理查德·威尔金森、凯特·皮克特:《不平等的痛苦——收入差距如何导致社会问题》,安鹏译,新华出版社 2010 年版。

[美]戴维·伊斯顿:《政治生活的系统分析》,王浦劬译,华夏出版社 1999 年版。

[古希腊]亚里士多德:《政治学》,吴寿彭译,商务印书馆 2009 年版。

[印]阿马蒂亚·森:《理性与自由》,李风华译,中国人民大学出版社 2006 年版。

[美]安东尼·奥勒姆:《政治社会学导论》,董云虎译,浙江人民出版社 1989 年版。

[美]西摩·马丁·李普塞特:《一致与冲突》,张华青等译,上海人民出版社 1995 年版。

[德]马克斯·舍勒:《资本主义的未来》,罗悌伦等译,生活·读书·新知三联书店 1997 年版。

[美]塞缪尔·P.亨廷顿:《变化社会中的政治秩序》,王冠华、刘为等译,上海人民出版社 2008 年版。

（四） 学术论文

樊浩:《中国社会价值共识的意识形态期待》,《中国社会科学》2014 年第 7 期。

吴忠民:《社会矛盾倒逼改革发展的机制分析》,《中国社会科学》2015 年第 5 期。

陆益龙:《乡村民间纠纷的异化及其治理路径》,《中国社会科学》2019 年第 10 期。

谢春涛:《实现中华民族伟大复兴的根本遵循》,《中国社会科学》2018 年第 1 期。

吴忠民:《中国现代化建设的大国规模效应分析》,《马克思主义与现实》2018 年第 4 期。

吴忠民:《直接加重社会矛盾冲突的经济因素分析》,《马克思主义与现实》2016 年第 6 期。

谢海军:《我国群体性事件范畴的历史演变及其属性认知变迁分析》,《马克思主义研究》2014 年第 5 期。

余晓青:《新时代意识形态网络舆情治理探析》,《马克思主义研究》2019 年第 3 期。

任勇:《社会公共安全研究的问题驱动、理论来源与学术建构》,《学术月刊》2019 年第 3 期。

陈金钊:《"法治中国"所能解决的基本矛盾分析》,《学术月刊》2016 年第 4 期。

吴忠民:《中国现阶段社会矛盾凸显的原因分析》,《马克思主义与现实》2013 年第 6 期。

洪远朋、陈波:《改革开放三十年来我国社会利益关系的十大变化》,《马克思主义研究》2008 年第 9 期。

祖嘉合:《试论社会主义意识形态与和谐社会建设的内在关联性》,《思想教育研究》2010 年第 1 期。

朱力:《刚性社会矛盾的内涵与特征——关于我国 21 世纪以来重大社会矛盾的探解》,《中共中央党校学报》2016 年第 4 期。

朱力、邵燕:《社会预防:一种化解社会矛盾的理论探索》,《社会科学研究》2016 年第 2 期。

郑永廷、罗姗:《当代社会精神文化的发展与价值彰显——努力建设健康的精神文化环境与精神家园》,《思想政治教育研究》2010 年第 1 期。

颜晓峰:《人民日益增长的美好精神生活需要对思想政治教育提出的新课题》,《思想教育研究》2018 年第 3 期。

夏军:《直面"社会情绪"——"社会情绪"的定位及战略选择》,《探索与争鸣》2013 年第 9 期。

余潇枫:《安全治理:从消极安全到积极安全——"枫桥经验"五十周年之际的反思》,《探索与争鸣》2013 年第 6 期。

朱志玲:《无直接利益冲突的情感逻辑》,《理论导刊》2014 年第 10 期。

刘少杰:《发展的社会意识前提——社会共识初探》,《天津社会科学》1991 年第

6 期。

欧阳康：《融入精神家园——马克思主义的当代价值与当代命运》，《华中科技大学学报》2010 年第 1 期。

万光侠、夏锋：《人的文化存在与精神家园价值探析》，《山东社会科学》2013 年第 10 期。

李红：《和谐社会亟待建立完善多元利益诉求表达协调机制》，《湖南社会科学》2007 年第 4 期。

杨立华、程诚、刘宏福：《政府回应与网络群体性事件的解决——多案例的比较分析》，《北京师范大学学报（社会科学版）》2017 年第 2 期。

薛澜：《国家治理框架下的社会治理——问题、挑战与机遇》，《社会治理》2015 年第 2 期。

李腊生、詹爱霞：《现代化进程中的社会稳定探析》，《江汉大学学报（社会科学版）》2011 年第 5 期。

王郅强：《转型期中国社会矛盾的基本形态与性质分析》，《学习与探索》2012 年第 7 期。

于建嵘：《社会泄愤事件反思》，《党政干部文摘》2008 年第 9 期。

单向前：《现阶段基层群众诉求的特点与趋势——基于 F 县群众诉求变化的实证分析》，《中国党政干部论坛》2017 年第 9 期。

夏学銮：《转型期的社会心理失衡与调适》，《中国党政干部论坛》2015 年第 5 期。

景天魁：《时空压缩与中国社会建设》，《兰州大学学报（社会科学版）》2015 年第 5 期。

李景鹏：《转型时期社会矛盾的治理——专访北京大学政府管理学院李景鹏教授》，《信访与社会矛盾研究》2015 年第 3 期。

刘建军：《思想政治教育应对突发事件　维护社会稳定的对策性思考》，《思想政治工作研究》2009 年第 9 期。

沈壮海、李岩：《注重人文关怀和心理疏导：创新思想政治工作的新要求》，《思想政治工作研究》2008 年第 2 期。

骆郁廷：《新时代如何提升党的思想引领力》，《人民论坛》2019 年第 12 期。

骆郁廷、陈兴耀：《论社会动员中的议题设置》，《中国高校社会科学》2018 年第 3 期。

后　记

2021 年是中国共产党成立 100 周年。中国共产党诞生百年以来作为中华民族的主心骨以其独特的、伟大的"东方魔力"团结带领中国人民浴血奋战、艰苦建设、奋力改革,旨在让全体中国人过上越来越好的日子,这样的非凡历程,既让"占人类总数四分之一的中国人从此站立起来了"并彻底告别"为奴隶、为牛马、为犬羊、听人驱使、听人宰割"的悲惨命运,又让西方侵略者几百年来只要在东方一个海岸上架起几尊大炮就可霸占一个国家的时代一去不复返,还让忍饥挨饿、缺吃少穿、生活困顿这些几千年来困扰中国人民的问题总体上一去不复返,使中国人民迎来了从温饱不足到小康富裕的伟大飞跃。中国共产党之所以能够在中国大地实现人类发展史上实为罕见的伟大历史性变革,一个极其重要的原因就在于,无论是革命、建设、改革的任何时期,都始终深刻认识到"思想政治工作是一切工作的生命线",并且历来强调要筑牢思想政治工作生命线。

在这个具有历史意义的时刻,作为本科、硕士、博士直至工作期间都耕耘于思想政治教育学科领域的学习者、思考者、研究者,我既感到信心倍增,又感到任务艰巨。从博士论文《社会管理中的思想疏导研究》在思想政治教育学科设立 30 周年荣获全国高校思想政治教育学科优秀博士论文(2014 年全国共 8 篇),到 28 岁获得第一个国家社科基金项目《思想疏导能动化解社会矛盾研究》并以"良好"等级结项出版同名专著，再到计划研究《网络空间治理中的思想疏导研究》《中国共产党人思想疏导观研究》等课题。这样的历程既饱含着自己基于学科自信围绕思想疏导进行理论探索的充沛热情，又承载着本科导师西南大学马克思主义学院罗洪铁教授、硕士导师北京大学马克思主义学院祖嘉合教授、博士导师武汉大学马克思主义学院骆郁廷教授的殷切期望。他们不仅是我的"经师"，更是我的"人师"。他们既是我进入马克思主义理论学科并对其产生浓厚研究热情和持久研究志趣的"指路明灯"，更是对我人生信念、人生选择、人生历程产生最为重要影响的"指路明灯"。我坚信，只要好好学习、勤奋钻研、不断进取，就是给每位关心自己成长的老师最好的感谢！

我国经济社会快速发展给思想政治教育学科提出许多新课题。研究思想疏导问题直接得益于博士导师骆郁廷教授的启发和指导。他指出："面对经济社会发展提出的重大现实问题，思想政治教育学科大有可为、必有所为。面对社会矛盾特别是大量由利益问题引发的人民内部矛盾，必然需要柔性力量的融入。"思想疏导能动化解社会矛盾是柔性力量融入社会治理的生动体现，是发扬社会主义民主的重要体现，是中国共产党忠实遵守开展群众工作必须采取正确方法的鲜明体现。

人生第一部专著《思想疏导能动化解社会矛盾研究》的出版，既有老师们的启发、指导，又有好友、同学给予的多方面关心、帮助和支持。硕士研究生周琳、韩梦馨、李刚勇、李苗、张学维、廖凡瑶、邓长欢、宋兴慧、于鑫雨、王娟、刘艳都协助过校对部分文献。家人、亲友尤其是妈妈和爱人在我撰写书稿期间始终给予深切关心与最大支持。还记得，《思想疏导能动化解社会矛盾研究》获得国家社科基金项目立项公示的前一天，"老大"莱莱出生，而在国家社科基金项目提交结项材料前，"老二"豆豆出生，两个小家伙的到来给家里增添不少欢乐。然而，只有妈妈一人长年协助我们两个上班族照料孩子，其中艰辛可想而知，当然，我也会尽最大努力多陪孩子。最后，还要特别感谢人民出版社各位老师的辛勤付出！

尽管时刻以"精品意识"严格要求自己,且参考、引用专家、学者最新研究成果,但由于学识与能力所限,拙著作为自己在思想政治教育学科领域学习、思考、研究的阶段性成果,肯定还有不少疏漏和不足,以及需要深入研究的地方。十分乐意同各位专家、学者、老师、同学和读者朋友深化交流,共同为推进全国思想政治教育学科乃至马克思主义理论学科建设发展添砖加瓦! 我的常用邮箱是 568737291@qq.com,欢迎批评指正。

魏　强

2021 年 4 月 15 日

责任编辑：刘海静
封面设计：石笑梦
版式设计：胡欣欣
责任校对：张红霞

图书在版编目（CIP）数据

思想疏导能动化解社会矛盾研究/魏强 著. —北京：人民出版社，2021.10
ISBN 978－7－01－023758－9

Ⅰ.①思⋯　Ⅱ.①魏⋯　Ⅲ.①社会问题-研究-中国　Ⅳ.①D669

中国版本图书馆 CIP 数据核字（2021）第 188174 号

思想疏导能动化解社会矛盾研究
SIXIANG SHUDAO NENGDONG HUAJIE SHEHUI MAODUN YANJIU

魏　强　著

人民出版社 出版发行
（100706　北京市东城区隆福寺街 99 号）

中煤（北京）印务有限公司印刷　新华书店经销

2021 年 10 月第 1 版　2021 年 10 月北京第 1 次印刷
开本：710 毫米×1000 毫米 1/16　印张：16.75
字数：250 千字

ISBN 978－7－01－023758－9　定价：75.00 元

邮购地址 100706　北京市东城区隆福寺街 99 号
人民东方图书销售中心　电话（010）65250042　65289539